화폐 한국사

화폐 한국사

초판 1쇄 펴낸 날 | 2022년 12월 30일

지은이 | 은동진
펴낸이 | 홍정우
펴낸곳 | 브레인스토어

책임편집 | 김다니엘
편집진행 | 차종문, 박혜림
디자인 | 이예슬, 전영진
마케팅 | 육란

주소 | (04035) 서울특별시 마포구 양화로 7안길 31(서교동, 1층)
전화 | (02)3275-2915~7
팩스 | (02)3275-2918
이메일 | brainstore@chol.com
블로그 | https://blog.naver.com/brain_store
페이스북 | http://www.facebook.com/brainstorebooks
인스타그램 | https://instagram.com/brainstore_publishing

등록 | 2007년 11월 30일(제313-2007-000238호)

© 브레인스토어, 은동진, 2022
ISBN 979-11-6978-000-1(03910)

화폐 한국사

은동진 지음

우리 지갑 속 인문학 이야기

bs
브레인스토어

● 프롤로그 ●

대부분의 사람은 성공을 말하고 성공을 원합니다. 우리가 흔히 말하는 '성공'이란 돈, 권력, 명예를 의미합니다. 성공이 행복과 비례하지는 않지만 만약 돈, 명예, 권력 중에 하나만 고른다면 뭘 선택하시겠습니까? 단 하나라도 얻을 수 있으면 행복할 것 같은데요. 아마 많은 분들이 돈을 선택할 것입니다.

엄청난 액수의 돈을 갖기는 어렵지만 돈에 담긴 여러 이야기를 보는 것은 어떨까요? 요즘은 물건을 구입하고 결제할 때 카드를 쓰는 분들이 많아지면서 지갑에 화폐를 안 가지고 다니는 추세입니다. 그래도 돈이라고 하면 자연스럽게 지폐를 떠올리는 것이 일반적입니다. 다들 지갑에 지폐가 있다면 꺼내서 보기 바랍니다.

화폐는 경제 활동의 교환 수단이지만, 한 국가의 영광된 역사를 담고 있습니다. 그래서인지 화폐를 들여다보면 전 세계적인 공통점을 하나찾을 수 있습니다. 각 국가에서 역사적으로 큰 업적을 남긴, 국가 정체성을 잘 보여주는, 가장 존경하는 인물을 선정하여 화폐의 도안 소재로 삼은 것입니다. 그 이유는 간단합니다. 국가를 대표하는 상징성을 가장 압축적이고 쉽게 대내외적으로 표현할 수 있고, 인물의 위엄과 훌륭한 업적이 화폐의 품위와 신뢰를 높이는 역할을 하기 때문입니다. 동물이나

건축물 등 다른 소재에 비해 쉽게 인지하고 기억하게 만드는 장점도 있습니다.

화폐 도안 소재가 된 인물들은 어떤 과정을 거쳐 선정될까요? 우선 업적과 품성이 위대하여 국민들로부터 존경을 받는 인물이어야 합니다. 오랜 세월 동안 충분한 역사적 검증을 거치는 과정에서 논란의 소지가 없고, 현실적으로 그 모습을 사실적으로 재현이 가능해야 합니다. 심지어 시각·예술적인 면에서 화폐 도안으로서 손색이 없어야 하고, 정치·종교적 이유 등으로 화폐를 직접 사용하는 국민들로부터 거부감도 없어야 합니다.

한국의 화폐 주인공은 신사임당, 세종대왕, 율곡 이이와 퇴계 이황, 이순신 등 조선 500년 역사를 빛낸 인물들입니다. 이들을 화폐의 주인공으로 선정하여 우리나라의 역사와 문화를 강조하고 있습니다.

현재 한국의 화폐 체계는 지폐 4종(1,000원, 5,000원, 10,000원, 50,000원)과 동전 6종(1원, 5원, 10원, 50원, 100원, 500원)으로 구성되어 있습니다. 이 중 절반 이상의 화폐 주인공은 인물입니다. 그런데 혼천의, 자격루 등의 과학기구와 정선의 계상정거도, 산사임당의 초충도 등의 그림, 그리고 학, 매화, 무궁화 등의 동식물 등이 화폐의 주인공이 되기도 합니다. 따라서 화폐 속 도안 소재는 자연스럽게 다양하고 흥미로운 이야기를 가질 수밖에 없습니다.

화폐는 표면에 표시된 액면 가치만을 따지기보다 그 안에 숨은 이야기를 보아야 합니다. 화폐는 한 나라의 역사, 정치, 문화뿐 아니라 그 나라의 사상을 담고 있기 때문입니다. 그럼 저와 함께 우리나라에 화폐 속에 숨겨진 역사, 정치, 문화 이야기를 보도록 하겠습니다.

차 례

지폐 속 한국사

동전 속
한국사

일원
나라꽃, 무궁화

일원 비하인드 스토리

한국은행이 전국 만 20세 이상 성인 남녀 1,000명을 대상으로 '우리나라 화폐'에 관한 여론조사를 실시한 적이 있었습니다. 이때 화폐 도안 소재로 가장 많이 추천된 것은 우리나라를 상징하는 무궁화입니다. 이 말은 우리나라 화폐에 왜 무궁화의 모습이 빠져있는지 의문을 제기하는 분이 많다는 것을 의미합니다. 그런데 무궁화는 오래 전부터 우리나라 화폐 도안으로 사용되었습니다.

1892년 고종 대에 조폐 기관인 전환국에서 제조한 오냥 은화에 무궁화의 나뭇가지가 그려져 있었고, 1946년 7월 1일에 조선은행 명의로 발행된 정 백원권에 무궁화 자체가 화폐의 도안으로 최초로 사용됩니다.

1979년에 발행된 나 만원권 뒷면   1975년에 발행된 가 천원권 앞면

우리나라 중앙은행으로서 한국은행이 화폐 도안에 무궁화를 최초로 담은 것은 1959년 10월에 발행된 십환 주화입니다. 이후 1973년에 발행된 만원권과 1975년에 발행된 천원권의 앞면에, 1977년에 발행된 오천원권과 1979년에 발행된 만원권의 뒷면에 만발한 무궁화의 모습이 담기었고, 1975년에 발행된 천원권에는 무궁화가 위변조 방지 요소인 숨은 그림으로 사용되기도 합니다. 그러다가 1983년

화폐에 위변조 방지 요소를 보강하기 위하여 도안을 정비하는 과정에서 지폐에서 활짝 핀 모습의 무궁화가 자취를 감추게 되었습니다.

　그렇다면 이제 우리나라 화폐에서 활짝 핀 모습의 무궁화는 볼 수 없는 걸까요? 우리는 1원 동전에서 활짝 핀 탐스러운 모습의 무궁화를 만날 수 있습니다. 무궁화는 1966년에 처음 발행된 1원 동전 속에 활짝 핀 이래로 1968년과 1983년에 새롭게 1원 동전이 발행될 때도 지지 않고 우리 곁에 있었습니다.

　다만 이 책을 읽는 분들 중에 아예 1원, 5원 동전을 본 적이 없거나 오랫동안 보지 못한 경우가 대부분일 것입니다. 2005년부터 수요가 크게 줄어든 1원과 5원은 유통 목적으로 발행하지 않고, 기념품 발행용으로 극소량만 제작되어 사실상 폐지된 상태이기 때문입니다.

1966년에 발행된 가 1원화

　이제 무궁화가 화폐 도안 소재로 많이 추천된 이유가 짐작이 되지 않나요? 2005년 이후에 태어난 분들은 1원에 새겨진 무궁화를 본적이 없기 때문에, 연세가 지긋하신 분들은 무궁화가 활짝 피어 있던 화폐를 오랫동안 사용한 경험으로 인한 아쉬움 때문에 추천을 하였을 것입니다. 그럼 지금부터 언젠가는 가장 먼저 사라질 동전 1원 속에 담긴 무궁화 이야기를 시작하겠습니다.

무궁화

나라꽃, 무궁화의 기원을 찾아서

어느 나라든지 그 나라를 상징하는 나라꽃이 있습니다. 나라꽃은 그 국가나 민족의 특성이나 개성을 담고 있어 그 나라와 민족의 얼굴과도 같다고 합니다. 우리나라의 나라꽃은 예로부터 우리 민족의 사랑을 받아온 무궁화(無窮花)입니다. 무궁화는 훈화초, 근화, 목근 등으로 불리기도 하였고, '영원히 피고 또 피어서 지지 않는 꽃'이라는 뜻을 지니고 있습니다.

우리 민족과 무궁화의 첫 인연을 만나기 위해 시간을 많이 거슬러 올라 가보겠습니다. 기원전 3~4세기경 중국에서 『산해경』이 편찬됩니다. 이 책은 중국과 변방 지역의 기이한 사물, 인간, 신들에 대

무궁화

한 기록과 그들에 대한 그림이 함께 들어가 있는데 우리나라와 관련된 기록도 확인할 수 있습니다.

> "군자국이 그 북쪽에 있다. 의관을 갖추고 칼을 찼으며, 짐승을 먹는다. 두 마리의 무늬 호랑이로 하여금 곁에 있게 하며, 그 사람들은 사양하기를 좋아하며 다투지 않는다. 훈화초(薰華草)라는 식물이 있는데 아침에 나서 저녁에 진다."
>
> 『산해경』

혼히 '군자국'은 우리나라로 추정합니다. '훈화초'는 무궁화의 옛 이름으로 아침에 피어나서 저녁에 지는 특성까지 정확하게 묘사되었습니다. 이는 우리나라에 예로부터 무궁화가 있었다는 것을 말합니다. 『산해경』의 기록은 조선 시대에 와서도 지속적으로 언급됩니다. 조선 중기 문신 이수광은 『지봉유설』에서 『산해경』의 기록을 인용하였고, "군자의 나라는 지역이 사방 천리인데 무궁화가 많다"면서 우리나라에 무궁화가 많이 피는 것을 예찬하였습니다.

우리나라 문헌에서 무궁화는 신라 하대 대문장가 최치원이 작성한 외교 문서에 처음 등장합니다. 9세기, 당나라를 무대로 신라와 발해는 국제 관계상 우위를 점하고자 경쟁 중이었습니다. 발해는 자신들의 국력이 신라보다 앞선다는 판단아래 당나라에게 발해 사신을 신라 사신보다 상석에 앉혀달라고 요구하였습니다. 당나라는 발해의 요구를 무시하고 신라를 우선하는 옛 관습을 지켰습니다. 이 소식을 접한 신라는 최치원으로 하여금 외교 문서를 작성하여 당나라로 보냈던 것입니다.

> "만일 황제 폐하께서 결단을 내리시어 발해의 요청을 허락 않는
> 답을 내리지 않으셨다면 근화향(槿花鄕)의 염치와 예의가 스스로
> 시들해지고 호시국(楛矢國)의 독기만 더욱 성할 뻔 하였습니다."
>
> 『최문창후문집』, 사불허북국거상표(謝不許北國居上表)

외교 문서에 등장하는 '근화향'은 무궁화의 나라 신라를 말하고, '호시국'은 활의 나라 발해를 말합니다. 무궁화는 적어도 통일 신라 시대부터 우리나라를 일컫는 꽃으로 사용된 것입니다. 그런데 『산해경』의 기록과 최치원의 외교 문서의 내용을 모두 사실로 받아들이기에는 무리가 있다는 의견도 있습니다. 『산해경』은 지리서나 사서가 아닌 신화로 구성된 책으로 황당무계한 내용이 많아 역사적 참고 가치가 떨어지고, 최치원의 외교 문서에서 등장하는 '훈화초'는 무궁화가 아니라는 것입니다.

지금까지 본 문헌에서는 무궁화라는 단어가 보이지 않습니다. 그렇다면 무궁화라는 이름은 언제 처음으로 등장할까요? 고려 후기 문신 이규보가 쓴『동국이상국집』에서 무궁화의 어원이 등장합니다. 무궁화 이름을 놓고 두 사람이 논쟁을 벌입니다. 한 명은 무궁화(無窮花)가 꽃이 피고 지고 끝이 없기 때문에 무궁(無窮)의 의미로 무궁화라 부른다고 주장합니다. 다른 사람은 옛날 왕이 무궁화(無宮花)를 너무 좋아해서 육궁(왕후와 다섯 후궁)이 무색(無色)해졌다는 의미로 무궁(無宮)이라고 부른다고 주장합니다.

여러분들은 누구의 주장이 맞는 것 같나요? 사실 누가 맞고 틀리냐를 떠나 이미 고려 시대에 무궁화라는 이름을 사용된 것이 중요합니다.

무궁화, 민족을 대표하는 꽃이 되다.

무궁화 삼천리 화려강산
대한 사람 대한으로 길이 보전하세

대한민국 국민이라면 누구나 알고 있는 애국가의 후렴구로 우리나라를 상징하는 나라꽃이 무궁화임을 보여주는 대표적인 사례입니다. 그런데 우리나라는 무궁화를 국화로 규정한 법은 그 어디에서도 찾을 수 없습니다.

그렇다면 무궁화는 어떻게 아름답고 향기로운 여러 꽃들을 제치고 국화라는 상징성을 얻었던 걸까요? 일반적으로 무궁화가 국화로 굳어진 역사적 시점을 일제의 국권 피탈기 또는 일제 강점기로 잡습니다. 일제의 침략이 나날이 심해지는 상황 속에서 대한제국과 민중들은 개인은 물론 국가의 존망을 걱정하고, 민족적 자주성과 주체성을 지키고자 노력하였습니다. 그 일환으로 국가와 민족이 무궁하길 바라는 간절함이 "피고 지고 또 피는 꽃" 무궁화에 투영되었던 것입니다.

무궁화는 대한제국 시기에 본격적으로 국가 표상으로 등장합니다. 1900년에 고종이 훈장과 문관의 대례복에 무궁화를 사용하였던 것입니다. 시기상으로만 보면 무궁화는 1880년대의 태극기나 1890년대 나타난 오얏꽃에 비하면 가장 늦게 국가 상징 문양으로 쓰인 것입니다.

무궁화는 국가 문양 등의 시각적인 이미지보다는 노래를 통해 심상 이미지로서 더 크게 부각이 됩니다. 1890년대 중반부터 〈무궁화 노래〉가 전국 각지로 퍼져 나갔습니다. 특히 1899년 6월 근대식 중등 교육 기관인 배재학당의 방학 예식 때 불려진 〈무궁화 노래〉에서 현재 애국가의 후렴인 "무궁화 삼천리 화려강산 대한 사람 대한으로 길이 보전하세"가 처음으로 울려 퍼지기도 했습니다. 이후 〈무궁화 노래〉는 민간에서 계속 불리면서 여러 가지 변형을 거쳤지만, 이 과정에서도 후렴 부분은 그대로 유지가 됩니다.

무궁화는 더 나아가 다양한 종류의 문학 작품, 민요, 애국가, 독립군의 군가 속에서 우리나라와 민족의 상징이 되어 갔습니다. 대한민국 임시 정부와 해외 독립 운동 단체들은 각종 기념식과 회의를 시작할 때, 순국 선열을 추도할 때 〈무궁화 노래〉를 불렀고, 독립군들이 전장에서 불렀던 군가와 시가 속에도 무궁화가 등장하였습니다. 독립 운동가 안창호는 연설 때마다 '우리 무궁화 동산'을 자주 외쳤고, 청산리 대첩의 영웅 김좌진 장군은 '삼천리 무궁화 땅에 왜놈이 웬일인가'라는 말을 자주 하였다고 합니다. 독립 운동가 윤봉길 의사는 홍커우 공원 의거를 이틀 앞두고 우리나라의 독립을 염원하면서 4절로 구성된 광복가를 지었는데 가사 중에 '일본이 무궁화 삼천리 강산에 왜 와 있는지 아느냐'가 있습니다.

당시 일본이 우리 민족의 상징이 된 무궁화를 어떻게 인식하였는지는 1935년 조선 총독부 경무국이 대외비로 펴낸 『고등경찰용어사전』를 통해 엿볼 수 있습니다.

"무궁화는 조선의 대표적인 꽃이며 2천 년 전의 문헌에 나오는 꽃이다. 고려 시대에는 온 국민의 뜨거운 사랑을 받았는데 일본의 벚꽃, 영국의 장미와 같이 국화(國花)가 되었다. …… 조선의 유지들은 민족 사상의 통일과 국민정신의 진작을 위하여 글과 말로 무궁화는 그 고결함은 위인의 풍모라 찬미하고 있다. 따라서 '무궁화 강산' 운운하는 것은 조선의 별칭이며 불온한 뜻이 들어 있는 것이다. 근화, 무궁화, 근역 등은 모두 불온한 문구로 쓰이니 조심하여야 한다."

『고등경찰용어사전』

일본은 무궁화를 태극기와 함께 우리 민족과 조국을 상징하는 존재로 인식하였고, 무궁화와 우리 민족 사이를 멀리 떼어놓기 위해 역사상 유례가 없는 한 식물에 대한 핍박을 전개합니다. 일본은 무궁화를 볼품없는 지저분한 꽃이라 경멸하여 격하시켰고, 어린 학생들에게 '무궁화를 보면 눈병이 난다'거나 심지어 '눈이 먼다'고 가르쳤습니다. 또한 무궁화를 '개똥꽃', '부스럼꽃', '지저분한꽃'이라고 부르며 일부러 외양간이나 뒷간 같은 지저분한 곳에 심게 하여 벌레 들끓는 볼품없는 꽃으로 만들었

홍천의 한서 남궁억 기념관 앞 무궁화꽃

습니다. 심지어 일본은 3·1운동 이후 한반도 전역의 무궁화를 뽑고, 그 자리에 벗나무를 심었습니다. 일본의 무궁화 탄압은 한국인의 민족의식을 말살하고, 침략 전쟁에 한국인을 효율적으로 동원하려는 민족 말살 통치를 보여주는 것이기도 합니다.

일본의 무궁화 탄압 속에서도 군은 의지로 무궁화를 통해 민족혼을 일깨우고, 사라져 가는 애국심이 되살리는 일에 앞장선 남궁억이 있습니다. 남궁억은 일본의 무궁화 말살 정책을 피해 1918년 고향인 강원도 홍천군에 모곡 학교를 세우고, 농업 교육을 명분으로 무궁화 묘목을 길러 전국 각지에 보냈습니다. 우리나라 전 국토에 민족정신의 상징인 무궁화를 심어 무궁화 삼천리를 만들기 위해 무궁화 보급 운동을 전개했습니다.

일제 주요감시대상 인물카드 남궁억 전후면

남궁억은 해마다 무궁화 수십만 그루를 각 지방의 학교, 교회 등에 공급하고, 1931년에는 '무궁화 동산'이라는 노래를 만들어 학생들에게 가르쳤습니다. 그러자 1933년 일제는 남궁억이 민족정신을 고취시키고 치안을 교란시킨다는 죄목을 씌워 그와 학교 교직원, 교회 목사, 그리고 친척들까지 체포한 후 무궁화 묘목 8만 주를 불태워버렸습니다. 이른바 '무궁화 사건'이 벌어진 것입니다. 남궁억은 경찰 조사에서 무궁화가 우리 민족을 대표하는 국화임을 밝히고, 재판장에서는 무궁화를 재배하여 전국에 보급한 일은 독립을 위한 것이라고 말했습니다. 남궁억은 1935년 복역 중 병을 얻어 석방되었으나 그 여파로 4년 뒤

1939년 77세의 나이로 순국합니다.

　무궁화는 민족의 상징이 되어 일제 강점기의 암울한 시기에 우리의 슬픔과 고통을 함께하였습니다. 또한 일제의 가혹한 탄압 속에서는 민족혼을 일깨우고 광복이라는 희망을 상징하는 꽃으로 국민들에게 널리 인식되었습니다. 우리 민족과 힘든 시기를 함께 이겨냈기 때문에 오늘날 무궁화는 국민들의 관심과 사랑을 받는 나라꽃으로 굳게 자리매김할 수 있었던 것입니다.

1968년에 발행된 나 1원화　　　1983년에 발행된 다 1원화

　오늘날 무궁화는 우리 곁에서 아무렇지 않은 듯 늘 활짝 피어 있었습니다. 무궁화는 대체로 7~10월로 여름부터 가을에 걸쳐 꽃이 핍니다. 하지만, 이렇게 우리 곁에 펴 있기까지는 많은 우여곡절을 겪어야 했습니다. 다들 여름이 성큼 다가오면 1원 동전을 꼭 쥐고, 전국 각지에 있는 무궁화 동산 중 하나를 찾아가보는 것은 어떨까요?

오원
무적 신화의 거북선

우리나라 사람 중에 거북선을 모르는 사람이 있을까요? 이런 인지도를 가진 거북선이 왜 화폐의 주인공이 되지 않을까 의문을 가지는 분도 많으시리라 생각합니다. 하지만, 놀랍게도 거북선은 1953년 제2차 화폐 개혁 당시 발행된 '환' 표시 지폐의 도안 소재로 처음 선정된 것을 시작으로 지금까지 6종의 주화와 7종의 지폐, 총 13종의 화폐 도안 소재로 활용됩니다. 우리나라 화폐의 최다 출연 모델은 거북선이었던 것입니다.

1958년에 8월 15일에 발행된 오십환권

바다 위에 떠 있는 거북선이 그려진 지폐는 우리나라 대기업을 살리기도 합니다. 1971년 현대그룹 정주영 회장은 공장도 없는 상태에서 현대조선소 설립에 필요한 차관을 빌리러 간 자리에서 영국 바클레이즈 은행 관계자들 앞에서 500원 지폐를 꺼내면서 다음과 같이 말합니다.

"이것은 우리 거북선이오. 당신네 영국은 우리 조선의 역사가 1800년대부터 시작했다고 알고 있는데, 우리는 벌써 1500년대에 이런 철갑선을 만들어 일본을 혼낸 민족이오. 다만 그 후 쇄국 정책으로 산업화가 늦어져 국민의 능력과 아이디어가

녹슬었을 뿐 우리 잠재력은 고스란히 그대로 있소."

정주영 회장의 임기응변으로 나온 거북선 마케팅은 성공적이었고, 무사히 차관을 얻어 조선소를 세울 수 있었습니다. 지폐 속 거북선이 세계 제일의 조선 강국 한국을 만드는 시발점이 되었던 것입니다.

오늘날 동전에서도 거북선을 볼 수 있습니다. 1966년에 발행된 5원 동전의 도안 소재로 거북선이 등장한

1966년 8월 16일에 발행된 나 오백원권

이후 1970년, 1983년에 발행된 5원 동전에서 재질의 구성 비율은 변경이 있었지만 도안 소재는 여전히 거북선이었습니다. 그런데 5원 동전을 본 적이 없다는 분들이 있을 것입니다. 어찌 보면 2000년대에 출생한 사람들에게는 당연한 일입니다. 수요가 크게 줄어든 1원과 5원은 2005년부터 유통 목적으로 발행하지 않아 사실상 폐지된 상태입니다.

1966년 8월 16일에 발행된 가 5원화

그럼 이제는 보기 힘든 동전 5원 속에 들어가 있는 거북선을 만나보도록 하겠습니다.

거북선

여러분들은 거북선에 대해 어디까지 알고 있나요? 지금도 거북선은 학자들 간에 의견이 일치되지 않아 논쟁이 벌어지는 부분이 있습니다. 거북선은 한마디로 실체가 알려지지 않은 베일에 싸인 배입니다. 지금부터 저와 함께 수수께끼 같은 배 거북선을 제대로 파헤쳐보겠습니다.

세상의 모든 만물은 이름을 가지기 마련입니다. 조금만 관심을 갖고 나라, 지명, 기업 등의 이름 유래를 알아보면 재미있는 사연이 담긴 것들이 많습니다. 자동차 제조업체 '폭스바겐(Volkswagen)'은 독일어로 '국민차'라는 뜻이고, 글로벌 커피 체인점 '스타벅스(Starbucks)'는 소설 '모비딕'에 등장하는 포경선 피쿼드호의 일등 항해사 이름인 '스타벅(Starbuck)'을 딴 것입니다. 그렇다면 거북선이라는 이름도 특별한 유래가 있었을까요?

20세기 이전까지 거북선의 모든 표기는 예외 없이 귀선(龜船)이었습니다. 임진왜란이 끝난 후인 인조 대에 최유해가 쓴 『충무공행장』에는 다음과 같은 표현이 있습니다.

> "모습이 엎드려 있는 거북과 같으므로 이름을 귀선(龜船)이라고 한다."
>
> 『충무공행장』

여러분들은 귀선이라는 단어를 듣고, 거북이가 떠오르나요? 실제로 귀선이라는 단어는 그 뜻이 바로 들어오지 않고, 귀(龜)로 발음되는 한자가 너무 많다는 문제가 있었기 때문에 1890년대 후반부터 귀선의 번역어로 거북배, 거북船, 거북선이 사용되기 시작합니다. 사실 순수 한글 조합의 원칙을 적용하면 귀선의 제일 나은 번역은 거북배입니다. 하지만 순한글 '배'는 나룻배, 놀이배, 거룻배 이미지가 연상되면서 무적 함대와는 어울리지 않습니다. 또한 거북배는 거북이의 등보다는 일반적인 배가 연상되어 강인한 철갑선의 이미지와 맞지 않습니다. 이러한 복합적인 이유로 귀선은 거북선으로 불리게 되었고, 오늘날에 이르러 가장 일반적인 용어가 됩니다.

충무공 종가에 전해 내려오는 거북선 그림

거북선은 언제 처음 만들어졌을까요? 많은 사람들은 이순신이 활약했던 임진왜란 전후에 만들어졌다고 알고 있을 것입니다. 하지만, 거북선에 대한 최초의 기록은 임진왜란이 일어나기 180년 전인 1413년 조선 초기 태종 대에 볼 수 있습니다.

> "임금이 임진강 나루를 지나다가 귀선(거북선)과 모형으로 만든 왜선이 서로 싸우는 상황을 구경하였다."
>
> 『태종실록』

위의 기록은 태종이 온천으로 요양하러 가는 길에 임진강에서 거북선과 모형으로 만든 왜선이 서로 해전 연습을 하는 장면을 보았다는 것입니다. 2년 후인 1415년 탁신이라는 신하가 거북선을 다시 더 튼튼하게 만들기를 태종에게 건의한 상소문도 기록으로 남아있습니다.

오늘날 우리가 말하는 거북선은 이순신이 구상하고 건조한 배를 말합니다. 태종 대의 거북선을 임진왜란 당시 이순신이 사용하였다고 단

거북선을 만들고 수리했던 여수의 굴강

정 짓는 것이 어렵기 때문입니다. 거북선은 『태종실록』에 처음 등장한 이후 180여 년간 보이지 않다가 이순신이 쓴 『난중일기』에서 다시 등장합니다. 임진왜란이 일어나기 1년 전인 1591년 2월 13일 전라좌수사에 임명된 이순신은 왜구의 침입에 대비하여 수군을 정비합니다. 이순신은 장부에 적힌 30여 척의 함대 중 실전에 쓸 수 있는 것은 5척이 넘지 않는 것을 확인하고, 전라좌수영 산하의 3군데 조선소에 각각 한 척씩 거북선 제작을 명하였습니다.

> "귀선(거북선)에 사용할 돛베 29필을 받다."
>
> 『난중일기』 1592년 2월 8일

> "귀선(거북선)에서 대포 쏘는 것을 시험했다."
>
> 『난중일기』 1592년 3월 27일

> "귀선(거북선)에서 지자포, 현자포 쏘는 것을 순찰사 군관이 살펴보고 갔다."
>
> 『난중일기』 1592년 4월 12일

이순신은 마치 임진왜란이 날 것을 예견이라도 한 듯 차분히 전쟁 준비를 하고 있었습니다. 심지어 포격 실험을 마친 것은 임진왜란이 일어나기 하루 전날이었습니다.

거북선, 무적 신화의 주인공이 되다.

거북선은 이순신이 치른 대부분의 전투에서 중요한 역할을 맡았습니다. 거북선은 전투에서 함대를 진두지휘하고, 최전방에서 일본 함대를 공격하면서 연전연승을 이끌어 냈습니다. 그래서인지 많은 분들이 수십 척 또는 수백 척의 거북선이 일제히 적진 한가운데를 뛰어들어 일본 함대를 격파하는 모습을 상상합니다. 믿기 힘들겠지만 거북선의 수는 임진왜란 동안 5척을 넘긴 적이 없습니다.

거북선은 임진왜란이 발발했던 해인 1592년 전라좌수영 산하의 3군데 조선소에서 각각 한 척씩 총 3척이 제작되었고, 이듬해인 1593년에 추가로 2척을 제작하여 총 5척이 있었던 것으로 추정합니다. 5척의 거북선은 1597년 모함을 받아 파직된 이순신을 대신하여 원균이 삼도수군통제사가 되어 벌인 칠천량 해전에서 대패를 겪으면서 모두 격침됩니다. 칠천량 해전 이후 명량 대첩, 노량 해전 등 전쟁이 끝날 때까지 조선 수군에 거북선은 단 1척도 없었습니다.

불과 3~5척이었던 거북선은 정말 전투에서 큰 활약을 했던 걸까요? 이 문제는 당시 거북선이 얼마나 강력한 존재였는지를 보면 해결이 됩니다. 당시 해전의 승패는 배 선체의 튼튼함과 기동력, 그리고 화포의 위력에 의해 결정되었습니다. 이 3가지를 모두 갖춘 무적의 최첨단 돌격선이 거북선이었습니다.

조선의 주력 함대 거북선과 판옥선은 일본의 함대보다 선체가 월등하게 튼튼하였습니다. 배를 만드는 재료와 방법이 일본 함대와는 완전히 달랐기 때문입니다. 거북선과 판옥선은 기본적으로 소나무를 두껍게 잘라 만들었습니다. 소나무는 목질이 질기고 강하며, 물이 잘 스며들지 않습니다. 배 자체만으로도 튼튼한데, 주요 부위는 더 강한 나무로 보강하였습니다. 주로 사용된 참나무는 1㎤에 500kg의 압축 강도를 견딜 만큼 단단하고 질겼습니다. 반면에 일본의 주력 함대 세키부네와 아타케부네는 삼나무나 전나무를 얇게 잘라 만들었습니다. 이 나무는 곧고 빨리 자라는 이점이 있으나 소나무보다 가볍고 무르고 약하였습니다.

이순신은 거북선과 판옥선의 견고함을 바탕으로 일부러 일본 배에 부딪쳐 충격을 가하여 깨뜨리는 당파 전술을 활용했습니다. 특히 거북선은 박치기의 명수로 돌격의 선봉장을 맡았습니다. 이순신의 "돌진 앞으로!"라는 명이 떨어지면 거북선은 일본 함대의 정면이나 옆면을 부딪쳐 치명상을 입혔습니다. 당파 전술은 여러 기록에서 확인이 되는데 부산포 해전에서는 공격 목표를 적군 사살보다도 적선을 격파하는데 두어 100여 척을 격침시키기도 합니다. 매 전투마다 거북선을 중심으로 펼친 당파 전술은 일본 수군에게 큰 타격과 두려움을 안겨주었습니다.

이순신은 여러 해전에서 남해안의 복잡한 지형지물을 이용하여 수적 열세를 극복하고 승리하였습니다. 남해안은 조수 간만의 차가 심하고, 섬과 암초가 많아 맞춤형 배가 필요했습니다. 그렇게 제작된 함선이 거북선과 판옥선입니다. 거북선과 판옥선의 구조는 몸체가 무겁고 배 밑바닥이 평평한 평저선입니다. 배 밑바닥이 평평하기 때문에 썰물 때 갯벌에 안전하게 정박할 수 있었고, 쉽게 방향 전환이 가능하였습니다. 전투 중에 제자리에서 360˚ 급선회도 가능하였습니다. 또한 화포 발사에 따른 반동을 효과적으로 분산시킬 수 있어 조선 수군의 강점인 화포 운용을 위한 최적의 조건을 제공하였습니다. 반면에 일본의 세키부네와 아타케부네의 구조는 몸체가 가볍고 바닥이 뾰족한 첨저선입니다. 선체 바닥이 V자 형태로 좁다 보니 물의 저항을 덜 받아 속력이 빠르고, 수심이 깊은 바다와 해협을 건너기에 용이하였습니다. 다만 회전 반경이 커 방향 전환이 어려웠고, 썰물 때 갯벌 위에 좌초할 위험이 컸습니다.

두 나라 함대의 구조를 동시에 비교하면 우리나라 해안에 누가 더 적합한지 판단이 될 것입니다. 거북선과 판옥선은 해안이 좁고 섬이 많은 우리나라 해안에서 자신들이 가진 기동력을 제대로 발휘하지 못하는 일본 함대를 만나 많은 승리를 거둘 수 있었습니다.

해전에서 함대의 공격력은 어디에서 나올까요? 바로 화포의 위력에서 나옵니다. 임진왜란 당시 개인 화약 무기 면에서는 조총을 앞세운 일본군에 열세였지만 바다에서는 대형 화포를 앞세워 연전연승을 거둘 수 있었습니다. 이순신은 거북선과 판옥선에 천자총통, 지자총통 등의 대형 화포를 장착하고 대장군전, 장군전, 차대전 같은 대형 화살 꽂아 발사하여 적들을 한꺼번에 무찌르는 함포 전술을 구사했습니다. 거북선은 14문에서 최대 24문까지 대형 화포를 장착하였고, 판옥선은 대형 화포 10문을 장착하였습니다.

거북선과 판옥선이 얼마나 강력한 화력을 가졌는지 감이 잘 오지 않을 것입니다. 조선의 대형 화포 천자총통은 무게만 무려 200kg입니다. 천자총통에 최대 사거리가 500m에 달하는 대장군전을 꽂아 발사하면 일본 함대에 치명상을 입힐 수 있었습니다. 대장군전을 맞은 일본 함대는 곳곳에 구멍이 나고 물이 솟아올라 침몰했습니다. 여기서 일본 함대도 대형 화포를 장착하면 되지 않냐는 의문이 생길 것입니다. 대형 화포는 발사 시 발생하는 반동은 그대로 배의 몸체에 전해집니다. 따라서 배의 몸체가 약하면 대포의 반동으로도 부서질 위험이 있었습니다. 앞서 본 것처럼 일본 함대는 삼나무 등의 가벼운 목재로 만들어져 내구성이 약했기 때문에 대형 화포를 장착할 수 없었습니다.

이순신은 일본 함대가 대형 화포를 장착하지 못해서 조총으로만 공격하는 상황을 적극 활용했습니다. 조총의 사거리는 보통 100~150m정도로 전투에서 살상 유효사거리는 50m에 불과하였습니다. 육전에서는 조총이 큰 위력을 발휘하지만 두꺼운 판자로 만들어진 거북선과 판옥선에는 전혀 위협이 되지 못하였습니다. 이순신의 전략의 간단했습니다. 일본 함대가 조총 살상 유효 사거리인 50m이내로 접근하지 못하도록 유지하면서 대형 화포로 계속 공격하여 승리를 가져왔습니다.

이순신은 조선과 일본 수군의 장단점을 정확히 파악하여 맞춤형 전술을 펼쳐 모든 전투를 승리로 이끌어냈습니다. 조선 수군의 승리 요인은 여러 가지가 있지만 그 중 단연 으뜸은 조선의 주력 함대 거북선과 판옥선이었습니다.

최고의 미스터리, 거북선의 모습은?

임진왜란 초기 전쟁의 판도를 바꾸어 놓은 거북선의 속도는 약 6~8노트, 1시간에 약 10km~12km이며, 무게는 오늘날의 선박의 톤수로 계산할 때 285톤 정도가 되며 길이는 33.7m, 너비는 10.4m, 높이는 6.6m 가량으로 추정합니다. 거북선 한 척의 정원은 150~170명으로 이중 노를 젓는 노군은 100~120명, 전투원은 50명 내외로 보고 있습니다.

임진왜란 당시 거북선 한 척의 위력과 활약은 대단했습니다. 거북선은 수백 척의 일본 함대 속을 종횡무진 휘젓고 다니면서 닥치는 대로 부수고 태워버렸습니다. 도망가는 배는 대형 화포로 망가뜨리고, 가까이 접근하는 배는 용머리로 화염을 내뿜어 태워버렸습니다. 당시 거북선은 그 존재만으로도 일본군을 벌벌 떨게 만드는 공포의 대상이었습니다.

여수 이순신 광장의 거북선 모형

거북선을 둘러싼 최대의 미스터리가 하나 있습니다. 임진왜란 당시 거북선의 실제 모습이 어떠했는가에 대한 것입니다. 현재 남아있는 거북선 그림이나 기록이 적을뿐더러 거북선의 실물을 확인할 수 없습니다. 결국 거북선의 실제 모습은 임진왜란 당시와 그 이후의 단편적인 기록들을 토대로 마치 퍼즐처럼 끼워 맞춰 나가야 합니다. 임진왜란 당시 거북선의 구조적 특징은『선조수정실록』1592년 5월 1일 기사에서 볼 수 있습니다.

"이순신은 전투 장비를 크게 정비하면서 자의로 거북선을 만들었다. 배 위에 판목을 깔아 거북 등처럼 만들고 그 위에는 우리 군사가 겨우 통행할 수 있을 만큼 십자(十字)로 좁은 길을 내고 나머지는 모두 칼·송곳 같은 것을 줄지어 꽂았다. 그리고 앞은 용의 머리를 만들어 입은 총구멍[銃穴]으로 활용하였으며, 뒤에는 거북의 꼬리를 만들어 꼬리 밑에 총구멍을 설치하였다."

『선조수정실록』

여러분들이 상상하던 거북선의 모습과 일치하나요? 거북선은 배의 앞에 용의 머리와 판옥선 위에 판목을 깔아 만든 거북의 등 그리고 거북의 꼬리를 갖고 있습니다. 당시 거북선을 처음 본 일본군은 난생 처음 보는 배의 모습에 당황하였을 것입니다. 그리고 얼마 지나지 않아 당황은 공포로 바뀌었을 것입니다.

"좌우에도 총구멍이 각각 여섯 개가 있었으며, 군사는 모두 그 밑에 숨어 있도록 하였다. 사면으로 포를 쏠 수 있게 하였고 전후좌우로 이동하는 것이 나는 것처럼 빨랐다. 싸울 때에는 거적이나 풀로 덮어 송곳과 칼날이 드러나지 않게 하였는데, 적이 뛰어오르면 송곳과 칼에 찔리게 되고, 덮쳐 포위하면 화총(火銃)을 일제히 쏘았다. 그리하여 적선 속을 횡행(橫行)하는데도 아군은 손상을 입지 않은 채 가는 곳마다 바람에 쓸리듯 적선을 격파하였으므로 언제나 승리하였다."

『선조수정실록』

다들 생사가 걸린 전투에서 거북선을 만났다는 상상을 해볼까요? 용의 머리에서 화포가 불을 뿜고, 거북의 등은 칼과 송곳이 줄지어 꽂혀 배 위에 올라타려는 병사에게 상처를 입혔고, 꼬리는 치켜든 상태로 화포가 발사되었습니다. 또한 배의 좌우에서도 화포가 발사되고, 전후좌우로 이동하는 것마저도 빨랐습니다. 불을 뿜는 용과 절대로 뚫리지 않을 것 같은 거북의 등을 보면서 극도의 공포감을 느꼈을 것 같습니다. 당시 실제로 전투를 치른 일본군은 거북선의 형상만 보여도 겁을 집어먹고 도망가거나 당황하여 전열이 흐트러지는 경우가 허다했다고 합니다.

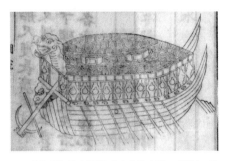

1795년에 간행된 『이충무공전서』에 실려 있는 거북선 그림

이순신은 전쟁에서 심리전의 중요성을 잘 알고 있었습니다. 과거에 용과 거북은 전설적이고 신성하여 결코 죽지 않는 동물입니다. 이순신은 일본군이 사람과 싸우는 것이 아니라 전설 속의 용이나 거북과 싸운다는 생각이 들도록 만들었습니다. 거북선의 막강한 전투력으로 적에게 공포감을 심어주면서 거북선은 곧 이순신이며 그것은 무적의 괴물이라고 믿게 만든 것입니다. 이 전략은 적중하였고 몇 척 없는 거북선을 내세워 전투력을 두 배 세 배로 끌어 올릴 수 있었습니다.

거북선하면 떠오르는 대표 이미지가 있습니다. 바로 세계 최초의 철갑선 거북선입니다. 과연 거북선은 정말 철갑선이었을까요? 먼저 거북선이 철갑선이라고 믿는 사람들의 근거부터 보겠습니다. 이들은 임진왜란에 참전한 도노오카 진자에몬이 쓴 회고록 『고려선전기』의 기록을 바탕으로 거북선이 철갑선이라고 주장합니다.

“조선의 대선 중 3척은 철로 요해(쇠로 되어 있는 요새)되어 있었다.”

『고려선전기』

이 기록에 대한 비판도 만만치 않습니다. 거북선이 철갑선일 리가 없다고 믿는 사람들은 이 글을 쓴 일본군 장수가 전투 중에 거북선에 직접 올라가서 덮개를 확인했을 리가 없고, 외관만 보았다고 말합니다. 즉 멀리 보이는 거북선의 덮개에 꽂은 칼과 송곳이 마치 철갑을 씌운 듯 번쩍거렸기 때문에 철갑선으로 착각하였다는 것입니다.

시간이 흘러 1905년 미국인 선교사 헐버트가 쓴 『History of Korea』에는 옛날부터 한국인들은 오랫동안 거북선을 철갑선으로 알고 있으며, 자신도 그렇게 알고 있다는 기록이 있습니다. 이후 거북선이 세계 최초의 철갑선이었다는 말은 1929년에 편찬된 『The Encyclopaedia Britanica』나 1957년에 미국 해군 대령 해거만이 『Proceedings』라는 잡지에 소개된 글, 같은 책 1967년 판에 같은 내용이 다시 게재됩니다. 이에 따라 많은 한국인들도 거북선이 세계 최초의 철갑선으로 자연스럽게 알게 됩니다.

세계 최초 타이틀이 갖는 의미는 간단치 않습니다. 많은 분들이 거북선이 세계 최초의 철갑선이었다는 말에 자부심을 느꼈을 것입니다. 그런데 우리나라의 옛 문헌 어디에도 거북선이 철갑선이었다는 근거는 찾아보기 어렵습니다. 다만 이순신 자신의 기록에 거북선의 등에 철첨(쇠로 만든 꼬챙이)을 꽂았고, 이순신의 조카 이분이 쓴 이순신의 「행록」에는 거북선의 등에 도추(刀錐)를 꽂았고, 후대의 「행장」과 「시장」에는 추도(錐刀)를 꽂았다는 내용만 있을 뿐입니다. 이러한 기록들은 하나같이 거북선의 등에 칼과 창을 꽂아 일본군이 올라타지 못하게 했음을 보여주는 것입니다.

만약 거북선이 정말로 철갑선이었다면 실용적인 측면에서 많은 문제점을 노출했을 것입니다. 철판은 목판에 비해 15배 이상 무거운데 만약 4mm 두께의 철판을 상부 천제에 덮으려면 약 10톤의 무게가 되어버립니다. 또한 철판은 엄청난 비용이 필요한데 빗물과 바닷물에 녹슬기 쉬우므로 수명이 짧아 가성비가 좋지 않습니다. 심지어 거북의 등에 칼이나 창을 꽂기도 어렵고, 안정성과 기동성도 떨어질 수밖에 없습니다. 앞서 본 거북선의 장점을 제대로 살릴 수 없게 된 것입니다.

오늘날 한국의 거북선이 세계 최초 철갑선이라는 타이틀은 이순신의 장계를 비롯한 당시의 기록들이 철갑에 대해 언급하지 않았음에도 불구하고 구전을 통해 광범위하게 받아들여진 것입니다. 그래도 저는 수많은 해전을 승리로 이끈 거북선이 철갑선이면 어떨까 하는 상상을 합니다.

2000년대에 접어들면서 남해안의 자치 단체들은 이순신 장군을 주제로 한 관광 상품을 앞 다투어 개발하였습니다. 다들 거북선 복원에 나섰지만 제대로 거북선의 모양을 재현하지 못해 많은 논란을 일으키기도 하였습니다. 사실 거북선의 실제 모습에 대한 이런저런 이야기를 잠재우는 확실한 방법이 하나 있습니다. 혹시 남해안 어디엔가 가라앉아 있을지 모르는 실물 거북선을 인양하는 것입니다.

가끔 100원 동전의 이순신 장군을 보면서 이런 생각을 합니다. 언젠가는 이순신 장군의 영광을 고스란히 함께한 거북선과 판옥선이 그 가슴뛰는 모습을 우리 앞에 다시 드러내 주기를....

판옥선

다들 기억하나요? 임진왜란 당시 거북선의 수는 3척에서 5척을 넘긴 적이 없었습니다. 조선 수군의 전투함은 거북선을 제외하면 오직 판옥선뿐이었습니다. 나머지는 정원이 불과 몇 명뿐인 전투함의 부속선으로 시중을 든다든가 정탐을 하는 극히 작은 사후선이나 협선이었습니다.

실제로 한산도 대첩 때 조선 수군 50여 척 중 거북선 2~3척, 판옥선은 수십여 척이었고, 부산포 해전 때 조선 수군 160여 척 중에 거북선 2~3척, 판옥선 70여 척이었습니다. 칠천량 해전 대패 이후 치른 명량대첩은 단 13척의 판옥선만으로 대승을 거두었고, 마지막 전투 노량해전도 거

북선 없이 판옥선 60여 척으로
승리하였습니다.

이순신이 거둔 수많은 승리는
판옥선을 빼놓고 말할 수는 없
습니다. 이 판옥선도 우리나라
화폐에 등장한 적이 있습니다.
1971년 정주영 현대그룹 회장
이 현대 조선소 설립에 필요한
차관을 빌리러 간 자리에서 꺼

1966년 발행된 나 500원권

냈던 500원 지폐를 기억하나요? 그 지폐 뒷면에 2척의 거북선과 3척의
판옥선이 함께 있었습니다. 그럼 지금 저와 함께 판옥선을 탑승하러 가
보시죠.

조선의 주력 전함이 탄생하다.

임진왜란이 일어나기 37년 전인 1555년 명종 대에 을묘왜변이 일어
납니다. 왜구가 전라남도 영암·강진·진도 일대를 침입하였는데 이전과
달리 왜선의 규모가 커지고 화포도 강화되어 조선 수군은 이들을 격퇴
하기가 어려웠습니다. 특히 배에 기어올라 싸움을 벌이는 전통적인 왜
구의 전술을 막을 수 있는 배가 필요하였습니다. 이때 새롭게 개발된 왜
구 전문 전투용 배가 판옥선입니다.

맹선 등의 기존 함대는 갑판 위에 여러 층의 누각을 쌓아올린 경우는
종종 있었지만, 기본적으로 갑판이 하나 밖에 없는 평선이었습니다. 쉽
게 말해 1층짜리 배였습니다. 그렇다보니 갑판 위에 활을 쏘는 사부, 포
를 쏘는 포수 등의 전투원과 노를 젓는 격군과 선원 등의 비전투원이 모
두 섞여 있었습니다. 당연히 공격력과 기동성의 효율이 모두 떨어졌을
뿐만 아니라 격군들의 안전 또한 보장되지 못하였습니다. 하지만 판옥
선은 이전의 배와는 비교가 안 될 정도로 막강한 공격력을 가졌습니다.

조선 후기 선박에 관한 도면을 모은 책인 『각선도본』에 그려진 판옥선

판옥선은 기존의 갑판 주위에 판자로 된 두꺼운 방패를 빈틈없이 세우고, 그 위에 또 하나의 갑판(상장 갑판)을 설치하였습니다. 집으로 치면 아래 갑판은 마루, 상장 갑판은 천장과도 같습니다. 또한 상장 갑판 가운데는 높은 장대를 두어 장수가 이곳에서 지휘할 수 있도록 하였습니다.

판옥선은 2층 갑판이 되면서 전투원과 비전투원을 분리할 수 있었습니다. 격군들과 사수들은 '4면이 나무판으로 둘러싸인 판옥' 안에서 적에게 공격받지 않고 안전하게 노를 젓는 동시에 활을 쏘는 것이 가능했습니다. 포수들은 높은 상장 갑판 위에서 격군의 방해를 받지 않은 채 전투에 임할 수 있었습니다. 포수는 상장 갑판에서 적을 내려다보면서 총포와 화살을 쏘았기 때문에 화약 무기의 명중률과 사거리를 높일 수 있었습니다. 또한 상장 갑판에는 격군이 없었기 때문에 넓어진 공간을 활용하여 대포를 더 많이 설치하여 화력을 극대화할 수 있었습니다.

판옥선은 규모 면에서도 기존의 배에 비해 2배 이상 컸습니다. 판옥선의 길이는 30m 정도로 추정하는 데 오늘날 버스 3대를 일렬로 정렬한 것과 비슷하며, 넓이는 12m 정도로 승용차 3대를 좌로 펼친 것과 비슷합니다. 또한 맹선 등의 기존 배들이 최대 정원이 80명이라면 판옥선은 150명 이상이 탑승할 수 있었습니다.

그럼 왜구의 입장에서 판옥선을 보겠습니다. 왜구의 주요 전술은 상대방 배에 뛰어들어 병사들끼리 칼과 창으로 맞서 싸우는 백병전입니다. 그런데 판옥선이 2층 갑판으로 구성되어 배의 높이가 높아지면서 백병전을 하려면 사다리를 타고 배 위로 올라가야 했습니다. 판옥선의 등

장으로 왜구는 자신들의 장기가 무력화된 것입니다. 이처럼 판옥선은
왜구 격퇴를 위한 완벽한 맞춤형 배였습니다. 하지만 판옥선이 완전무
결한 배였다면 이순신의 거북선은 탄생하지 못했을 것입니다.

조선 수군 백전백승의 일등공신

판옥선은 을묘왜변 이
후 점차 전국적으로 배치
되었고, 임진왜란 기간 중
에는 조선 수군의 명실상
부한 주력 함대로 많은 전
투를 승리로 이끌게 됩니
다. 임진왜란 이후에는 판
옥선은 함대의 대명사라

통영 이순신 공원의 판옥선 모형

할 수 있는 전선이라는 이름으로 불리게 됩니다.

"왜군이 수전에 패한 것은 그들이 수전에 능하지 못해서가 아니
다. 그 이유는 우리의 군선 판옥선이 견고하고 장대하여, 대포를
싣고도 안전하게 전투에 임할 수 있었기 때문이다."

『난중일기』

이순신은 판옥선의 장점을 극대화시키기 위해 일본 함대와 어느 정
도 거리를 두고 활과 포로 적을 공격한 다음, 불화살을 쏘아 배를 불태우
거나 대형 화포로 격침시키는 전법을 구사하여 많은 승리를 거두었습니
다. 이 승리 공식은 일본의 기록에서도 확인됩니다. 일본군은 한산대첩
당시의 상황을 "조선의 군선 판옥선은 크고, 왜선은 작아서 대적하기 힘
들었다. 그래서 본거지로 후퇴하려고 했는데, 그때마다 판옥선이 밀어
붙이면서 계속해서 불화살을 쏘았다. 배는 불타고 이름 있는 장수들은

모두 전사했다"고 기록을 남겼습니다.

　이렇게 완벽해보이는 판옥선도 몇 가지 단점을 가지고 있었습니다. 임진왜란 당시 판옥선은 배가 크다 보니 속도가 느렸고, 일본군의 신무기 조총으로 인해 조선 수군의 포수들이 희생되기 쉬웠습니다. 이순신은 이 사실을 정확하게 알고 있었습니다.

　이순신은 전투의 승패가 일본군이 조선 수군의 화포 사정거리 안에 들어왔을 때부터 판옥선에 접근할 때까지의 시간에 달려 있다고 보았습니다. 조선 수군의 입장에서 보면 우리의 화포 사정거리에 일본 수군이 들어왔을 때 물리치지 못한다면, 칼싸움에 능한 일본 수군이 함대를 우리 함대에 가까이 붙인 다음, 배 위로 기어 올라와 백병전을 벌였습니다. 그 순간부터 조선군의 승리는 장담할 수 없게 됩니다.

　이순신은 완벽한 승리를 거두기 위해 일본 수군의 함대가 조선 함대에 빠르게 접근하는 것을 막고, 적이 작전을 펼치기 전에 그들의 지휘선을 공격할 돌격선이 필요하다고 판단하였습니다. 이 돌격선이 바로 거북선입니다. 거북선은 판옥선의 부족한 부분을 채우기 위해 만들어졌던 것입니다.

　임진왜란이라는 우리나라 역사상 최대의 국난 속에서 거북선과 판옥선은 완벽한 호흡을 보여주며 많은 승리를 이끌었습니다. 거북선의 활약으로 판옥선의 공격력은 극대화되었고, 판옥선의 든든한 지원 덕분에 거북선은 돌격선 역할을 완벽하게 수행할 수 있었습니다. 임진왜란 이후 거북선은 특수 군함으로 수군 체제 편제되었고, 판옥선은 대한제국의 군제 개혁으로 구식 수군이 혁파될 때까지 주력 함대 역할을 합니다.

　저는 거북선과 판옥선 이야기를 할 때마다 항상 아쉬움이 들기도 합니다. 한때 조선은 일본의 배가 도저히 상대할 수 없는 수준의 거북선과 판옥선을 만들었습니다. 조선이 이렇게 뛰어난 능력으로 드넓은 바다로 멀리 진출하였더라면 우리도 해양 강국이 될 수 있지 않았을까요?

십원
깨달음의 탑, 다보탑

십원 비하인드 스토리

이번 주인공은 10원 동전은 나이를 먹으면 먹을수록 더욱 더 천덕꾸러기가 되고 있습니다. 매년 물가 상승에 반비례해서 10원짜리 동전의 구매 가치가 떨어지기 때문입니다. 오늘날 유명 프랜차이즈에서 아메리카노 1잔 값을 10원짜리로 치르려면 무려 400개 이상이 필요합니다. 은행 영업점 창구마저도 10원 동전을 기피하게 된 지 오래입니다.

10원 동전은 1966년 8월 16일에 처음 발행되었습니다. 오늘날의 모습을 갖추기까지 3차례의 변화를 겪는데 새롭게 유통될 때마다 많은 논란이 만들졌습니다.

첫 번째 논란은 1970년 7월 16일에 새롭게 10원 동전이 발행되면서 시작됩니다. 기존 10원은 구리 88%, 아연 12%로 이루어졌는데, 새롭게 발행된 10원은 구리 65%, 아연 35%로 금속 소재의 함유량이 바뀌게 됩니다. 10원 동전은 아연 함유량이 12%에서 35%로 늘어나면서 그 색조가 황금빛에 가까워지게 됩니다. 10원 동전이 황금빛을 띄자 금이 포함되었다는 터무니없는 소문이 만들어집니다. 당시 실상은 10원 동전의 제조비 절감을 위해 아연보다 비싼 구리의 함유량을 줄인

1970년 발행된 나 10원화

것입니다.

2006년 12월 18일 현재의 10원 동전이 발행됩니다. 4.06g이었던 10원짜리 주화의 무게를 1.12g으로 대폭 줄이고, 아연 대신 저렴한 알루미늄에 구리를 도금하는 방식을 도입합니다. 그런데 구리의 비율을 이전의 65%에서 45%로 대폭 줄인 것은 범죄와 관련이 있습니다. 10원 동전에서 추출할 수 있는 금속 가치가 20~30원을 넘어가자 시세 차익을 노린 사람들이 주화를 녹인 뒤 비싸게 되팔았던 것입니다. 10원 동전을 녹여 팔찌나 목걸이 등을 개당 오천 원에서 이만 원 정도 가격에 판매하거나, 동파이프로 만들어 판매하는 등의 동전 훼손 범죄가 등장한 것입니다.

2010년에 A씨 등 3명은 은행과 슈퍼마켓을 돌면서 모은 5억 원 상당의 10원 동전을 녹여 14kg짜리 구리괴 1만 4,000여 개를 만들어 판매하다 경찰에 붙잡힌 적이 있습니다. 이들은 당시 10kg당 6만 원의 가격에 팔아 총 12억 원의 이득을 챙긴 것으로 밝혀졌습니다. 특히 10원 동전을 녹여 구리괴를 만드는 범죄는 잊을만하면 종종 일어났습니다. 한국은행은 구리와 아연 값의 상승으로 동전 생산비가 올라가고, 동전을 녹여서 되파는 범죄 행위가 반복되자 결국 2006년에 구리 비율을 대폭 낮춘 10원 동전을 발행했습니다.

오늘날에는 10원 동전을 녹여서 시세차익을 노리는 범죄는 사라졌습니다. 대신에 10원 동전은 '진상', '갑질' 뉴스에 등장하고 있습니다. 최근 명품 브랜드 매장에서 10원짜리 동전 수십만 개로 핸드백 값을 결제해 다른 고객의 매장 이용을 방해한 리셀러(재판매업자)가 화제가 된 적이 있습니다. 몇 년 전에는 한 편의점주가 10대 알바생에게 밀린 월급을 10원짜리 동전 1만개로 줬다가 뭇매를 맞기도 하였습니다.

여러 논란을 만들어낸 10원 동전은 역사 속으로 사라질 위기에 놓여 있습니다. 10원 동전은 액면가치가 낮을 뿐 아니라 공중전화나 자동판매기 등에서도 쓸 수 없어 돈 취급을 받지 못한 지 오래된 상태입니다. 한국은행에서 화폐 제조 단가를 기밀 사항으로 구체적으로 공개하지 않지만 현재 10원 1개당 20원이 넘는 것으로 알려져 있습니다. 그래서인지 한국은행 내부에서 10원 동전 폐지 논의가 이루어진다는 말이 계속 나오고 있습니다.

우리가 10원 동전을 볼 수 있는 날이 얼마 남지 않았을지도 모릅니다. 그 말인 즉 도안 소재인 다보탑도 화폐 속에서 볼 날도 사라진다는 것입니다. 지금 저와 함께 언제 사라질지 모르는 10원 동전 속 다보탑을 만나러 가보겠습니다.

2006년 발행된 10원화

다보탑

　신라는 불교의 나라였습니다. 신라의 경주 곳곳에 세워진 사찰, 불교와 관련된 수많은 유적들이 지금까지도 남아 있습니다. 『삼국유사』에는 다음과 같은 기록이 있습니다.

　　"사찰은 하늘의 별처럼 많고, 탑들은 기러기처럼 줄을 서 있다."

　　　　　　　　　　　　　　　　　　　　　　　　　　『삼국유사』

　다보탑을 만나려면 하늘의 별처럼 많은 사찰들 중에 경주에 있는 불국사로 가야합니다. 불국사는 말 그대로 부처님의 나라를 말합니다. 불국사는 신라인들이 이상향으로 삼았던 완전한 부처님의 나라이자 불교 국가를 현실에 재현한 유적입니다. 삼국을 통일한 신라 전체가 한 마음

불국사

한 뜻으로 만들어낸 불국토의 압축적 표현이 바로 불국사이기도 합니다. 불국토는 부처님이 머물면서 중생을 교화하고 구제하는 곳을 말합니다.

대웅전

경주시 동남쪽의 토함산에 위치한 불국사는 신라 경덕왕 시대인 751년에 공사를 시작해서 혜공왕 시대인 774년에 모습을 드러냈습니다. 불국사의 주요 유적은 경덕왕 재임 기간에 완성되었고, 이후 일부 유적은 사라지거나 복원되기도 했지만 1,200년 넘게 본래 모습과 크게 다르지 않은 상태로 오늘날까지 유지되고 있습니다.

극락전

비로전

불국사는 많은 부속 전각들을 거느린 대형 사찰이지만 크게 보면 대웅전, 극락전, 비로전 세 건물이 중심입니다. 이들 세 전각에는 각각 석가모니불, 아미타불, 비로자나불이 모셔져 있습니다. 과거, 현재, 미래를 관장하는 세 분의 부처님을 동시에 모시면서 완전한 부처님의 나라를 만들었던 것입니다.

불국사가 부처님의 세계라면 우리는 현실 세계에 살고 있습니다. 우리는 부처님의 세계로 들어가기 위해 화강암으로 만들어진 다리인 청운교, 백운교, 연화교, 칠보교를 건너야 합니다. 다보탑을 보기 위해서는 청운교와 백운교를 지나 자하문을 통과하여 대웅전으로 들어가야 합니다.

연화교, 칠보교

청운교, 백운교

대웅전 앞에 서면 하나의 석등과 함께 이름과 모양이 서로 다른 두 기의 탑이 보일 것입니다. 10원 동전의 주인공인 국보 제20호 다보탑은 동쪽에, 국보 제21호 불국사 석가탑 (삼층석탑)은 서쪽에 위치하고 있습니다. 미술을 전

다보탑(좌)과 석가탑(우)

혀 모르더라도 두 탑은 외형에서부터 확연한 차이를 볼 수 있습니다.

대웅전 동서 양편에 서로 다른 모양과 이름의 두 탑을 나란히 조성한 이유가 있습니다. 석가탑의 본래 이름은 석가여래상주설법탑입니다. 현세의 부처님인 석가여래가 상주하여 설법을 하는 자리이자, 그런 석가여래의 모습 자체를 상징하는 탑입니다. 다보탑의 본래 이름은 다보여래상주증명탑으로, 다보여래라는 부처님의 이름에서 유래합니다. 석가여래가 현세의 부처라면 다보여래는 과거의 부처입니다. 당시 신라인들은 다보여래와 석가여래 두 부처를 현실에 재현하고자 하였고, 두 탑을 만들어 세웠던 것입니다.

석가탑은 눈으로도 남성적이고 수려한 아름다움을 느낄 수 있습니다. 반면에 다보탑은 한국사 교과서에 '복잡하고 화려하면서도 균형 잡힌 다보탑'이라고 서술될 정도로 보기 드문 양식의 석탑입니다. 석가탑은 눈으로 기운과 느낌을 즐기면 되지만, 다보탑은 사용 설명서를 읽듯이 꼼꼼히 뜯어봐야 그 깊이를 느낄 수 있습니다.

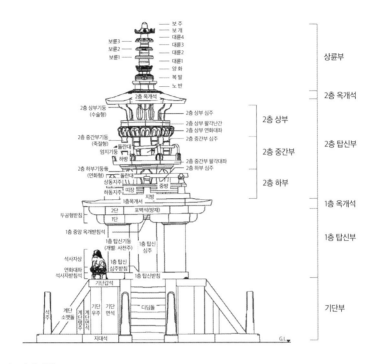

	보주
보륜3	보개
보륜2	대륜4
보륜1	대륜3
	대륜2
	대륜1
	양화
	복발
	노반

2층 상부기둥 (수술형)
2층 옥개석
2층 상부 심주
2층 상부 팔각난간
2층 상부 연화대좌
2층 중간부 심주
2층 중간부기둥 (축절형)
돌란대
엄지기둥
하방
2층 중간부 팔각대좌
2층 하부 심주
2층 하부기둥 (연화형)
돌란대
상동지주
하동지주
띠장
중방
1층 옥개석
지방
1층 목개석
두공형받침
2단
포벽석(방재)
1단
1층 중앙 옥개받침석
1층 탑신기둥 (개별: 사천주)
1층 탑신 심주
석사자상
연화대좌
석사자받침석
1층 탑신 심주받침
1층 탑신받침
기단갑석
석주
계단소맷돌
계단우주
계단멍엣주
계단면석
기단우주
기단면석
디딤돌
지대석
G.L

2층 상부
2층 중간부
2층 하부

상륜부
2층 옥개석
2층 탑신부
1층 옥개석
1층 탑신부
기단부

다보탑의 명칭

다보탑을 제대로 이해할 수 있도록 사용 설명서를 제공하겠습니다. 다보탑은 전체 높이가 약 10.4m으로 기단부, 탑신부, 상륜부로 구성되어 있습니다. 탑의 맨 아랫부분 기단부를 먼저 보겠습니다. 탑을 세우기 위한 단이자, 지면과 탑을 연결하는 부위를 기단이라고 합니다. 다보탑의 기단부는 2층으로 되어 있고, 높이가 상당한 것이 특징입니다. 기단의 높이

다보탑의 기단부

가 높은 것은 이 탑이 땅에서 솟아올라 공중에 떠 있는 탑이라는 것을 상정한 것입니다. 하층 기단의 사방에 설치된 10단의 계단 역시 이 탑이 지상의 탑이 아니라 하늘의 탑이라는 것을 의미합니다.

이제 1층 탑신부를 보겠습니다. 기단 위에 놓인 널찍한 돌을 갑석이라 합니다. 다보탑은 갑석 위에 5개의 사각형 기둥을 설치하였습니다. 이 기둥은 갑석의 네 귀퉁이와 중앙에 각각 서있습니다. 중앙에 설치된 기둥 위에는 4

다보탑의 1층 탑신부

각형의 돌이 2단으로 설치됨과 동시에 네 귀퉁이에 설치된 기둥 위에는 十자형과 井자형의 돌을 차례로 올려 1층 옥개석을 떠받치고 있습니다. 이는 위쪽의 무게를 분산시키는 역할을 합니다. 그리고 5개의 기둥이 1층 옥개석을 받치게 한 다음, 그 옥개석 위에 다시 2층 하부·중간부·상부의 탑신을 올렸습니다.

2층 탑신부는 8각형을 기본 구조로 삼고 있습니다. 각 층마다 서로 다른 높이와 너비, 형태를 보이면서도 전체적으로는 완벽한 조화를 이루고 있어 화려함의 극치를 보여주고 있습니다. 2층 하부는

다보탑의 2층 탑신부

가운데가 잘록하고 위 아래로 발이 달린 8개의 받침을 세우고, 그 위에 2층 중간부 8각대좌를 떠받치도록 하였습니다.

다보탑의 2층 탑신부

대나무 모양의 8개 기둥은 2층 상부의 연화대좌를 떠받치고 있습니다. 연화대좌 바깥쪽으로는 가지런히 연꽃을 새겼고, 이 위에 다시 받침돌을 괴고 2층 상부 기둥을 세웠습니다. 8개의 2층 상부 기둥은 모양새가 뒤집힌 신발이나 버선을 닮았는데 정확하게 무엇을 상징하는지는 알기 어렵습니다. 이 신발 모양의 기둥은 8각형의 2층 옥개석을 받치게 됩니다.

다보탑의 상륜부

마지막으로 상륜부를 보겠습니다. 상륜부는 2층 옥개석 위에 역시 8각의 노반, 원형의 복발, 8각의 앙화, 3개의 보륜을 차례로 얹고 정상에 보개를 덮은 뒤, 그 위에 다시 보주를 올렸습니다. 상륜부가 전체적으로 원형의 모습인 이유가 있습니다. 불교에서 원은 완성 또는 완전함을 의미합니다. 상륜부는 부처님의 오묘한 깨달음의 세계를 표현했기 때문에 원형이고, 그 형태도 다양하게 표현된 것입니다.

다보탑은 그 어느 탑보다 복잡한 구조이지만 거기에 담긴 사상은 아주 단순합니다. 아집과 독선에 사로잡힌 네모난 중생이 정진하여 그 모서리가 떨어져 나가면 팔각으로, 다시 원형으로, 이렇게 원만한 깨달음에 이르는 과정을 탑으로 표현한 것입니다.

다보탑을 바라보면 한 가지 궁금 점이 생길 것입니다. 도대체 몇 층이냐는 것입니다. 다보탑은 일반적인 석탑과는 전혀 다른 모양으로 인해 그 층수를 헤아리기가 쉽지 않습니다. 역사학자들 사이에서도 돌사자와 4개 기둥이 있는 곳을 1층으로 해서 4층이라는 의견과, 돌사자와 4개 기둥의 그 위부터 1층으로 해서 3층이라는 의견, 탑의 층수를 결정하는 것을 옥개석과 탑신으로 보아 2층이라는 의견, 층수를 따질 수 없는 무층이라는 의견 등 다양합니다. 다보탑은 보는 관점에 따라 무층탑, 2층탑, 3층탑, 4층탑 등이 될 수 있는 것입니다.

여러분들은 다보탑이 몇 층으로 보이나요? 우리는 다보탑이 몇 층인지, 영영 그 답을 찾아내지 못할 수도 있습니다. 어찌 보면 이것이 다보탑의 매력은 아닐까요? 혹시 당시 새롭고 파격적인 형식으로 다보탑을 세운 신라의 석공에게 석탑의 층수는 별 의미가 없었던 것은 아닐까요?

사라져버린 다보탑의 지킴이, 돌사자상

우리나라는 일제 강점기를 겪으면서 일본에게 수많은 문화재를 마음대로 빼앗기고 약탈당하였습니다. 해외 반출 문화재 환수를 전담하는 문화재청 산하기관인 '국외 소재 문화재 재단'에 따르면 정체성을 잃어버린 채 일본 땅에 있는 '비운의 한국 문화재'는 6만 1,409점에 이른다고 합니다. 다보탑도 비운의 한국

다보탑

문화재에 포함될 수 있습니다.

우리는 마음만 먹으면 불국사의 다보탑을 직접 보고 만질 수 있습니다. 그래서인지 다보탑이 일본에게 나라를 빼앗겼던 설움을 고스란히 겪은 사실을 모르는 분들이 많습니다. 1925년경에 일본은 다보탑을 완전히 해체하고 보수하였는데 이에 관한 기록이 전혀 남아 있지 않습니다. 그래서 당시 탑 속에 두었을 사리와 사리 장치, 그 밖의 유물들이 이 과정에서 모두 사라져 버려 그 행방을 알 수 없게 되었습니다.

다보탑이 겪은 가장 큰 아픔은 기단부의 돌계단 위에 홀로 외롭게 놓여있는 한 마리의 돌사자상과 관련이 있습니다. 그런데 무언가 이상하지 않나요? 백수의 왕 사자는 우리나라에 서식하지 않는 동물입니다. 신라 사람들은 어떻게 사자를 알고 있었던 걸까요?

사자는 우리나라의 『삼국사기』나 『삼국유사』와 같은 옛 문헌 속에 등장하기도 하고, 고대 불교 문화재나 고분에서 그 이미지가 많이 활용되는 친숙한 동물입니다. 사실 사자는 불교에서 중요한 의미를 갖고 있습니다. 두려움이 없고, 모든 동물을 능히 다스리는 용맹함을 가진 사자에

다보탑의 돌사자상

조선고객보도에 실린 사자상 2개의 다보탑

비유해 부처님을 '인중사자(人中師子)'라고 부르기도 합니다. 이외에 부처의 위엄 있는 설법은 사자의 울음에 비유해 '사자후(獅子吼)'라고도 합니다. 불교에서 사자는 단순한 육식 동물이 아니라, 불법을 수호하는 용맹스러운 수호신이자, 나아가서는 부처와 동일시되는 매우 영험한 존재이자 제왕이었던 것입니다.

다시 다보탑의 돌사자상을 볼까요? 왠지 모르게 돌사자 한 마리가 다보탑을 지키는 모습이 부족함과 허전함이 들지 않나요? 1904년 간행된 세키노 타다시의 『한국건축조사보고』에서 다보탑의 돌사자상과 관련된 최초의 기록을 확인할 수 있습니다.

"다보탑 기단 모서리 4곳(四隅)에 석사자(石獅)가 있다."

다보탑을 지키는 사자는 한 마리가 아니라 네 마리였던 것입니다. 적어도 1904년 무렵에는 다보탑 기단의 네 귀퉁이마다 돌사자상이 제자리를 지켰던 것으로 추정할 수 있습니다. 몇 년이 흐른 후 세키노 타다시가 1909년부터 1912년 사이에 조선의 문화 유적을 조사한 뒤 발간한 『조선의 건축과 예술』에는 다보탑의 돌사자 1쌍이 없어졌고, 일본인에 의해 일본으로 반출되었다는 기록이 등장합니다. 또한 당시 조선 총독부에서 발간한 『조선고적도보』에도 다보탑의 사자상은 1쌍만이 확인됩니다. 다보탑 돌사자상은 세상에 처음 소개된 지 불과 10여 년 만에 1쌍 즉 2구가 사라진 것입니다.

사라진 다보탑 돌사자상에 행방은 일제 강점기에 「빈처」, 「운수 좋은 날」, 「고향」 등을 저술하여 근대 단편 소설의 선구자로 불리는 현진건이 쓴 답사기 형식의 기행 수필을 통해 짐작할 수 있습니다. 현진건은 1929년 7월 18일부터 8월 19일까지 경주를 순례하고, 그에 따른 견문과 감상을 적은 「고도순례 경주」를 〈동아일보〉에서 연재하였습니다.

"돌사자상 두 마리는 동경의 모 요리점의 손에 들어갔다 하나 숨기고 내어 놓지 않아 사실 진상을 알 길이 없고, 한 마리는 지금 영국 런던에 있는데 다시 찾아오려면 오백만 원을 주어야 내놓겠다고 하다던가?"

「고도순례 경주」

현진건의 말대로라면 또 1구의 돌사자상이 사라진 것으로 확인됩니다. 우리나라의 소중한 문화유산인 다보탑의 돌사자상 3구는 일제 강점기에 일본인과 영국인에 의해 분실된 것입니다. 이쯤 되면 다보탑을 외롭게 지키는 돌사자 한 마리는 어떻게 지금까지 남을 수 있었는지 궁금할 것입니다. 최근 국립문화재연구소가 발간한 수리 보고서에 따르면 돌사자상의 정수리, 꼬리, 입, 가슴 부위, 남측 다리와 발가락 등에서 부분적인 훼손 흔적이 확인되고 있습니다. 어쩌면 남아있는 돌사자상은 분실된 3구의 사자상에 비해 파손이 심하여 가치가 떨어졌기 때문에 약탈을 피한 것은 아닐까요?

"소중한 물건을 소중한 줄도 모르고 함부로 굴리며 어느 틈에 도적을 맞았는지 모르니 이런 기막힌 노릇이 또 있느냐. 이 탑을 이룩하고 그 사자를 새긴 이의 영이 만일 있다 하면 지하에서 목을 놓아 울 것이다."

「고도순례 경주」

지금 이 순간에도 다보탑의 사라진 돌사자 3마리를 찾기 위한 노력이 계속되고 있지만 아직까지 그 행방을 알 수 없습니다. 다보탑은 안타까운 훼손과 수난에도 불구하고 천 년이 넘는 세월 동안 묵묵히 불국사 대웅전 앞마당을 지키고 서 있습니다. 언젠가는 잃어버린 다보탑의 돌사자상과 유물들이 돌아와 여태 풀지 못한 비밀을 풀어내주길 바랍니다.

오십원
우리 민족의 역사와 함께한 벼

오십원 비하인드 스토리

여러분들은 동전을 들고 다니거나 거스름돈 받는 것을 좋아하시나요? 주머니 속에서 소리가 나거나 동전이 지폐보다 무게감이 있어서 싫어하는 사람들이 대부분일 것입니다. 그런데 이 글을 읽은 후에는 절대 동전을 함부로 사용하거나 버리지 못하게 될 것입니다.

우리나라에 수십만 원, 수백만 원의 가치를 지닌 동전이 있습니다. 동전과 지폐는 발행량, 발행 연도, 일련번호 등이 특별한 경우 시간이 흘러 상상하지 못할 대접을 받기도 합니다. 현재 우리나라에서 유통되는 가장 작은 단위의 10원 동전은 다른 동전에 비해 높은 가격을 쳐준다고 합니다. 1966년도에 처음 발행된 10원은 현재 30만 원 이상을 호가한다고 합니다. 1970년에 발행된 황동색 10원 동전이 약 10만 원, 적동색 10원 동전은 약 30만 원의 가치가 있다고 합니다. 간혹 상태에 따라 100만 원이 넘는 경우도 있다고 합니다.

오늘날 흔히 마트에서 봉지 값으로 사용되는 50원도 1972년에 최초 발행된 것이 가장 값이 나가는데 약 15만 원에 거래가 된다고 합니다. 일반적으로 사람들이 가장 많이 이용하고 있는 동전인 100원은 1970년에 처음 발행되었는데 이때 동전은 약 10만 원의 값어치가 있다고 합니다. 당시 발행량이 적어 가장 귀하다고 평가받는 1974년 100원짜리 동전의 경우는 약 30만 원으로 3,000배 이상의 값어치를 한다고 합니다.

수집가들에게 가장 귀빈 대접을 받는 동전이 있습니다. 바로 1998년에 발행된 500원입니다. 500원은 매년 100만 개 정도가 생산된다고 합니다. 그런데 IMF 사태 직후인 1998년도에는 8,000여 개만 생산이 됩니다. 외환위기 당시 범국민적으로 동전 모으기 운동이 진행되어 한국은행이 500원을 대량 환수하였기 때문입니다. 1998년산 500원은 의도치 않게 한정 수량이 되어버렸고, 당연히 구하기가 어려워서 현재 부르는 게 값이라고 합니다. 상태가 좋거나 미사용 동전이면 원래 가치의 1,000배 이상인 50만 원이 넘어간다고도 합니다. 실제로는 무려 100만 원이 넘는 가격으로 판매된 적도 있다고 합니다.

이제 슬픈 이야기를 전하겠습니다. 희귀 년도의 동전을 찾아도 미사용 또는 새것이 아니면 동전 금액 이상의 큰 가치는 없다고 합니다. 그래도 주머니 속에서 거추장스럽게 여겨졌던 동전과 지갑 속 지폐를 다시 확인해보는 것은 어떨까요? 만약 희귀 동전을 발견했다면 희귀 화폐 거래소나 경매 사이트에 올려 감정을 받은 후 수집가들에게 판매할 수 있습니다.

다들 집안에 버려져 있는 동전을 찾느라 정신이 없을 것 같은데요. 50원에 새겨진 농작물, 벼 이야기를 시작해보겠습니다.

벼

50원 동전, 우리나라의 벼의 역사

2002년 MBC '일요일 일요일 밤에'이라는 프로그램의 한 코너였던 '두뇌 혁명 프로젝트 - 브레인 서바이버'에서 퀴즈 게임을 진행한 적이 있습니다. 이때 '50원짜리 주화에 새겨진 그림이 무엇인가?'라는 문제가 출제가 됩니다. 당시 출연한 연예인이 '보리'라고 답하자 방송에서 이를 정답으로 인정합니다. 이상한 점을 눈치 채셨나요? 50원 동전의 도안 소재는 보리가 아닌 쌀 정확하게는 벼이삭입니다.

50원 동전

방송 직후 프로그램 홈페이지에는 비난의 글로 도배가 됩니다. 네티즌들은 "여태껏 벼이삭으로 알았는데 보리라고 해서 당황했다. 이건 시청자들을 우롱하는 것 아닌가?", "모르겠으면 한국은행에 확인해 보라", "제대로 확인도 안하고 오답을 내보내다니" 등 제작진의 무성의에 분노했습니다. 결국 제작진은 공식 홈페이지에 사과와 정정의 글을 올렸습니다. 50원 동전 때문에 망신을 톡톡히 당한 것입니다.

지금부터 50원 동전 속 벼를 만나러 가보겠습니다. 우리나라를 포함하여 동아시아 대륙에서 쌀의 역사는 곧 삶의 역사입니다. 동아시아의 농민들은 왜 보리나 밀 등의 작물이 아닌 벼 재배에 심혈을 기울였을까요? 벼는 볍씨 한 톨로 700~1,000톨의 쌀을 얻고, 종자 대비 120~140배의 수확량을 얻을 정도로 생산성이 월등히 높기 때문입니다.

우리나라에서 쌀을 얻기 위한 투쟁의 역사는 기원전 2000년에서 1500년 무렵 청동기 시대와 함께 시작됩니다. 이 시기에 조, 보리, 콩, 수수 등이 재배되었고, 일부 지역에서 벼농사도 보급되었습니다. 우리나라에서 벼농사의 기원에 대한 연구는 현재 진행형이지만 기원전 2333년 고조선이 건국되면서 우리 민족은 본격적으로 쌀밥을 먹기 시작했다고 추정합니다. 그러면서 우리 민족은 5,000년 이상 쌀밥을 주식으로 삼게 됩니다.

고구려, 백제, 신라가 서로 경쟁하던 삼국 시대는 중앙 집권화가 이루어지면서 권력을 잡은 왕족이나 귀족은 쌀을 주식으로 즐겼습니다. 하지만 백성은 쌀을 먹기가 어려웠기 때문에 조나 보리와 같은 잡곡이 주식이었고, 그마저도 힘들면 나무껍질을 먹었습니다. 김부식의『삼국사기』에는 고구려의 평강 공주가 우리에게 가장 유명한 바보인 온달을 찾아가는 장면이 나옵니다. 이때 온달은 먹을 게 없어서 느릅나무 껍질을 구해오던 길이었습니다.

후삼국을 통일하고 독창적인 문화가 발전한 고려 시대는 국교인 불교의 영향으로 식생활은 채식을 강조하는 경향이 강하였습니다. 곡물과 채소 반찬 위주의 간소한 식생활이 주를 이루면서 밥의 중요성은 오히려 강해졌습니다. 하지만 쌀밥은 여전히 귀족들의 몫이었고, 백성들은 당시 가장 많이 생산되던 기장을 비롯한 잡곡밥을 주로 먹었습니다.

성리학을 통치 이념으로 여러 가지 제도를 정비한 조선 시대에 접어들면서 식생활은 급격한 변화를 겪습니다. 흔히 조선 초기에 한식의 발달이 이루어졌고, 조선 후기에 한식이 비로소 완성되었다고 합니다. 오늘날 우리가 생각하는 밥에 대한 문화나 철학 그리고 다양한 조리법 등은 대부분 조선 시대에 형성되었다고 볼 수 있습니다.

김홍도의 <벼타작> ©국립중앙박물관

　조선 시대 양반들은 주로 쌀밥을 주식으로 하여 부식을 곁들여 먹었습니다. 쌀은 무엇보다 중요한 곡식이자 쌀밥은 먹는 것은 양반들의 자부심과도 같았습니다. 농민들의 생활은 여전히 가난하였고, 식량은 햇곡식이 날 때까지 기다릴 수밖에 없었습니다. 조선 시대에도 대부분 농민들에게 쌀밥은 동경의 대상이었습니다.

　19세기 말 개화기에 이르러 서구 문물이 들어오면서 이전과 달리 식생활이 다양해지기 시작합니다. 빵, 커피 등의 서양의 식품과 식생활 풍습이 전래되면서 한식과 양식이 혼합되기도 하였는데 여전히 농민들의 식생활 사정은 나아지지 않았습니다.

　한반도에 벼농사가 시작된 이래 실제로 가장 쌀 부족에 시달렸던 시기는 일제 강점기입니다. 일제의 강력한 통제와 수탈 속에 농민들의 삶은 더욱 어려워졌습니다. 특히 일제가 1931년 만주사변과 1937년 중·일 전쟁에 이어 1941년 태평양 전쟁까지 일으키자 부족한 군량미 조달을 위해 쌀은 물론 감자, 고구마 등의 농산물도 빼앗았습니다.

> "우리가 농촌에서 보고 들은 것은 아무리 말해도 상상할 수 없
> 는 사실이 많다. …… 가난한 농민의 식량을 참고로 봐도 잡곡
> 한 홉 정도에 풀뿌리나 나무껍질을 섞어 끓여서 먹는다. 봄에는
> 풀의 새싹을, 겨울에는 뿌리를 캔다. 어떤 지방에서는 고령토를
> 먹는 경우도 있다. 그 상태는 내지(일본)에서는 전혀 보이지 않는
> 비참하고 진기한 현상이다."
>
> 『내외사정』

1932년 어느 일본인의 눈에 비친 한국 농촌의 참상입니다. 일제 강
점기 말기 전시 체제가 강화되면서 잡곡과 죽으로 밥을 대신하던 서민
들의 사정은 더욱 비참했습니다. 그렇다면 삼국시대부터 시작되어 일제
강점기까지 이어진 쌀밥에 대한 서민들의 동경과 쌀밥을 마음껏 먹기
위한 길고도 오랜 투쟁은 언제 끝났던 걸까요?

통일벼의 등장

우리나라 사람들의 배고픔은 광복 이후에도 계속되었고, 6·25전쟁을
거치면서 더 심해졌습니다. 6·25전쟁이 끝난 1950년대 중반부터 1960
년대까지 베이비붐으로 인구는 매년 3%씩 크게 늘어나는 데 반해 쌀 생
산량은 제자리를 유지하면서 식량 문제가 갈수록 심각해졌습니다. 우리
나라 국토 사정상 농경지 확보가 쉽지 않은 것도 식량 문제를 부추겼습
니다.

1960년대에도 우리나라의 극심한 식량난은 계속 되었습니다. 그 증
거는 일상생활 속에서 쉽게 찾을 수 있습니다. 당시 우리나라 사람들의
대표 안부 인사가 있었습니다. "진지 잡수셨습니까?", "밥은 먹었니?"였
습니다. 그만큼 먹고 사는 문제가 매우 중요했습니다.

박정희 정부는 1960년대 초까지 쌀 부족 현상이 지속되자 여러 혼·분식 장려정책을 내놓았습니다. 심지어 1960년대 중반부터 1970년대 내내 혼·분식 장려 노래가 전국 학교에 울려 퍼지기도 했습니다.

> "꼬꼬댁 꼬꼬 먼동이 튼다 / 복남이네 집에서 아침을 먹네 / 옹기종기 모여 앉아 꽁당보리밥 / 꿀보다 더 맛 좋은 꽁당보리밥 / 보리밥 먹은 사람 신체 건강해."
>
> 혼·분식 장려가, 『꽁당보리밥』

식생활 개선을 위해 혼식 분식을 장려하는
포스터 ©국립민속박물관

지금 50대 독자라면 학교 점심 시간마다 쌀밥에 보리 등의 잡곡이 25% 이상 섞여 있는지 도시락 검사를 받은 경험이 있을 것입니다. 또한 매주 수요일은 분식의 날이라고 해서 빵이나 국수 같은 것을 먹도록 장려한 것도 생각이 날 것입니다.

혼·분식 장려정책은 음식점에도 적용되었습니다. 정부에서 법을 정해 음식점에 대해 반드시 25% 이상의 잡곡이나 면류를 혼합해 팔도록 했고, 이를 어긴 업소는 엄중한 처벌을 내렸습니다. 음식점은 하얀 쌀밥을 팔지 못했습니다. 그러면서 웃기지만 슬픈, 요샛말로 웃픈 일이 벌어지게 됩니다. 당시 우리나라의 주요 관광 수입원이었던 일본인 여행객들이 국내에서 잡곡인 섞인 밥으로 만든 생선 초밥(스시)을 먹고 기겁을 한 것입니다. 한국 관광 협회는 보리로 만든 스시를 들고 농림부 장관을 찾아가 "먹어보라"며 항의하는 소동이 일어나기도 하였습니다.

박정희 정부는 지긋지긋한 식량
난으로 인해 쌀의 자급자족에 관
심이 높았습니다. 식량 문제 해결
을 가난 추방과 경제 성장의 첫걸
음으로 여겼고, 늘어나는 인구를
부양하기 위해 무엇보다 '잘 자라
는 쌀'을 만드는 데 많은 노력을 기
울였습니다. 박정희 정부는 1962
년 농촌 진흥청을 설립하고, 곧바
로 새로운 품종의 쌀 개발에 착수

음식점 및 식당에서 혼식과 분식을 강제하는
정부 정책에 대한 고시 ⓒ국립민속박물관

했습니다. 농촌진흥청을 중심으로 허문회 박사를 비롯한 유능한 농학자
들이 연구의 주역이 됩니다. 그런데 새로운 품종은 생소한 나라인 필리
핀에서 탄생합니다.

1960년 미국은 필리핀에 동남
아시아 쌀 연구의 전진 기지인 국
제 미작 연구소(IRRI)를 설립합니
다. 국제 미작 연구소에서 만들어
낸 새로운 품종들 중에 가장 먼저
보급된 것은 동남아시아 전역에서
선풍적인 인기를 얻으며 '기적의

IR-8

벼'로 불린 IR-8입니다. 이 IR-8의 개발에 1964년부터 국제 미작 연구
소에 연수 중이던 서울대학교 농과대학 교수 허문회가 참여했습니다.

국제 미작 연구소에서 허문회는 2년의 연수 기간 동안 우리나라 토양
과 기후에 맞는 IR-8의 후예를 개발하는 데 몰두합니다. 인디카종과 자

포니카종의 결합을 통해 수확량이 많은 신품종 개발을 시도합니다. 인디카종은 필리핀, 태국, 베트남 등 더운 지역에서 주로 생산되는 푸석푸석 날리는 쌀이고, 자포니카종은 우리나라와 일본, 중국 동북 지역에서 재배하는 둥근 모양의 쌀입니다. 인디카종와 자포니카종의 교배를 통한 신품종 개발은 큰 난관에 부딪힙니다. 유전적으로 거리가 먼 종끼리의 교배이므로 그 기술도 까다로웠을 뿐만 아니라, 낮은 확률로 교배에 성공한다고 하더라도 불임 가능성이 높았기 때문입니다.

허문회는 당시 학계에서 불가능하다고 여긴 교배를 포기하지 않고, 조합 방법을 수백 번 바꾸어가며 연구를 지속하였습니다. 그러다 상식을 뛰어넘는 교배를 시도합니다. 자포니카종도 인디카종도 아닌 중간종인 대만의 재래종 TN1을 자포니카종과 결합시켰습니다. 둘의 교배는 쉽지 않았지만 다행히 잡종 씨앗 몇 개를 얻을 수 있었습니다. 이 잡종 씨앗을 파종한 후에 꽃가루를 얻어서 다시 국제미작연구소에서 만들었던 IR-8과 교배했습니다. 이 조합은 신기하게도 불임 문제가 발생하지 않았습니다. 이때 탄생한 새로운 품종이 'IR-667'이고, 한국 이름은 '통일'입니다. 통일이라는 이름은 이 볍씨로 쌀을 많이 생산하여 북한으로 보내 밥으로 통일하자는 염원을 담겨 있습니다.

인디카, 자포니카, 통일벼의 특징

품종	특징
인디카(열대)	키가 크고 생산량이 많음. 쌀알이 길고 부스러지기 쉬움. 밥을 지으면 찰기가 적음.
자포니카(온대)	키가 작고, 쌀알이 단단함. 밥을 지으면 찰기가 많고 맛이 좋음.
통일벼	타 품종에 비해 생산량이 30% 가량 높음. 병충해에 강하지만, 저온에는 약함. 밥맛이 자포니카에 비해 낮음.

허문회가 개발한 통일벼 'IR-667'이 1972년에 처음 발행된 50원 동

전의 도안 소재인 벼이삭입니다. 그런데 벼이삭이 동전의 도안 소재로 선택된 것은 '국제식량농업기구(FAO)'와 관련이 있습니다. 1968년 UN은 국제식량농업기구(FAO)를 결성하면서 'FAO Coin program'을 시작하면서 전 세계 각국에 10월 16일 '세계 식량의 날'을 기념하는 동전을 만들 것'을 권장했습니다. 우리나라는

각종 농산물이 새겨져 있는 세계 각국의 FAO 동전

이를 받아들여 한국인의 주식인 쌀을 상징하는 벼이삭, 정확하게는 통일벼를 동전 뒷면에 새겼던 것입니다.

통일벼는 통일의 염원을 이루지는 못하지만 한국에 녹색 혁명을 일으키게 됩니다. 통일벼는 1971년 초 각 도별로 시범 재배되었고, 1972년부터 일반 농가에 보급되었습니다. 당시 언론에서 지어준 '기적의 볍씨'라는

통일쌀 보온 못자리 ⓒ농촌진흥청

이름에 걸맞게 보통 벼가 이삭 당 낟알이 80~90개면 통일벼는 이삭 당 낟알이 120~130개나 되었습니다. 통일벼의 보급으로 1966년 392만 톤이던 쌀 생산량은 1977년에 이르러서는 575만 톤을 넘어서게 됩니다. 1970년대부터 만성 식량 부족 해소를 위한 쌀 수입이 중단됩니다. 1977년에는 사상 처음으로 전 국민이 다 먹고도 남을 만큼 쌀이 생산되었고, 쌀 막걸리 탄생, 대북 쌀 지원 제의 등이 가능해졌습니다. 특히 쌀 막걸리 등장은 그 해 10대 뉴스에 포함될 만큼 우리 국민에게 중요한 사

건이었습니다.

통일벼는 굶주림뿐만 아니라 경제적으로도 많은 기여를 하였습니다. 농민들은 여유 쌀을 팔아 돈을 모으기 시작하면서 소비를 늘려 나갔습니다. 막 시작된 산업화가 지방까지 확산되도록 기여한 것입니다. 통일벼는 농업 기술 발전에도 영향을 끼칩니다. 통일벼는 서리에 약해 못자리에 비닐을 씌워 봄 추위를 막았는데 이게 비닐하우스의 시초가 됩니다. 이후 전국에 비닐하우스가 보급되었고, 우리는 계절에 관계없이 각종 과일과 채소를 먹을 수 있게 됩니다. 또한 최근에 나오는 다이어트 쌀 같은 기능성 벼가 나오는 것도 통일벼를 기초로 한 품종 개량이 지속적으로 이뤄졌기 때문에 가능한 것입니다.

그렇다면 지금도 통일벼를 우리의 식탁에서 볼 수 있을까요? 통일벼는 어떤 품종보다도 월등한 수확량을 자랑했지만 인디카종의 유전자가 섞인 탓에 한국인의 입맛에 맞지 않는 퍼석퍼석한 맛이 났습니다. 이에 밥맛이 떨어지는 통일벼의 단점을 보완하고 수확량까지 갖춘 좋은 품종이 잇달아 개발되었습니다. 국민 소득이 높아지면서 중산층 이상의 소비자들은 쌀값 지출을 조금 늘리더라도 품질과 맛이 좋은 쌀을 선택했습니다. 결국 통일벼는 1990년에 정부 장려 품종에서 제외되고, 1992년부터는 농민들로부터 정부가 정한 가격으로 일정량을 사들이는 수매까지 중단하면서 역사 속으로 사라지게 됩니다.

오늘날 통일벼는 어려웠던 옛 시절을 상징하는 '맛은 없지만 값이 싸서 먹는 쌀'로 많이 인식합니다. 하지만 우리는 통일벼가 20년 동안 식량 자급이라는 막중한 임무를 다하고 명예롭게 퇴진하였다는 사실을 기억해야 할 것입니다.

백원
나라를 구한 영웅, 이순신

백원 비하인드 스토리

동전 100원을 만나기 전에 엄청난 비밀을 하나 알려드리겠습니다. 굳이 100원이 아니라도 상관없습니다. 아무 동전이나 그 옆 테두리를 자세히 살펴볼까요? 톱니바퀴 무늬가 보일 것입니다. 동전에 톱니바퀴를 새기는 작업은 비용도 많이 들고, 일반인은 흉내를 낼 수 없는 어려운 고난도 공정입니다. 그렇다면 동전에 톱니바퀴는 누가 처음 만들었고, 왜 들어가게 된 걸까요?

동전 옆면의 톱니바퀴

학창시절 과학 시간에 배웠던 17세기 영국의 물리학자 아이작 뉴턴을 기억하나요? 사과를 통해 중력이라는 힘의 존재를 알게 되고, 그 중력을 통해 만유인력 법칙을 깨달은 그 뉴턴이 맞습니다. 뉴턴이 살던 영국은 은화를 사용하였는데 이 은화의 화폐 가치가 제작하는 데 들어간 은 자체의 가치보다 낮았다고 합니다. 그렇다보니 사람들은 은화의 테두리를 야금야금 잘라내 부당 이익을 챙겼고, 급기야 시장에서는 성한 은화를 찾아볼 수 없을 정도였다고 합니다.

영국 정부는 여러 저명한 학자들에게 도움을 요청했습니다. 이때 뉴턴은 구화폐를 모두 회수해 녹여 테두리에 톱니바퀴 무늬를 넣은 새로운 주화로 만들자고 제안합니다. 동전 테두리에 톱니바퀴 무늬가 있으면 테두리를 조금만 깎아내더라도 동전을 훼손한 게 금세 탄로 났기 때문입니다. 즉 동전에 새겨진 톱니바퀴는 위조 방지용이었던 것입니다. 뉴턴 덕분에 영국의 통화 질서는 안정을 찾게 됩니다.

오늘날 동전은 금이나 은이 아니라 백동, 니켈 등 합금으로 만들어지고 있습니다. 하지만 여전히 변조 방지와 품위 유지 등을 위해 동전 테두리에 평면형, 톱니바퀴형, 문자형 등의 무늬를 넣고 있습니다. 다시 갖고 있는 동전을 꺼내 볼까요? 우리나라의 경우 1원, 5원, 10원은 테두리에 아무것도 넣지 않은 평면형이며, 50원, 100원, 500원짜리에는 동전은 톱니바퀴형으로 제작되고 있습니다. 50원에는 109개, 100원에는 110개, 500원에는 120개의 톱니바퀴가 있다고 합니다.

혹시 해외여행을 갔다가 미처 다 쓰지 못하고 가지고 온 외국 동전이 집에 있다면 꺼내볼까요? 우리나라 외에 다른 나라의 동전을 관찰해도 테두리에 톱니바퀴 등 무늬가 있는 것을 쉽게 발견할 수 있을 것입니다. 그럼 이제 120개의 톱니바퀴가 있는 100원 뒷면 속 인물을 만나러 가보겠습니다.

나라를 구한 영웅 충무공 이순신

여러분들은 충무공(忠武公)을 들으면 단 한 명의 인물을 떠오를 것입니다. 바로 충무공 이순신입니다. 충무공은 '신하의 도리를 지키고 나라를 위하여 몸을 아끼지 않아 밖으로는 외적을 물리치고 안으로는 법도를 바로 세운' 것으로 평가되는 이들에게 임금이 내린 시호입니다. 국란의 위기에 큰 공을 세운 무인들이 받을 수 있는 최고의 시호입니다.

이제 충무공의 대명사이자 100원짜리 동전 뒷면에 홀로 외롭게 자리 잡은 이순신 장군을 만나보겠습니다. 임진왜란이라는 국가적인 위기 속에 우리 바다 구석구석을 누비며 온몸을 바쳐 싸웠던 인간 이순신을 생생하게 되살려 보겠습니다.

이순신은 1545년 3월 8일 서울에서 이정의 셋째 아들로 태어났습니다. 이순신은 비교적 늦은 나이인 22세에 무예를 연마하기 시작하였고, 32살의 늦은 나이에 비로소 무과에 합격하여 함경도에서 첫 벼슬살이를 시작합니다.

이순신의 벼슬길은 순탄했을까요? 삼도수군통제사로 조선 수군을 이끈 이순신을 생각하며 초고속 승진을 떠올리겠지만 실제론 한미한 관직을 전전한, 출세와는 거리가 먼 인물이었습니다. 이순신은 자존심이 강하고 성품이 고상해서 생전 누구를 찾아가 자기 안위를 부탁할 줄도 몰랐고, 권력욕에 사로잡힌 인물들과 어울릴 줄도 몰랐기 때문입니다.

영웅은 영웅을 알아본다는 말이 있습니다. 어느 날 선조가 유성룡을 불러 "육지를 지킬 장군과 전라도 지역 바다를 책임질 사람을 뽑아야 하는데, 누구로 하면 좋겠소?"라고 물어보았습니다. 유성룡은 당시 벼슬이 높지 않았고, 잘 알려지지 않은 권율과 이순신을 추천합니다. 이에 당시

정5품 형조 정랑이었던 권율은 4단계 뛰어넘은 정3품 의주 목사로, 종6품 정읍 현감이었던 이순신은 무려 6단계 뛰어넘은 정3품 전라 좌수사로 발탁됩니다.

임진왜란이 발발하기 1년 전인 1591년 2월 13일 47세의 이순신은 전라좌수사가 되어 여수에 부임합니다. 이순신은 장차 닥쳐올 위기를 직감이라도 한 듯 모든 병력의 군사 훈련과 장비를 점검하고, 거북선을 만드는 등 전투태세를 갖추어 나갔습니다. 유성룡의 사람 보는 눈은 정확했던 것입니다. 역사학자들은 유성룡의 특별 천거를 두고 조선을 구한 신의 한 수라고 합니다. 역사에 만약은 없지만 이순신이 남쪽 바다를 지키지 않았더라면 조선의 역사는 임진년에서 중단되었을지도 모를 일입니다.

도요토미 히데요시의 야욕, 임진왜란의 시작

일본에서는 도요토미 히데요시가 백여 년에 걸친 전국 시대의 혼란을 수습했습니다. 이후 국내에 불만이 많은 지방 영주들의 관심을 밖으로 돌리고 대륙 침략의 야욕을 실현하기 위해 조선 침략을 결정합니다. 1592년 4월 13일 도요토미 히데요시의 명을 받은 약 16만 대군이 9개 부대로 나뉘어 조선을 침략합니다. 400여 년 전, 동아시아 삼국을 뒤흔든 임진왜란 7년 전쟁이 시작된 것입니다. 당시 조선의 총병력은 14만 5,000여 명이었지만 실제로 칼을 잡고 전투에 참여할 수 있는 정예군은 고작

임진왜란 주요전투

8,000명에 불과했습니다.

조선은 전쟁 초기 국방력의 열세로 일본군을 막아 내지 못하였습니다. 처음 일본군을 맞은 부산포에서 첨사 정발이 800여 명의 군사를 이끌고 밤새 분전했지만 모두 전사했습니다. 일본군은 개전 다음날인 4월 14일과 15일, 연이어 부산진과 동래성을 격파하고, 세 갈래로 병력을 나누어 그야말로 빛의 속도로 서울을 향해 북상합니다. 일본군은 4월 25일에 상주성, 이틀 뒤 문경새재를 돌파한 후 4월 28일에는 충주 탄금대에서 배수진을 치고 나선 신립의 군대도 격파합니다. 일본군은 1592년 5월 2일에는 한강 방어선마저 무너뜨리고, 다음날인 5월 3일 정확하게 개전 20일 만에 조선의 수도 한양을 점령합니다.

한편, 선조는 충주 탄금대에서 신립의 패전 소식이 들려오자 한양을 사수할 수 없다 판단하고 파천을 결정하고, 1592년 4월 30일 평양으로 향하면서 명나라에 원군을 요청했습니다. 선조는 5월 1일 개성에 도착하였고, 5월 3일 일본군이 한양에 입성하자 피난길의 속도는 빨라졌습니다. 5월 4일 평산, 5월 5일 봉산을 거쳐 5월 7일 평양에 도착합니다. 이후 임

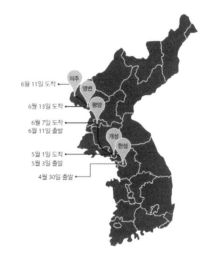

임진왜란 당시 선조의 피난길

진강 방어선이 무너지고 전세가 악화되자 6월 10일 선조는 평양을 버리고 다시 의주로 향합니다. 더 위급한 상황이 발생하면 명나라로 가려는 속내였습니다.

이제 육지가 아닌 바다로 가보겠습니다. 임진왜란 당시 일본군은 육군이 빠른 속도로 북진하면 추가 병력과 군수품 보급을 담당하는 수군이 남해와 황해 연안에서 물자를 약탈하여 북상해 합세하는 수륙병진 작전을 전개했습니다. 이 작전을 막기 위해서는 조선은 무엇보다도 수군의 활약이 절실하게 필요하였습니다. 하지만 임진왜란 첫 날 일본군을 맞아 경상좌수사 박홍은 자신이 지휘하던 경상좌수영 관내 군선 103척을 불태운 뒤 도망쳤습니다. 다음으로 경상우수사 원균은 정발과 송상현이 끝까지 항전한 부산진과 동래성이 함락되었다는 소식에 겁먹고 4월 16일 1만여 명의 수군을 해산시킨 뒤 달아났습니다.

임진왜란이 발발하고 수군이 무참히 패배할 때 전라좌수사 이순신은 무엇을 하고 있었을까요? 이순신은 전쟁이 일어난 지 이틀 후인 4월 15일 원균이 보낸 구원 요청 문서를 받고 일본군의 침략을 알게 됩니다. 그 즉시 전쟁 준비에 돌입하였고, 조정에 전쟁 대비 상황을 보고하는 장계를 올렸습니다.

> "신도 군사와 전선을 정비하여 바다 어귀에서 사변에 대비하면서 겸관찰사, 병마절도사, 우도수군절도사 등에게 급히 공문을 띄우고 각 고을과 포구에도 동시에 공문을 돌렸나이다."
>
> 「인왜경대변장(왜의 사변에 대비하는 장계)」

조선 정부는 4월 26일 충주 탄금대에서 신립이 대패하자 26일과 27일 드디어 이순신에게 '물길을 따라 출동하여 적을 습격하고 경상도의 원균 부대와 합세하여 왜군을 공격하라'는 공식 명령을 내렸습니다. 명을 받은 이순신은 휘하의 장수들을 여수 본영에 집결시켰습니다.

1592년 5월 1일 이순신 휘하 전라좌수영 장수들이 모두 여수에 모이자 경상도 바다로 나가 싸우는 것을 놓고 열띤 토론이 벌어졌습니다. 이순신은 한 치의 망설임도 없이 출전 명령을 내립니다.

"오늘 우리가 할 일은 다만 나아가서 싸울 일뿐이니 감히 앞으로 딴말 하는 자는 목을 벨 것이다."

『난중일기』

전설의 시작 1차 출정-옥포·합포·적진포 해전

1592년 5월 4일 이순신의 지휘아래 조선 수군의 주력 전함인 판옥선 24척, 보조 군선인 작은 협선 15척, 어선인 포작선 46척, 모두 85척을 거느리고 경상도 바다를 향합니다. 5월 4일 소비포(지금의 경남 고성군), 5월 5일 당포(지금의 경남 통영시)에 도착합니다. 5월 6일에는 거제도를 관할하고 있던 경상우수사 원균이 일본군과 몇 차례 전투에서 70여 척의 전선을 모두 잃고 겨우 판옥선 4척과 협선 2척만을 이끌고 합류합니다.

당시 일본 수군은 부산을 중심으로 남해안에는 도오도오 다카도라, 가토오 요시아키 등이 이끄는 5개 선단, 수군 9,000명이 전라도 지방으로 세력을 확장하기 위해 거제도를 점령하고 있었습니다. 거제도는 부산에서 전라도 지역으로 이동하기 위한 해상 교통의 요충지로 일본군은 거제도를 통과해야 했고, 반대로 조선 수군은 일본군의 진로를 거제도를 중심으로 봉쇄해야만 했습니다.

1592년 5월 7일 조선의 연합 함대는 거제도의 옥포 앞바다에 이르렀습니다. 이순신은 옥포 포구에 정박하고 있는 적선 50여 척을 발견하고, 공격 명령에 앞서 다음과 같은 군령을 내렸습니다.

"가볍게 움직이지 마라. 침착하게, 태산같이 무겁게 행동하라(勿令妄動 靜重如山)"

『난중일기』

이순신은 자신을 포함하여 처음으로 전투에 나서는 병사들에게 두려움에 떨지 말고 냉철하고 지혜롭게 싸우라는 당부를 한 것입니다.

현자총통 ⓒ국립진주박물관

천자총통 ⓒ국립진주박물관

이순신은 일본 수군이 정박한 옥포 포구가 지형상 좌우로 막혀 있는 것을 파악하고, 빠르게 접근하여 적선 50여 척을 재빨리 동서로 포위했습니다. 이순신은 일본 수군을 포위하고 퇴로까지 봉쇄한 후 무차별한 포격을 퍼부었습니다. 탈출을 시도하던 일본 수군은 포위망에 갇혔고 26척이 격침되고, 4,000여 명의 일본군을 죽이거나 부상을 입혔습니다. 이 전투가 임진왜란 해전에서 거둔 최초 승리인 옥포 해전입니다.

이순신이 옥포 해전뿐만 아니라 모든 해전에서 사용한 전술이 있습니다. 일본은 상대 선박 위로 뛰어들어 개인 휴대 무기인 칼이나 조총을 이용하여 적을 살상하는 전술을 구사했습니다. 이 전술을 무너뜨리기 위해 이순신은 함포 전술을 꺼내들었습니다. 조선 수군이 여러 측면에서 열세지만 대형 화포만큼은 일본군보다 더 우수하다는 것을 정확히 파악했기 때문입니다. 당시 조선군의 화포 사정거리가 200m를 훌쩍 넘었지만 일본군의 조총 사정거리는 100m 정도에 불과했습니다.

이순신이 조선의 대형 전함 앞·뒤·좌·우에 천자총통, 지자총통, 현자총통, 황자총통 등의 대형 화포를 장착하여 우세한 화력을 더 극대화시켰습니다. 2배가 넘는 사정거리를 활용하여 일본 함대에 접근하지 않은 상태에서 공격을 가했던 것입니다. 이순신의 대형 화포를 바탕으로 한 함포 전술은 자신이 지휘한 모든 전투에서 빛을 발했습니다.

옥포 해전 승리 이후 이순신의 수군은 거제도 북쪽 끝에 있는 영등포 앞바다에서 발견한 일본 함대 5척을 추격하여 합포(경상남도 마산시)에서 총통과 화살로 5척을 모두 불태워버렸습니다. 이 전투가 합포 해전입니다. 합포 해전 승리 다음 날인 5월 8일 통영 고을 광도면 적진포에서 일본군이 13척의 배를 받아 어귀에 정박해놓고, 마을 안으로 들어와 약탈 중이었습니다. 이순신은 전 수군을 이끌고 일제히 화력을 동원하여 공격했고, 도망친 2척을 제외한 나머지 11척은 모조리 격파했습니다. 이 전투가 적진포 해전입니다.

이순신이 제1차 출정에서 거둔 3번의 승리는 조선 조정과 백성들에게 활기를 불어 넣었습니다. 성을 버리고 달아났던 수령들은 제자리로 돌아왔고, 곳곳에서 의병들이 활동하기 시작한 것입니다. 이순신은 다음 출전을 위해 군사들을 휴식시키고 전선과 무기를 정비하는 등의 만반의 준비를 갖추고 있었습니다.

거북선의 첫 출격 2차 출정-사천·당포·당항포·율포 해전

일본은 옥포 해전에서 큰 피해를 입었지만 경상도 서쪽 해안과 전라도 해역으로 진출하여 서해안으로 북상하려는 당초 계획을 바꾸지 않습니다. 일본군은 경상도 서쪽으로 진출하기 위해 사천과 곤양 해안에 함대를 보냈습니다. 이순신은 사천까지 도착한 일본군을 그냥 둔다면 백성들이 피해를 볼 것이며, 향후 전투에도 큰 어려움이 생긴다는 판단아래 결단을 내립니다. 1592년 5월 29일 23척의 함대를 이끌고 제2차 출정을 감행합니다. 이때 우리나라 국민이라면 모두가 아는 거북선이 처음으로 전투에 투입됩니다.

일본군은 사천 해안에 험준한 산세를 이용하여 12척이 줄을 지어서 정박하고 있었고, 약 400명이 진을 치고 있었습니다. 이순신의 수군은 썰물 때라 일본군 가까이 접근할 수 없었습니다. 이 위기를 어떻게 극복했을까요?

"적들이 매우 교활한 태도를 보이므로 우리가 만약 거짓으로 물러나면 적들은 반드시 배를 타고 우리와 싸우려 할 것이니, 이때

우리는 적을 바다 복판으로 끌어내어 협력하여 격멸하는 것이
가장 좋은 방책이다."

『난중일기』

　이순신은 일본군을 바다로 끌어내기 위해 뱃머리를 돌려 후퇴하는 척
하는 유인 작전을 펼쳤습니다. 조선 수군이 후퇴하는 모습을 본 일본군
은 진지에서 내려와 배를 타고 뒤쫓아 왔습니다. 이순신은 시간이 흘러
바다가 밀물로 바뀌면서 수심이 깊어지자 거북선 2척으로 하여금 돌격
을 명합니다. 거북선은 적선 속으로 빠르게 돌진하여 부딪쳐 공격하거
나 적선들 중심에서 사방으로 대형 화포를 발사했습니다. 적선은 양쪽
으로 갈라졌고, 그 틈으로 이순신을 뒤따른 여러 함대들이 순식간에 들
어와 각종 화기를 발사했습니다. 집중 포격으로 일본 함대 10척을 격침
시키고, 2600여 명을 사살시켰고, 다음날에는 나머지 2척도 불태우며
대승을 거두었습니다.

당포성지

　　　　　　　　　　사천 해전 승리 이후 이순신
의 수군은 6월 2일 당포에 일본
수군이 정박했다는 정보를 입
수하고, 곧바로 거북선을 선두
로 당포로 진격하였습니다. 이
전투는 사천 해전에 이어 두 번
째로 거북선을 앞세운 전투입
니다. 일본군 300여 명은 당포성을 점거하고, 21척이 닻을 내리고 있었
습니다.

　이순신은 일본 수군 지휘관 카메이 코레노리가 앉아 있는 배를 발견
합니다. 곧바로 거북선을 앞세워 대형 화포로 쏘아 대는 한편, 뱃머리로

는 배를 들이받아 격파했습니다. 이어 거북선을 뒤따르던 여러 함대들도 화포를 교대로 쉴새없이 발사했습니다. 접전 중에 일본 수군 지휘관이 죽자 사기가 땅에 떨어진 일본군은 육지로 도주했습니다. 이순신은이 기회를 놓치지 않고 일제히 포격을 가하여 적선 21척을 모두 불태우고 깨뜨렸습니다. 이 당포 해전에서 이순신이 치른 많은 해전에서 사용된 화공 전술의 위력을 볼 수 있습니다.

> "공은 잡아온 적의 층각 배를 앞으로 내어놓고 적들과 1리쯤 떨
> 어진 곳에서 불을 지르니 배 안의 화약이 폭발하여 큰 소리와 불
> 꽃이 진동하자 적이 또 패하여 달아났다."
>
> 『충무공전서』

화공 전술은 화기를 이용하여 적선을 불 태워 침몰시키는 전법으로철선이 개발되지 않은 전근대 시대에 대부분 해전에서 보이는 일반적인전술입니다. 이순신이 화공 전술을 적극 활용한 이유가 있습니다. 일본함대는 나무로 만든 목선으로 불에 닿으면 곧 불이 붙어 싸움보다 불에신경을 쓸 수밖에 없었습니다. 또한 일본군은 조총을 사용했기 때문에배 안에 항상 화약이 적재되었습니다. 따라서 불이 닿으면 쉽게 폭발되어 삽시간에 불이 붙을 수밖에 없었습니다.

당포 해전 승리 이후 6월 4일 이순신은 자신 휘하의 23척, 전라우수사 이억기의 함대 25척, 경상우수사 원균 휘하의 3척 등 도합 51척으로통합 함대를 구성합니다. 이순신은 거제도 백성들로부터 당항포에 일본적선이 정박해 있다는 첩보를 입수하자 곧바로 출정했습니다. 당항포에는 일본 함대 26척이 모여 있었습니다. 이순신의 갑작스런 공격을 받은일본군은 당황하였고, 육지로 올라갔습니다. 이때 이순신은 이상한 전술을 구사합니다. 일부러 포위망 한 모퉁이를 열어 일본군 퇴로를 내주었고, 그것도 모자라 일부러 일본 함대를 공격하지 않았습니다.

다들 이순신의 의도를 파악했나요? 이순신은 육지에 남은 일본군이 백성들을 해칠 것을 염려하여 의도적으로 적의 퇴로를 열어 바다로 유인했던 것입니다. 일본 함대가 일부러 열어준 수로로 빠져나와 바다 한가운데에 이르자 조선 함대들이 일제히 포를 발사했습니다. 그 결과 당항포 해전에서 적선 26척을 격파하고 일본군 50여 명을 사살하는 전과를 올렸습니다.

이순신은 당항포 해전 이후 남아있는 일본군을 계속 수색했습니다. 6월 7일에 거제도 북단 앞바다 율포에서 일본 함대 7척을 발견하고 끈질긴 추격 끝에 모든 함대를 격파하고 불태웠습니다. 이순신은 제1차 출정(옥포·합포·전진포 해전)과 제2차 출정(사천·당포·당항포·율포 해전)에서 총 7차례에 걸쳐 대승을 거두었고, 임진왜란의 흐름이 바뀌기 시작합니다.

임진왜란 중 가장 빛나는 승리를 거두다. 3차 출정-한산·안골포 해전

임진왜란 초기 일본군은 기세를 올리며 20일 만에 한양을, 60일 만에 평양을 함락할 정도로 압도적이었지만, 이순신에 의해 바닷길이 막혀 전라도와 서해 바다로는 전혀 진출을 하지 못했습니다. 도요토미 히데요시는 이순신을 격파하지 않고는 조선 침공이 실패할 수밖에 없다는 강한 위기감과 함께 지휘부 작전 회의를 열어 패배 원인을 분석했습니다.

도요토미 히데요시는 2가지 결론을 내립니다. 하나는 일본 수군이 단합하지 못하고 분산된 가운데 조선 수군과 싸워 패했고, 다른 하나는 일본 수군의 최고 지휘관들이 해전에 참가하지 않아 패했다는 것입니다. 도요토미 히데요시는 육전에 참가하던 수군 지휘관 3명을 남쪽으로 보내 조선 수군을 무찌르라고 지시합니다. 이에 와키자카 야스하루의 제1진이 정예 병력을 늘려 73척을 이끌고 거제도 등지를 침범하자, 구키 요시타카의 제2진이 42척을 거느리고 뒤를 따랐고, 제3진의 가토 요시아키도 합세했습니다.

이순신의 조선 수군은 역사적인 출전을 앞두게 됩니다. 바다의 전설이 되어가는 이순신의 모습을 만나러 한산도로 가보겠습니다. 이순신은 대규모의 일본 수군이 남해 바다로 진출한다는 정보를 입수합니다. 7월 6일 이순신은 전라우수사 이억기의 함대를 포함한 좌·우도의 함대 48척을 거느리고 경상도 바다로 출진하였고, 노량에서 경상우수사 원균의 함선 7척이 합류하여 삼도의 함대는 모두 55척이 됩니다. 한편, 일본 수군에서 가장 전력이 강했던 와키자키 야스하루는 전공을 탐내어 몰래 자신의 함대 73척을 이끌고 단독 출전하여 7월 7일 통영과 거제 사이의 바닷길인 견내량에 정박했습니다. 7월 8일 이순신은 55척을 이끌고 한산도 앞바다에 이르러 이를 확인하였습니다.

이순신은 한산 전투를 앞두고 큰 고민에 빠집니다. 일본군이 주둔한 견내량은 지형이 좁아 물살이 세고 암초가 많아 조선의 주력 함대 판옥선의 활동이 자유롭지 않고, 자칫 배끼리 부딪혀 적의 전술에 말려들 우려가 있었습니다. 또한 일본군이 형세가 불리해지면 육지로 올라가게 되므로 백성들이 피해를 입을 수도 있었습니다.

이순신은 어떤 전략을 구상하였을까요? 이순신은 수심이 깊고 배가 기동할 수 있는 공간이 넓은 한산도 앞바다로 일본군을 유인하여 전멸시키기로 결정합니다. 한산도는 거제와 고성 사이에 위치하여 도망가기가 어렵고, 패잔병들이 섬에 상륙하더라도 먹을 것이 없어 굶어 죽을 수밖에 없었습니다.

7월 8일 이순신은 견내량 쪽으로 출진하여 5~6척의 판옥선으로 적을 선제공격하면서 나머지 함대는 양쪽으로 나누어 한산도의 섬 그늘에 매복시켰습니다. 이순신은 모든 준비를 마치자 판옥선을 주력 함대가 있는 곳으로 퇴각 명령을 내렸습니다. 일본 수군은 조선 수군이 겁을 먹고 후퇴하는 것으로 판단하여 전 함대가 일시에 돛을 올리고 뒤쫓아 나왔습니다. 일본 수군이 기세가 올라 앞뒤를 가리지 않고 따라 나와 한산도 앞 바다로 완전히 이르렀을 때였습니다. 이순신은 전 수군에게 일제히 북을 울리고 호각을 불면서 그 유명한 학익진을 갖추게 했습니다.

> "여러 장수들이 학의 날개를 편 듯한 모양의 진형을 이루어 일
> 제히 진격하라고 명령을 내리니 각자 지자, 현자 등 각종 총통을
> 쏘아대며 먼저 적선 두 세척을 깨뜨렸습니다."

「견내량파왜병장」

전쟁에서 어떤 전투 진형으로 어떻게 부대를 운용하는가에 따라 그 싸움의 승패가 달려 있습니다. 이순신은 어떤 전투든지 수시로 그 상황에 맞춰 학익진, 장사진, 횡열진 등의 전투 진형을 전개했는데 한산 전투에서 학익진을 펼친 이유가 있습니다. 학익진은 학의 모양으로 진형을 형성하여 적을 포위한 가운데 화포의 명중률을 극대화시키는 진형입니다. 학익진은 적이 아군의 중심을 집중 공략하여 돌파할 경우 양분될 수 있는 위험성을 갖고 있지만, 넓은 바다에서 적을 만났을 때 최적의 진형이었습니다.

이순신은 모든 함대가 학익진을 펼치자 곧바로 거북선을 투입하여 선제공격 가하면서 일본군의 선봉 대열을 무력화시켰습니다. 이어서 전 함대가 적 함대를 향해 각종 화포를 쏘며 공격했습니다. 지휘관 와키자키 야스하루가 김해 쪽으로 도망가면서 전투는 막을 내렸습니다. 조선 수군은 적 함대 73척 가운데 59척을 격침시켰고, 9천여 명의 일본군을 사살하는 전과를 올렸습니다. 뒤따라 출전한 구키 요시다카와 가토 요시아키가 이끄는 42척의 수군은 안골포로 피신했습니다.

한산 전투 이틀 후인 7월 10일 이순신의 함대는 안골포로 진격했습니다. 이순신은 안골포는 포구가 좁고 얕아서 진격할 수 없자 한산 전투 때처럼 일본군을 넓은 바다로 유인하여 일시에 공격하고자 했습니다. 학익진을 펼친 후 적에게 다가가 여러 번 유인 작전을 펼쳤지만 겁을 먹은 일본 수군은 포구 밖으로 나오지 않았습니다. 이 순간 이순신은 새로운

전술 장사진을 펼쳤습니다. 장사는 맹독을 지닌 뱀인데, 적이 머리를 치려하면 꼬리로 공격하고, 꼬리를 공격하면 머리로 대들고, 몸통을 공격하면 머리와 꼬리 양쪽으로 협공한다고 합니다. 이 모습을 보고 만들어진 것이 장사진입니다.

전 수군이 장사진을 펼치자 이순신의 전라좌수군이 선봉에 서고, 원균의 경상우수군이 뒤를 이어 안골포로 교대로 출입하여 적을 공격했습니다. 그 뒤를 이어 이억기의 전라우수군은 포구 안으로 들어가 모든 화력을 적 함대를 향해 쏟아 부었습니다. 이틀에 걸친 안골포 해전도 대승이었고, 42척의 적선 중 20여 척을 격파하고, 4천여 명의 일본군을 사살했습니다.

한산 대첩의 모습

이순신이 여러 해전에서 승리하면서 전쟁의 판도가 3개월여 만에 바뀌기 시작합니다. 이순신의 한산 대첩 이후 일본군의 남해와 황해를 돌아 물자를 조달하면서 육군과 합세하여 북상한다는 전략은 좌절되었습니다. 육지에서는 전국 각지에서 일어난 의병이 일본군에게 큰 타격을 주었습니다. 아울러 명나라의 원군이 전쟁에 참여하면서 전쟁은 새로운 국면에 접어들었습니다.

도요토미 히데요시는 한산 대첩 이후 '이순신이 버티고 있는 조선 수군과는 전투를 금지하라'는 특명을 내렸습니다. 이후 일본 수군은 부산포에 군사령부를 설치하고 500여 척의 전선을 정박하였고, 철저히 조선 수군과의 정면 대결을 피했습니다. 이순신은 일본의 본거지인 부산포를 공격한다면 전쟁의 결정적 승기를 잡을 수 있다고 판단합니다.

1592년 8월 24일부터 9월 2일까지 이순신은 173척에 달하는 함대를 이끌고 제4차 출전을 감행합니다. 한산 대첩 때 조선 수군이 보유한 함대가 56척에 불과했던 것을 기억하나요? 이순신은 전투가 없는 기간 동안 전라좌수군과 전라우수군의 함대 건조에 전력을 다하였고, 그 결과 함대의 수가 3배 가까이 늘었던 것입니다.

이순신, 해상을 점령하다

이순신의 전라좌수군을 중심으로 이억기의 전라우수군, 원균의 경상우수군이 연합한 총 173척의 함대는 부산포에 도착하기 전까지 장림포 해전, 화준구미 해전, 다대포 해전, 서평포 해전, 절영도 해전, 초량목 해전 등 6번의 소규모 해전을 치르면서 적 함대 34척을 격파합니다.

1592년 9월 1일 이순신이 이끄는 조선 수군은 초량목을 지나 부산포에 도착합니다. 이순신은 거북선을 선두에 세워 먼저 돌진했습니다. 그 뒤를 장사진 진형을 형성한 함대들이 돌격한 후 근접하여 대형 화포로 사격을 하고 다시 돌아 나와 준비를 하고 다시 돌격하는 것을 반복했습니다.

"여러 장수들은 더욱 분개하여 죽음을 무릅쓰고 다투어 돌진하며 천자총통, 지자총통에다 장군전, 피령전, 장·편전, 철환 등을 일제히 발사하며 하루 종일 교전하니 적의 기세가 크게 꺾였습니다."

『이충무공전서』

통영 삼도수군통제영

　조선 수군은 하루 종일 이어진 포격전으로 적선 470여 척 중에서 120여 척을 격침시키며 부산포 해전 역시 압승을 거두었습니다. 부산포 해전이 끝나고 겨울이 시작되자 조선과 일본의 수군은 휴식기에 들어갑니다. 이순신은 부산포 쪽을 향하여 1593년 2월 6일부터 4월 3일까지 이어진 제5차 출정에 나섰지만 일본 수군이 적극적으로 대응하지 않아 별성과 없이 전라좌수영으로 돌아왔습니다.

　1593년 7월 14일 이순신은 여수에서 통영의 한산도로 진을 옮겨 전진 기지로 삼았습니다. 여수에서 일본군이 들끓는 경상도 바다로 자주 출정을 나가게 되자, 여수에서 힘들게 노를 저어 가서 싸우고, 되돌아오는 것이 버거웠기 때문입니다. 한산도가 이순신이 창건한 조선 수군의 수도가 된 지 한 달 후 선조는 삼도수군통제사라는 새로운 관직을 만들어 이순신을 임명하였습니다. 삼도수군통제사는 경상·전라·충청도 등 삼도의 수군을 지휘 통솔하면서 군권뿐만 아니라 행정권과 사법권, 징세권도 가진 삼남 지방의 수군 총사령관입니다. 이순신은 바다의 왕이 된 것입니다.

삼도수군통제사의 신설된 이유는 임진왜란 초기부터 시작된 전라좌수사 이순신과 경상우수사 원균의 불화와 관련이 있습니다. 옥포 해전 당시 이순신 휘하의 장수들이 사로잡은 일본 함대를 원균과 그의 부하들이 활을 쏘아 빼앗는 과정에서 아군 부상자를 발생시켰고, 한산 해전 때는 한산도에 상륙한 일본군 패잔병 400명을 도망치게 하는 등의 실수를 저질렀습니다. 그래서인지 이순신의 『난중일기』에는 120여 차례나 원균이 언급되는데 그에 대한 비난과 분노가 대부분입니다. 조선 정부는 둘의 불화를 전쟁 수행의 심각한 장애 요인으로 판단했습니다. 그래서 이순신을 삼도수군통제사에 임명하여 원균을 휘하에 두고 전 수군을 통솔할 수 있도록 한 것입니다.

이순신은 한산도에서 병력 증강에 전력을 다할 때 겨울 내내 조용히 있던 일본 수군은 1594년 2월부터 진해, 고성 등지에서 약탈을 저질렀습니다. 이순신은 1594년 3월 3일 3도의 모든 수군을 한산도 앞바다에 집결하여 어둠을 틈타 출전을 단행하여 당항포 일대에서 적 함대 31척을 격파합니다. 이 전투는 제2차 당항포 해전입니다. 4개월 후인 7~8월경부터 일본 수군이 장문포 일대에 나타나자 이순신은 육군을 이끄는 권율과 수륙 협공 작전으로 일본군을 무찔렀습니다. 이 전투가 정유재란 이전의 마지막 전투 장문포 해전입니다.

조선은 의병과 수군의 활약, 명나라 군대의 개입으로 전세를 역전시켰습니다. 이후 전쟁은 교착 상태에 빠지고, 일본군은 경상도 해안 일대로 물러나 휴전을 세의했습니다. 3년에 걸친 협상은 일본의 무리한 요구로 결렬됩니다. 도요토미 히데요시는 14만 명의 군사를 동원하여 재침략을 강행했습니다. 1597년 2월 11일 정유재란이 발발한 것입니다. 그리고 이순신은 정유재란에서 기적 같은 승리를 만들며 우리에게 영원히 영웅으로 남게 됩니다.

성웅 이순신

오늘날 영웅이라고 하면 박찬호, 김연아, 박지성 등 스포츠 스타를 많이 떠올립니다. 전근대 사회에서 영웅은 전쟁에서 전설적인 승리를 이루어낸 을지문덕, 강감찬, 윤관 등을 떠올립니다. 그런데 "성웅(聖雄)이 누구냐?"라는 질문에 답은 딱 한 명만이 떠오를 것입니다. 지금 조선의 한 장수가 어떻게 성웅이 되는지 그 과정을 따라 가보겠습니다.

전 이순신 초상 ©석당박물관

조선을 재침략한 도요토미 히데요시는 이순신이 존재하는 한 정유재란은 실패할 수밖에 없다고 보았습니다. 이에 이순신의 지휘권을 없애려는 교란 작전을 펼쳤습니다.

일본은 이중간첩 요시라로 하여금 조선 측에 부산 해협에 일본 함대가 출동한다는 거짓 정보를 전달했습니다. 선조는 이 정보를 그대로 믿고 이순신에게 출전 명령을 내렸지만, 일본의 계략으로 간파한 이순신은 출전하지 않습니다. 이로 인해 이순신은 적장을 놓아주었다는 모함과 왕의 명령을 거부했다는 비판에 관직을 박탈당하고, 서울로 압송된 후 곧바로 투옥되었습니다.

1597년 2월 26일 한산도에서 체포되어 3월 4일 한성에 투옥된 이순신이 파직된 죄목은 첫째는 조정을 속이고 임금을 업신여긴 죄, 둘째는 적을 쫓아 치지 아니하여 나라를 등진 죄, 셋째는 남의 공을 가로채고, 남을 죄로 빠뜨린 한없이 방자하고 거리낌이 없는 죄로 세 가지였습니다. 이순신은 죽음에 이를 정도로 여러 차례 모진 고문을 당했습니다.

역사학자들은 선조가 분노한 이유를 정통성이 매우 약한 왕인 것에서 찾습니다. 명종이 후사가 없이 죽자, 선조는 명종의 이복동생 덕흥군의 막내아들이지만 왕으로 추대됩니다. 선조는 최초의 방계 승계로 세자 책봉이나 후계자 수업도 없이 왕이 되었기 때문에 끊임없이 정통성 시비에 시달렸습니다. 그 연장선상에서 선조는 이순신이 자신을 업신여겨 명령을 거역했다고 믿고 모질게 대한 것으로 보기도 합니다.

이순신은 27일간의 옥살이 끝에 4월 1일 감옥에서 풀려나 백의종군의 길을 나서게 됩니다. 백의종군은 계급과 권한을 내려놓고 종군한다는 뜻입니다. 이순신은 도원수 권율이 있는 경상도 합천 초계에 가서 군사 자문 임무를 부여받습니다. 4월 3일 서울을 출발하여 초계에 도착한 것은 6월 4일입니다.

> "비는 억수같이 쏟아지고 나는 기력이 다 빠진데다가 남쪽으로 갈 길 또한 급박하니 부르짖으며 울었다. 다만 어서 죽기를 기다릴 뿐이다."
>
> 『난중일기』, 1597년 4월 16일

이순신이 백의종군하는 동안, 일본 수군은 칠천도 앞바다로 밀려들고 있었습니다. 일본군은 1천여 척의 함대를 앞세워 부산포와 진해 앞바다를 거쳐 전라도로 향하는 길인 칠천량(지금의 거제군 하청면)으로 진격했습니다. 이에 맞서 이순신을 대신하여 삼도수군통제사가 된 원균은 함대 160여 척을 이끌고 한산도를 출발하여 부산 근해에 도착합니다.

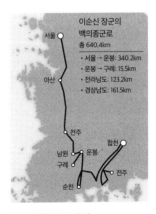

이순신 백의종군의 길

1597년 7월 15일 일본의 수군과 육군이 함께 일제히 기습 공격을 감행하였고, 기습에 대비하지 못한 조선군은 칠천량 해전에서 대패를 겪습니다. 원균, 이억기 등 주요 장수들이 전사하고, 한산도 통제영에 쌓여 있던 물자는 모두 불에 타버렸습니다. 이순신이 파직될 당시 함대 130여 척, 1만 3천여 명에 이르던 조선 수군은 철저히 궤멸되었습니다. 오직 경상좌수사 배설만이 12척의 함대를 이끌고 남해 방면으로 후퇴하는 데 성공했습니다.

> "지나가는 해로의 처음부터 끝까지 모든 섬에서는 조선 함대가 파괴되어 불에 타고 있었고, 마을마다 시체들이 산을 이루고 있었으므로 마음을 말로 다 표현할 수 없다."
>
> 『조선일기』

이순신, 전설이 되다-명량해전

조선 정부는 궁지에 몰리자 다시 이순신을 삼도수군통제사로 재임명합니다. 이순신은 남해 일대를 두루 살폈지만 당시 조선 수군은 120여 명의 병사와 12척의 배만 남아 있었습니다. 거북선은 단 1척도 남아 있지 않았습니다. 선조는 조선 수군이 미약하여 일본 수군을 막을 수 없다고 보고 이순신에게 육지에서 싸우라는 명을 내렸습니다. 이때 이순신은 비장한 결의가 담긴 장계를 선조에게 올렸고, 조선 수군은 지켜질 수 있었습니다.

> "지금 신에게는 아직 전선 12척이 남아 있습니다. 죽기를 각오하고 싸운다면 막을 수 있습니다. 지금 수군을 폐지하면 이는 적이 바라는 바로, 적은 호남을 거쳐 쉽게 한강까지 진격할 것입니다. 오직 그것이 두려울 뿐입니다. 비록 전선이 적으나 신이 아직 살아 있으므로 감히 무시하지 못할 것입니다."
>
> 『이충무공 행록』

이순신은 휘하 군사들의 전열을 재정비하면서 남아 있던 12척의 배와 백성들이 가져온 한 척을 더해 모두 13척으로 조선 수군을 새로 재편했습니다. 이때 일본 수군은 한산도를 지나 남해안 일대를 침범하여 서해를 통해 곧장 서울로 진출하고자 했습니다. 벼랑 끝에 몰린 이순신은 남해상에서 서해상으로 빠져나가는 유일한 길목인 명량 해협을 최종적인 방어선으로 설정하고, 벽파진(지금의 진도군 고군면)으로 이동했습니다.

1597년 9월 15일 명량 해전을 하루 앞둔 이순신은 장수들을 소집하여 전술을 설명하고, 병사들에게 우리에게 너무나도 유명한 '필사즉생 필생즉사(必死則生 必生則死)'를 연설합니다.

> "병법에 이르기를, "반드시 죽고자 하면 살고, 반드시 살고자 하면 죽는다."고 했다. 한 명이 좁은 길목을 지키면 천 명을 당해낼 수 있다. 너희들은 살려는 마음을 먹지 말라. 조금이라도 군령을 어기면 군율로 엄히 다스릴 것이다."
>
> 『난중일기』, 1597년 9월 15일

운명의 결전일인 1597년 9월 16일 일본 수군 333척의 대규모 함대 가운데서 133척이 명량 해협 입구까지 돌입합니다. 이순신은 조선 수군의 전부인 13척의 함대를 이끌고 명량 해협에 일렬로 포진합니다.

> "적에게 몇 겹으로 둘러싸여 어떻게 될지 알 수 없다. 군사들이 모두 사색이 되어 서로의 얼굴만 쳐다볼 뿐 …… 나머지 배들도 겁을 먹고 진격하지 못했다."
>
> 『난중일기』, 1597년 9월 16일

13척 대 133척의 누가 보아도 무모한 전투를 앞두고 병사들은 얼마나 무서웠을까요? 아마 저는 극한의 공포감을 이기지 못하고 도망치거나 기절을 했을 것 같습니다. 133척의 일본 함대가 조선 함대를 에워싸며 접근하자 조선의 여러 장수와 병사들은 겁을 먹고 뒤로 물러났습니다. 모두가 두려움에 떨고 있을 때 조선 수군의 13척 가운데 이순신의 함대가 최선두로 나아가 홀로 적 함대를 향해 돌진합니다. 명량 해전의 막은 이렇게 올랐습니다.

홀로 돌진한 이순신이 탄 배는 바다 한가운데서 일본 함대 133척에 맞서 각종 총통과 화살을 쏘아댔습니다. 그 모습에 일본의 함대들은 더 이상 다가오지 못하고 가까이 왔다 물러나기를 반복하면서 일순간 소강 상태가 되었습니다. 그렇게 이순신의 함대는 무려 한 시간 동안 포위된 상태에서 홀로 버텨내며 전투를 이어갔습니다.

> "나는 노를 재촉하여 앞으로 돌진하면서 지자, 현자 등 각종 총통을 발사하니 그 모습이 바람과 우레와 같았고 군관들이 선상에 모여서서 빗줄기처럼 화살을 쏘아대니 적들은 당해내지 못하고 가까이 왔다 물러났다만을 되풀이하고 있었다."
>
> 『난중일기』, 1597년 9월 16일

진도대교가 놓인 울돌목

이순신은 거북선도 없이 단 13척의 함대로 일본 함대 133척에 맞서 어떤 전략을 세웠을까요? 이순신은 조선의 함대 판옥선 1척이 일본의 함대 3척 이상을 대적할 수 있는 전투력을 갖고 있다고 여겼습니다. 실제로 판옥선에 탑재된 대형 화포와 조선의 장기인 활이 결합된 전투력은 조총과 활 그리고 칼싸움에만 의존하는 일본 수군의 전투력을 압도했습니다. 그런데 판옥선 1척이 일본의 함대 5척을 대적한다고 계산해도 판옥선 13척으로 일본 함대 65척이 한계입니다.

이순신에게 비장의 무기가 하나 더 있었습니다. 바로 명량 해협의 물살입니다. 명량은 우리말로 울돌목이라 부릅니다. '울'은 '운다'는 뜻이고 '돌'은 '돌다'는 의미인데, 물길이 휘돌아 나가는 바다가 마치 우는 소리를 내는 것처럼 들린다고 해서 붙은 이름입니다. 남해에서 들어온 바다는 명량을 지나며 엄청난 속도의 조류로 돌변합니다. 초속 6미터가 넘는데 다른 바다에 비하면 4배나 빠른 속도입니다. 여기에 밀물과 썰물도 하루 네 차례나 일어납니다.

이순신은 함대 수에서 절대 열세인 상황을 극복하기 위해 명량 인근의 폭이 좁은 해협을 해전 장소로 선택합니다. 실제로 명량 해협에서 폭이 가장 넓은 곳이 120m밖에 되지 않습니다. 이순신의 전략은 일본의 함대를 명량 인근의 좁은 물목에 가두어놓고, 선두의 일부 세력만 전투에 참여하도록 만드는 것이었습니다.

명량 해전이 시작되자 수를 헤아릴 수 없는 수백 척의 일본 함대가 몰려왔지만 명량 해협이 협소하여 실제 전투를 벌일 수 있는 일본 함대 31척 정도에 불과했습니다. 전투에 직접 참여하지 못한 102척은 후미에서 자신들의 순서를 기다렸습니다. 그러면서 선두의 31척과 후미의 102척은 좌우의 좁은 물길에 갇힌 모양새가 되어버렸습니다. 이처럼 이순신은 지형적 환경을 이용하여 13척 대 133척이라는 절대 열세 상황을 13척 대 31척으로까지 격차를 줄일 수 있었습니다.

이순신은 싸울 장소를 정할 수는 있었지만 시간까지는 정할 수 없었습니다. 전투 시작 당시에는 조선 수군에게 불리한 조류로 인해 전진은 커녕 거센 물살을 견뎌내기 바빴습니다. 시간이 흐르자 물살의 흐름이 바뀌기 시작했습니다. 일본 수군 쪽으로 거센 물살이 소용돌이쳤고, 자기들끼리 서로 뒤엉키면서 혼란에 빠졌습니다. 이 틈을 놓치지 않고 이순신은 전 함대에 공격을 명합니다. 앞으로 나아갈 수 없었던 후미의 나머지 일본 함대 102척은 선봉 31척이 이순신에게 격파되는 것을 지켜볼 수밖에 없었습니다.

이순신의 조선 수군은 좁고 거친 물살에 갇힌 일본 수군을 맹렬히 공격했고, 전투는 불과 2시간에 막이 내립니다. 일본 수군의 피해는 각종 기록을 종합하면 불타고 부서져서 격침된 배 31척, 약 90척은 파손된 채 달아났고, 격침된 배의 전사자는 최소 3,500명, 도주한 배의 사상자는 4,500명 정도로 추정합니다.

조선은 명량 해전의 승리로 서·남해안의 제해권을 확보하였고, 일본군의 수륙 병진 작전을 무산시켜 정유재란의 전세를 뒤집을 수 있었습니다. 하지만 이순신은 승리의 기쁨을 누릴 시간은 없었습니다. 임진왜란 최후의 결전이자 자신의 생애 마지막 전투가 기다리고 있었습니다.

최후의 전투-노량 해전

이순신은 명량 해전 이후 오로지 수군 재건에 모든 노력을 기울였습니다. 대대적인 군사 모집으로 약 8천 명의 병력을 확보하였고 고하도, 해남, 진도 등지에서 판옥선을 새로 구축하거나 흩어져 있던 배들을 모아 50여 척을 확보하였습니다. 한편, 일본군은 명량 해전 이후 육전에서도 계속 고전 중이었습니다. 그러던 중 1598년 8월 도요토미 히데요시가 병사하자 조선 각지에 주둔 중이던 일본군은 11월 15일까지 철수 준비를 완료하여 부산에 집결하라는 철군 명령이 내려졌습니다.

이순신은 일본군을 절대 그냥 돌려보낼 수 없었습니다. 우선 이순신은 명나라 수군 제독 진린을 만나 조·명 연합 수군을 구성하고, 순천 예교성에 진을 치고 있던 고니시 유키나가를 치기 위해 바닷길을 봉쇄했습니다. 퇴각로가 막힌 고니시 유키나가는 진린에게 막대한 뇌물을 바치고, 퇴로를 열어줄 것을 간청했습니다. 뇌물을 받은 진린은 일본의 통신선 1척이 빠져나가는 것을 묵인했습니다. 이 사실을 안 이순신은 진린을 꾸짖은 후 그를 설득시켜 진형을 재정비해 일본군과 싸우기로 합니다.

조선 수군 진영을 유유히 빠져나간 고니시 유키나가의 통신선은 남해, 부산 등 각지에 흩어져있던 일본군에게 도움을 요청했습니다. 사천성의 시마즈 요시히로, 고성의 타치바나 무네토라, 부산의 테라자와 마사시게, 남해의 소오 요시모토는 정예 수군 1만 2,000여 명과 500여 척을 이끌고 고니시 유키나가를 구하기 위해 사천 순천으로 향했습니다.

이순신은 머지않아 순천 예교성에 고립된 고니시 유키나가를 구하기 위해 노량 해협을 거쳐 일본의 연합 함대가 올 것으로 예상하고 출정 준비를 마칩니다. 1598년 11월 18일 명나라 함대 300여 척, 조선 함대 80여 척 모두 380여 척으로 구성된 조·명 연합 수군은 노량 해협으로 출정합니다. 이순신의 지휘 아래 조·명 연합 수군은 좌우로 편을 갈라 이동하면서 조선 수군은 일본 함대의 이동 경로 전방인 남해섬 관음포에, 명나라 수군은 곤양 죽도(지금의 하동군 금남면)북쪽에 매복했습니다.

"이 나라를 위해 적을 없앨 수만 있다면, 죽어도 또한 한이 없겠나이다."

『이충무공 행록』

이순신은 병사들의 소음을 막기 위해 입에 무는 나뭇가지를 물게 한 후 숨을 죽이며 일본 수군이 오길 기다렸습니다. 다음날 새벽 2시 무렵이 사정을 모르는 일본 수군 500여 척은 사천에서 서쪽으로 밀려드는 물길을 따라 노량 해협으로 접어들고 있었습니다. 그토록 기다리던 일본 함대가 노량 수로를 지나 관음포 앞바다로 진입하자 주변 섬에 숨어있던 조선 수군은 좌우에서 번개처럼 나타나 일시에 포격과 화살을 쏘면서 불을 붙인 땔감이 되는 나무를 마구 던졌습니다.

"불길이 맹렬하게 타오르면서 적선 수백 척이 순식간에 잿더미로 변하고 온 바다가 붉게 물들었다."

『상촌집』

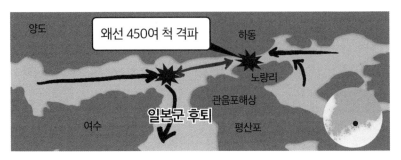

노량 해전 상황도

　이순신은 북서풍이 강하게 부는 겨울철을 맞이하여 바람이 불어 들어오는 쪽에 매복하여 화공 전술을 펼치는 데 유리한 위치를 확보한 상태였습니다. 이순신의 준비된 화공 전술에 일본 수군은 큰 피해를 입고 갈팡질팡하다가 필사의 탈주를 시작했습니다. 이때 일본 수군은 전쟁의 승패를 가르는 큰 실수를 저지릅니다.

　이순신은 전투 중반 이후 일본 수군이 관음포로 진입하도록 유도했습니다. 수세 몰려 도망가기 바빴던 일본 수군은 남해 관음포로 쫓겨 들어갔습니다. 그런데 그곳은 밖에서 보면 탁 트인 바다 또는 수로처럼 보이지만, 실제로는 바다가 막혀 달아날 길이 전혀 없는 곳이었습니다. 다들 이순신의 계략을 눈치를 챘나요?

　이순신에게 쫓긴 일본 수군은 관음포 깊숙한 막다른 곳까지 갔다가 막혀 있는 것을 깨닫고, 퇴로를 찾아 입구 부근에 되돌아 나올 수밖에 없었습니다. 입구 부근에 일본 수군이 몰려 있게 되었고, 때를 놓칠세라 이순신은 선봉에 서서 전군을 지휘하며 집중 사격을 가했습니다. 곧바로 명나라 수군도 합세하여 화포를 쏘자 전투는 사실상 끝났습니다.

　하지만, 이순신은 노량 해전의 승리를 볼 수 없었습니다. 이순신은 계속 군사들을 독려하며 앞으로 나아가던 중, 일본군이 쏜 조총이 왼쪽 가슴을 관통하자 급히 방패로 자신을 가린 후 생애 마지막 명령을 내립니다.

"싸움이 한창 급하다. 내가 죽었다는 말을 하지 말라(戰方急慎勿言我死)"

『징비록』

이순신은 이 말을 남긴 채 전사했습니다. 그리고 11월 19일 정오 무렵, 드디어 전투는 끝났습니다. 조·명 연합군은 도망가는 일본 함대 수백 척을 노량에서 격파하였고, 7년에 걸친 임진왜란은 끝났습니다.

"통제사 이순신이 수군을 거느리고 곧바로 나아가 맞이해 싸우고 명나라 군사도 합세하여 진격하니, 왜적이 대패하여 물에 빠져 죽은 자는 이루 헤아릴 수 없고 왜선 2백여 척이 부서져 죽고 부상당한 자가 수천여 명입니다. 왜적의 시체와 부서진 배의 나무판자 무기 또는 의복 등이 바다를 뒤덮고 떠 있어 물이 흐르지 못하였고, 바닷물이 온통 붉었습니다."

『선조실록』

이순신이 벌인 최후의 일전 노량 해전도 대승이었습니다. 이순신은 조선의 바다를 끝끝내 지켜내고, 바다에서 최후를 맞이하면서 우리 모두에게 영원히 바다의 전설로 남게 된 것입니다. 이순신은 화려한 승전보의 주인공이기도 하지만 필요한 때, 필요한 장소에서 책임감을 다했습니다. 그래서 420여 년이 흐른 지금까지도 한국인들이 가장 존경하고 사랑하는 성웅이 된 것은 아닐까요?

오백원
신선의 벗, 학

여러분들에게 위조지폐라는 단어는 익숙한가요? 일반적으로 위조지폐는 흔히 영화 속에서 국제적 범죄조직과 연계된 흥미로운 소재 중 하나에 불과합니다. 그런데 이번 주인공 500원 동전이 다른 나라에서 범죄의 표적이 된 적이 있습니다. 도대체 무슨 일이 있었던 걸까요?

1999년 일본으로 가보겠습니다. 당시 일본에서 한국의 500원 동전 80만 개가 발견됩니다. 무려 4억 원이 넘는 금액입니다. 일본에서는 한국 동전을 사용하지도 못할 텐데, 어떻게 80만 개의 동전이 왜 일본에 있었던 걸까요?

일본에서 모양 및 재질이 비슷한 주화를 갖고 있는 환율의 차이를 노린 주화의 변조 범죄가 벌어졌습니다. 당시 한국 500원과 일본 500엔화의 재질(구리 75%, 니켈 25%)과 지름(26.5㎜)은 같았습니다. 다만 차이점은 한국 500원이 무게가 0.5g 정도 약간 더 무겁다는 것이었습니다. 이 사소한 우연이 일본에서 한국 500원을 변조하여 500엔으로 사용하는 범죄를 만들어냈던 것입니다.

일본 500엔에 비해 무게가 약간 무거운 한국 500원의 표면을 깎거나 구멍을 뚫을 경우 일본 내 자동판매기에서 500엔으로 인식하여 담배, 라면 등의 물품 구입이 가능했습니다. 심지어 반환 레버를 누르면 일본 500엔으로 교환이 가능했습니다. 당시 500엔은 한국 돈으로 5,000원 정도였으니 동전을 조금 깎아 10배의 이득을 취할 수 있었던 것입니다. 실제로 여행객이나 몇몇 한국 유학생들이 한국 500원을 일본 500엔으로 몰래 사용하는 경우가 있었다고 합니다.

500엔(좌)과 500원(우)

일본 경찰은 자판기를 이용한 범죄 규모가 점점 커지자 수사에 들어갑니다. 당시 중국인 조직이 검거되면서 범죄는 막을 내리는 듯 했습니다. 하지만 10배의 이득을 취할 수 있다는 소문이 퍼지자 일본과 동남아, 심지어 호주 범죄 집단까지 뛰어들어 범죄 규모는 점점 더 커졌습니다. 이때부터 일본은 이상한 주장을 펼치기 시작합니다.

일본 NHK 방송 등에서 "문제의 근원은 한국이 500원을 만들 당시 일본의 500엔을 모방하여 만든 것"이라는 추측 하에 한국은행 앞으로 진실 규명을 요청한 것입니다. 과연 일본의 주장은 사실이었을까요? 한국은 500원이 일본의 500엔보다 먼저 만들어졌다는 분명한 진실을 공개하여 일본 언론의 의심과 불만을 한방에 해소시켰습니다.

한국의 500원 발행 결정은 1981년 1월 8일로 일본의 500엔 발행 결정이 1981년 6월 30일이었던 것에 비추어보면 무려 6개월이나 빨랐습니다. 또한 500원이 발행되기 몇 년 전부터 도안 선정 등의 작업이 비공개적으로 추진하면서 남긴 기록들도 일본의 주장을 불식시키기에 충분했습니다. 일본 정부는 자판기 반환 레버를 내리면 넣은 동전이 다시 나오게 하거나, 특수 센서가 달린 자판기를 개발하는 등 변조된 동전을 쓰지 못하게 온갖 노력을 기울였습니다. 그러다 결국 2000년 8월 새로운 500엔 동전을 발행하게 됩니다.

그럼 이제 본의 아니게 범죄에 휘말렸던 500원 동전 속의 한 마리 새를 만나보겠습니다.

학 ──────────────────────────────────●

여러분들 500원짜리 동전 앞면에 목과 다리가 길고, 부리가 긴 새가 보이나요? 이 새의 정체는 무엇일까요? 혹시 옆에 가족이나 지인이 있다면 함께 답변을 해보면 흥미로운 결과가 나올 것입니다. 아마 절반은 '학', 절반은 '두루미'라고 답할 것입니다.

500원 동전의 앞면

혹시 내기를 했다면 절대 승자와 패자가 나올 수 없습니다. 학과 두루미는 같은 새를 가리킵니다. 한자어인 '학(鶴)'과 고유어인 '두루미'가 서로 대응을 이루는 것입니다. 다들 일상에서 학을 볼 일이 없다보니 두루미를 다른 새로 생각하거나 학의 한 종류가 두루미라고 알고 있는 것은 아닌가 싶은데요.

학은 무려 약 600만 년 전 지구상에서 공룡과 같은 시기에 살았던 오랜 역사를 가진 새입니다. 이집트의 무덤에 학의 모습이 새겨져 있기도 하고, 고대 그리스 시대에는 학을 가축으로 키웠다고 알려져 있습니다. 학은 한·중·일 세 나라에서 사랑을 받아 문학 작품, 미술품, 민속품, 신화와 전설 등에 여러 형태로 표현되어 왔습니다. 여기서 고려 후기 문신이자 문장가 이색이 남긴 시를 하나 보겠습니다.

<학을 읊다>

검은 치마 흰 저고리를 보기가 드물구나	裳玄衣縞見來稀
신선이 있지 않으니 누구에게 돌아갈까	不有神仙誰與歸
행동거지는 헌칠하고 모양은 고아하며	擧止昂藏形貌古

정신은 빼어나고 깃털은 아주 섬세하네	精神秀發羽毛微
천년 만에 화표주 꼭대기에서 말을 하고	千年華表柱頭語
만 리의 흰 구름 하늘 밖으로 날아갔네	萬里白雲天外飛
나도 그것을 타고 팔방 끝을 노닐고 싶지만	我欲駕渠游八極
인간은 세월을 불잡을 방법이 없다네	人間無術駐斜暉
	『목은시고』

이색은 시를 지어 학의 외양은 물론이고 학의 기질, 행동거지, 정신, 학이 일반적으로 상징하는 바를 묘사했습니다. 시의 1구에 '검은 치마 흰 저고리'라는 표현은 학의 모습을 가리킵니다. 학은 전체적으로 흰색을 띠는데 목과 날개의 깃, 날개의 끝은 검은색으로 두 색깔이 절묘한 조화를 만들어냅니다. 특히 정수리에 붉은 점무늬까지 더하면 고고함과 신성함까지 느낄 수 있습니다. 이 학을 우리나라와 중국에서는 머리 정수리에 붉은 색이 있다고 단정학(丹頂鶴)이라고 부르고, 서양에서는 'red-crowned crane(정수리에 붉은 관을 인 새)'라 부릅니다.

많은 분들이 지구상의 학은 모두 단정학이라고 흔히 착각합니다. 오늘날 전 세계에 15종의 두루미 종류가 있습니다. 그 중에 하나가 단정학입니다. 단정학은 전 세계에 생존 개체수가 2,800마리 정도에 불과하여 멸종위기 1급으로 지정될 정도로 희귀합니다. 한국에는 매년 강원도 철원평야와 경기도 연천, 파주 등에 걸쳐 100마리 정도의 단정학이 찾아오고 있습니다. 단정학을 제외하면 재두루미, 흑두루미가 한국에서 겨울을 나고 있습니다.

여러분들은 살면서 학을 본 적이 있나요? 학은 겨울 철새로 한국, 중국, 일본 등지에서 겨울을 보내고 시베리아에서 번식을 합니다. 한국을 찾는 학은 사람의 접근이 어려운 지역에서만 볼 수 있기 때문에 동물원이 아니면 보는 것이 쉽지 않습니다. 혹시 주변에 학을 보았다는 사람이 있다면 거짓말을 했을 확률이 상당히 높습니다.

단정학

황새

학을 보았다는 사람은 황새를 보고 착각했을 것입니다. 황새는 학과 달리 목 색깔이 희고 붉은 턱주머니가 있습니다. 이러한 차이에도 불구하고 일반인이 보기에는 학과 황새를 구분하는 것은 쉽지 않습니다. 크기나 흰색의 몸 색깔이나 기다란 목 등으로 인해 헷갈리기 십상이기 때문입니다. 그래서 이솝우화의 대표적인 에피소드인 'The fox and the stork'는 흔히 '여우와 두루미'로 번역되지만 '여우와 황새'로 번역되기도 합니다.

하늘을 나는 단정학

다시 이색의 시로 돌아와 신선이 학을 타고 다닌다는 전설을 말하고 있는 2구를 보겠습니다. 2구는 지금은 신선이 존재하지 않는 세상이기 때문에 학은 더 이상 필요가 없는 존재가 되어 돌아갈 데가 없다고 말합니다.

어린 시절 학을 타고 다니는 신선 이야기를 들은 기억이 있을 것입니다. 신선이 학을 탄 이유가 있습니다. 학은 몸의 길이는 140cm 정도로 크기만 보면 한반도에 사는 새 중에 가장 크고, 날개는 좌우 길이만

220cm가 넘습니다. 그래서 옛날 사람들은 학이 신선을 태우고 날아다녔다고 여겼을 것입니다. 이와 관련하여 학을 타고 하늘로 올라간다는 뜻으로 신선이 됨을 비유적으로 이르는 '승학(乘鶴)', '승학하다'라는 말이 있습니다. 또한 학은 신선들과 함께 어우러져 살았다고 여겼기 때문에 '학은 썩은 고기를 먹지 않는다'거나 '학은 굶주려도 곡식을 먹지 않는다' 등의 속담이 만들어지기도 하였습니다.

이색의 시 3~4구는 학의 외양 묘사가 이루어지고 있습니다. 학은 몸무게가 거의 10kg 가까이 나가지만 덩치에 비해 유달리 머리는 작고, 목과 다리는 유별나게 휜칠합니다. 그래서 이색뿐만 아니라 학을 본 사람들은 하나같이 우아하고 고고하며, 단아하고 고혹한 멋

단정학

쟁이 새라고 느꼈을 것입니다. 이러한 학의 외형에서 유래된 사자성어가 있습니다. 학처럼 목을 기름하게 빼고 오매불망 간절히 기다린다는 '학수고대', 평범한 여러 사람 가운데 뛰어난 한 사람을 일러 닭의 무리 속에 있는 한 마리 학이라는 '군계일학(群鷄一鶴)'이 대표적입니다.

이색의 시 5~6구는 무슨 말인지 해석이 안 될 것입니다. 이 부분은 중국 한나라 때 요동 사람이었던 정령위의 고사를 가져온 것입니다. 정령위는 신선술을 배워 학이 된 후 고향 땅으로 돌아옵니다. 그런데 어떤 소년이 활로 쏘려고 하자 정령위는 거대한 돌기둥인 화표주에 앉아 "내가 집을 떠난 지 천 년이 되어 돌아왔는데, 성곽은 여전한데 사람들은 변했구나"라는 말을 남기고 떠났습니다. 이는 자연은 변함이 없는데 인간 세상은 변했다는 의미를 비유적으로 담고 있습니다.

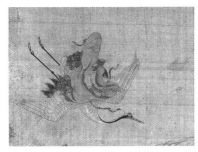

학을 탄 신선의 모습 ©국립중앙박물관

마지막 7~8구는 이색의 소망과 한탄을 함께 볼 수 있습니다. 이색은 정령위처럼 학이 되지는 않더라도 학을 타고 자유롭게 하늘 끝까지 날아가기를 소망합니다. 하지만 새롭게 도가의 술법을 배우기엔 세월은 이미 흘러가 버렸고, 나이는 너무 늙어버렸다는 것을 알고 한탄합니다.

오래전부터 사람들은 각자가 꿈꾸는 이상향에 가장 가깝게 날아가는 새를 학으로 여겼고, 그런 학을 바라보며 죽음에 대한 두려움을 잊고자 하였습니다. 오죽하면 학을 신선들과 벗하고 사는 동물이라 하여 선학 (仙鶴)이라고 했을까요?

학은 마음만 먹고 주변을 둘러보면 쉽게 찾을 수 있습니다. 학은 새해를 축하하는 연하장에 들어가거나, 화투 패의 그림으로, 할머니의 오랜 장롱에 새겨져 있습니다. 또한 지리산 청학동에 살기도 하고, 어린 학생들이 천 마리를 접으면 소원을 이뤄주기도 합니다. 오늘날 바쁜 삶을 살고 있는 새가 학입니다.

한국에서 학은 오래 전부터 만들어진 이미지가 하나 있습니다. '학은 천년, 거북은 만년'이라 하여 장수와 풍요의 상징이었습니다. 우리 선조들은 학이 천 년을 살면 푸른색으로 변해 청학(靑鶴)이 되고, 또 천 년을 살면 검은색으로 변해 영원히 죽지 않는 현학(玄鶴)이 된다고 믿었습니다. 그래서 청학이 사는 골짜기를 청학동이라 부르며 이상향으로 여겼

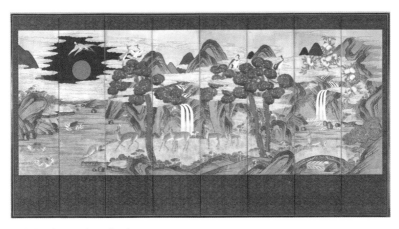

십장생도 병풍 ©국립고궁박물관

고, 이 지명은 지리산을 비롯한 부산, 인천, 속초, 오산 등 전국 각지에서 찾을 수 있습니다.

실제로 학은 천 년을 살았을까요? 학은 천 년까지는 아니지만 다른 동물들에 비해 매우 오래 사는 축에 속합니다. 황새가 20~30년, 야생 호랑이가 13~15년, 야생 곰이 20~25년을 사는 것에 비해 학은 30~50년을 산다고 합니다. 학은 장수의 상징이 될 자격을 충분히 갖췄다고 할 수 있습니다.

우리 선조들은 학을 장수의 상징으로 여기다 보니 병풍이나 도자기 등에 주된 소재로 사용했습니다. 특히 학은 해, 산, 구름, 바위, 소나무, 물, 거북, 사슴, 불로초와 함께 영원히 죽지 않거나 오래 산다는 십장생에 포함되어 병풍에 자주 그려졌습니다. 십장생도에서 소나무에 위에 앉아 있는 학이 보일 것입니다. 둘은 항상 짝을 이루는데 학은 천수(天壽)를 소나무는 백수(白壽)를 상징합니다. 둘의 모습은 새해 연하장, 달력에서도 자주 볼 수 있습니다. 음력 1월을 나타내는 화투 패에서도 두루미와 소나무는 함께 배치됩니다.

실제로 학과 소나무는 절대 단짝이 될 수 없습니다. 학이 소나무 위에 앉아 있는 것은 생태학적으로는 불가능합니다. 학은 주로 습지에서 생활하기 때문에 소나무 위에 앉지 않습니다. 또한 학은 발 모양이 나뭇가지를 쥘 수가 없어 나무에 올라가지 못하는 새입니다. 학은 둥지도 땅 위에 틀고 쉴 때도 먹이를 잡을 때도 모든 것이 땅 위에서 이루어집니다. 학은 평생 나무 위에 올라가지 않는 새입니다.

　한반도에서 학이 가장 많은 사랑을 받았던 시기는 조선 시대입니다. 조선 시대에 선비들은 학의 고고한 기상을 자신들이 갖추어야 할 인품이나 성격으로 연결시켰습니다. 선비가 지향해야 할 상징이 된 학은 관복에 쓰이는 흉배에 들어가게 됩니다. 흉배는 문무백관의 집무복에 붙이는 장식물로 그 무늬에 따라 문관과 무관을 구분하고 품급까지 구분하였습니다.

　흉배에 들어가는 동물은 학과 호랑이입니다. 학은 문관, 호랑이는 무관을 상징하고, 당상관이냐 당하관이냐에 따라 두 마리 또는 한 마리로 수를 놓습니다. 예를 들면 제가 영의정이면 정3품 이상의 당상관이 되기 때문에 관복에 쌍학을 수놓은 흉배를 관복에 달면 됩니다. 이처럼 학은 관복의 그림이 되다 보니 입신양명과 출세를 의미하기도 합니다.

쌍학 흉배 ©국립고궁박물관

단학 흉배 관복 ©부산시립박물관

학 이야기를 할 때마다 걱정되는 것이 하나 있습니다. 오래 전부터 우리 곁을 지키며 알게 모르게 일상 속에 스며들었던 학이 매년 개체 수가 줄어들고 있습니다. 후손들이 멸종된 공룡 이야기를 하듯 학을 상상 속의 새, 전설 속의 새로 기억하고 이야기를 하지는 않을까 걱정이 됩니다.

세계자연유산으로 등재된 고창 갯벌 전경

다행스럽게도 매년 겨울이면 학을 비롯한 다양한 물새들이 월동하는 한국의 갯벌들이 2021년에 유네스코 세계유산 목록에 등재되는 등 멸종 위기에 처한 동·식물을 지키기 위한 노력이 이어지고 있습니다. 조만간 학의 개체수가 늘어 멸종 위기에서 벗어났다는 소식이 들려오기를 학수고대하겠습니다. 학이 천 년, 만 년 우리의 곁을 지켜주기를 간절히 기원해 봅니다.

지폐 속
한국사

천원
학문을 꽃피운 대학자, 퇴계 이황

오만원권, 만원권, 오천원권과 함께 이번 주인공 천원권 지폐를 꺼내 앞면을 펼쳐볼까요? 혹시 4개 지폐의 공통점이 보이나요? 오만원권이 발행되기 전까지 3개지폐의 도안으로 선정된 인물은 모두 조선 시대 사람이자 이(李)씨 성을 가진 남성이라는 공통점이 있었습니다. 혹시 4명의 인물이 모두 조선 시대 사람이 공통점이라고 말한다면 제가 원하는 답이 아닙니다. 정답은 지폐에 인쇄된 인물 초상이 정중앙이 아니라 오른쪽에 위치하고 있다는 것입니다. 그런데 과거에는 인물 초상이 지폐의 중앙에 새겨졌었습니다.

우측의 지폐는 1956년에 3월 26일에 발행된 오백환권 지폐입니다. 당시 대통령이었던 이승만의 초상이 지폐 중앙에 새겨져 있습니다. 오백환권은 이승만 초상의 위치 때문에 단명을 맞이합니다. 사

오백환권 지폐

람들이 지폐를 접어서 사용하는 습관 때문에 대통령의 초상이 두 쪽으로 찢어지거나 절반으로 접혀져 중앙이 마모되어 보기가 흉한 지폐가 많이 나돌았습니다. 이승만 대통령은 "내 얼굴을 어떻게 마음대로 접을 수 있느냐"며 화를 냈다고 합니다. 이에 한국은행은 1958년 8월 15일 이승만의 초상 배치를 가운데에서 오른쪽으로 바꾼 신오백환권을 발행하였고, 이후 발행된 한국 지폐 속 인물 초상의 배치는 모두

한쪽으로 치우치게 됩니다.

인간의 대표적인 꿈이자 로망 중 하나가 100세 넘게 건강하게 사는 무병장수입니다. 세계 각국의 조폐 기관에서 이와 비슷한 꿈이자 로망은 화폐 유통 수명을 늘리는 일입니다. 화폐 유통 수명은 신권이 한국은행 창구에서 발행된 후 유통되다가 더 사용하기 어려울 정도로 손상돼 다시 한국은행으로 돌아올 때까지 걸린 기간을 말합니다.

한국은행이 발표한 '2019년 은행권 유통수명 추정 결과'를 보면 오만원권의 유통 수명은 162개월(13년 6개월), 만원권은 127개월(10년 7개월), 오천원권은 49개월(4년 1개월), 천원권은 53개월(4년 5개월)입니다. 지폐 수명이 생각보다 짧아 놀랐을 것입니다. 그나마 다행인 점은 전반적으로 현금 사용이 줄면서 화폐의 유통 수명이 조금씩 늘어나고 있습니다.

지폐들 간에 유통 수명의 차이가 나는 이유가 있습니다. 오만원권의 경우 다른 권종보다 가치 저장 수단으로 활발히 이용되기 때문에 유통 수명이 가장 길고, 천원권과 오천원권은 개인들이 물품·서비스를 구매할 때 자주 사용되어 유통 수명이 상대적으로 짧고, 만원권은 가치 저장 수단으로 일부 활용되기 때문에 유통 수명이 상대적으로 긴 편입니다.

세계 각국의 조폐 기관은 엄청난 비용 발생으로 인해 화폐의 유통 수명에 집착합니다. 한국에서 한 해 동안 폐기되는 돈은 5톤 트럭 201대 분량으로 일렬로 늘어놓았을 경우 서울-부산 간을 약 173회 왕복하는 거리라고 합니다. 이 돈을 새로 만들기 위해 매년 약 1,000억 원이 넘는 비용이 발생한다고 합니다.

한국은 화폐 유통 수명을 늘리기 위해 은행권의 표면을 코팅 처리하거나 쉽게 마모되지 않는 인쇄용 잉크를 개발하는 등의 노력을 기울였습니다. 그래서인지 한국의 지폐 유통 수명은 현금을 많이 쓰는 주요국에 비추어보면 많이 긴 편입니다. 일본 오천엔(약 5만 3,800원)권은 1년 6개월, 유로존 50유로(약 6만 4,600원)권은 4년 2개월, 미국 20달러(약 2만 3,400원)권은 7년 11개월에 불과합니다. 그럼 이제 평균적으로 4년 5개월의 삶을 사는 천원권 지폐 이야기를 본격적으로 시작해보겠습니다.

퇴계 이황

여러분들은 공부를 좋아하나요? 저를 포함해서 더우면 더워서, 추우면 추워서 공부를 못하겠다는 말을 입에 달고 사는 사람들이 대부분입니다. 조선 시대에 공부는 생활이자 놀이, 단순히 배움을 좋아하는 것을 넘어 그것을 즐길 줄 아는 인물이 있었습니다. 이번 주인공 퇴계 이황입니다.

이황은 죽는 날까지 벼슬을 멀리했습니다. 부패와 타락으로 혼란스러운 정치 상황을 뒤로 한 채 초야에서 학문에 전념하면서 조선 성리학의 기초를 닦고 후

천원권 지폐 속 퇴계 이황

학을 양성했습니다. 개인 이황을 넘어서 퇴계 학파가 형성되었고, 이들은 조선 후기 정치에 큰 영향을 끼치게 됩니다. 얼핏 무미건조하고 답답해 보이는 이황은 실제 역사 속에서 어떤 삶을 살았을까요?

이황, 늦게 학문의 꽃을 피우다.

이황은 1501년 경상북도 예안현 온계리(지금의 안동군 도산면)에서 진성 이씨 집안의 막내로 태어났습니다. 이황은 태어난 지 7개월 만에 아버지를 잃었지만 어머니 춘천 박씨가 있었습니다. 춘천 박씨는 언제나 자식들에게 "세상 사람들이 너희들을 과부의 자식이라서 배우지 못했다고 업신여기는데, 너희들이 100배 노력하지 않는다면 어찌 이런 비난을

면할 수 있겠느냐"고 공부를 독려했습니다. 이황은 훗날 자신에게 가장 큰 영향을 준 사람은 어머니인데 비록 문자는 몰랐지만 식견과 사려는 사군자와 같았다고 말했습니다.

여러분들은 누구의 도움도 없이 독학으로 수능 시험을 준비하고 치를 자신이 있나요? 어떻게 공부해야 할지 혼란스러울 것입니다. 이황은 이와 비슷한 상황에 처해 있었습니다. 아버지를 일찍 여읜 이황은 6세부터 글을 읽기 시작하면서 동네 노인에게 『천자문』을 익혔습니다. 12세 때에는 형 이해와 함께 작은 아버지 이우에게 『논어』를 배웠습니다. 이황은 17세 때 글을 가르쳐주던 작은 아버지가 세상을 떠나면서 특별히 배운 데가 없이 스스로 혼자 공부하게 되는데 훗날 이것을 매우 한스럽게 여겼습니다.

> "일찍이 말하기를 내가 어려서부터 비록 공부하는데 뜻을 두었으나 계발해 줄 스승이 없어서 갈팡질팡 10여 년 동안 사람으로서 머리를 두고 공부할 데가 없었다. …… 만약 과연 스승을 얻어 방황하는 길을 바로잡아 주었다면 어찌 마음과 힘을 쓸데없이 써서 늙어서도 얻는 게 없었겠는가?"
>
> 『학봉집』

이황은 19세 때 중국 명나라의 학자들이 성리학의 이론을 집대성한 책인 『성리대전』을 접하면서 성리학의 심오한 이론을 홀로 깨우쳤다고 합니다. 20세부터 아예 먹고 자는 것도 잊고, 『주역』을 연구하는데 몰두하다보니 건강이 크게 나빠졌고, 평생 동안 몸이 마르고 쇠약해지는 병에 시달리게 됩니다. 이황은 지독하리만큼 성리학 공부에 전념하면서 일생 동안 추구해야 할 학문이 무엇인지를 명확하게 깨닫게 됩니다.

"모르는 사이에 기쁨이 솟아나고 눈이 열렸는데, 오래 두고 익숙하게 읽으니 점차 의미를 알 게 되어 마치 들어가는 길을 얻은 것 같았다. 이때부터 비로소 성리학의 체계를 친숙하게 알 게 되었다."

『퇴계전서』

다들 이황이 화려하게 장원 급제로 관직에 진출했을 거라고 생각하지만, 예상과 달리 이황은 비교적 늦은 나이에 벼슬길에 올랐습니다. 이황은 벼슬에 뜻을 두지 않고 오직 학문에만 몰두하다가 형들과 어머니의 권유로 과거에 응시했습니다. 그러다 보니 과거에 필요한 문장 수련 등 이른바 시험용 공부를 거의 익히지 못했고, 24세 때 과거에 응시했다가 낙방의 고배를 마시기도 합니다. 이후 과거 시험에 필요한 공부에 매진하여 25~26세에 소과에 합격한 후 34세에 이르러서야 대과에 급제하면서 벼슬길에 오릅니다. 이황과 함께 언급되는 이이가 29세에 벼슬길을 시작한 것에 비하면 다소 늦은 감은 있습니다.

이황은 비록 늦게 벼슬길에 나섰지만 중종, 인종, 명종, 선조까지 4명의 왕을 모시면서 홍문관, 승문원, 경연, 춘추관, 호조 참판 등 모두 60여 개의 중요 관직에 임명될 정도로 능력을 인정받았습니다. 그런데 이황은 중요 관직에 임명될 때마다 사임을 거듭하였고, 그 횟수가 무려 70여 차례에 달했습니다. 이황이 그토록 벼슬을 사양하였던 이유를 알기 위해서는 당시 조선의 정치 상황을 알아야 합니다.

이황이 살던 조선 중기는 정치적으로 매우 혼란한 시기였습니다. 이황이 태어나기 3년 전 무오사화가 있었고, 4살 무렵 갑자사화가 일어났습니다. 19살 때는 기묘사화가, 45살 때 을사사화가 벌어집니다. 이처럼 이황의 삶은 4대 사화와 깊게 얽혀 있습니다. 사화는 국가와 사회를 걱정하는 사림 세력 지식인들과 자신의 이익만 챙기려는 훈구 세력의 대립으로 일어납니다.

고려 말 신흥 세력으로 등장한 신진 사대부는 이성계와 손을 잡고 조선을 건국합니다. 조선 건국 이후 신진 사대부들은 중앙 관직을 차지하는데 이들을 세조 이후 훈구 세력이 됩니다. 훈구 세력은 고위 관직을 독점하며 대농장을 소유하고 부유한 생활을 했습니다. 반면에 조선 건국에 협력하지 않고 지방으로 물러나 학문 연구와 교육에 힘쓴 신진 사대부들이 있었는데 이들의 제자들을 사림 세력이라고 합니다.

조선 초기 성종은 세조 대부터 권력을 장악한 훈구 세력을 견제하기 위해 사림 세력을 등용합니다. 사림 세력은 훈구 대신의 부정과 비리를 강하게 비판하였습니다. 성종의 뒤를 이어 연산군이 즉위하자 훈구 세력과 사림 세력 사이의 대립이 표면화되어 사화가 일어납니다.

연산군이 즉위하자 훈구 세력은 사림 세력을 공격하였고 무오사화, 갑자사화 두 차례의 사화가 일어나 사림 세력은 큰 피해를 입습니다. 이후 폭압적인 정치를 펼치던 연산군이 쫓겨나고, 중종이 새로운 왕으로 즉위합니다. 중종은 훈구 세력을 견제하고자 조광조를 비롯한 사림 세력을 등용합니다. 조광조와 사림 세력은 급진적인 개혁을 시행하자 위협을 느낀 훈구 세력은 조광조 일파를 모함하여 죽이거나 유배를 보내면서 기묘사화가 일어납니다.

중종 사후 즉위한 인종이 재위 8개월 만에 병으로 사망합니다. 뒤이어 어린 나이의 명종이 즉위하면서 을사사화가 일어납니다. 당시 명종의 외척 일파가 인종의 외척 일파를 몰아내는 과정에서 사림 세력도 같이 화를 입게 됩니다. 사림 세력은 외척 간의 권력 갈등에 휘말린 것입니다. 사림 세력에 속했던 이황은 을사사화를 주도한 훈구 세력 이기의 계략으로 잠시 관직에서 물러났지만, 평소 이황을 존경했던 이기의 조카 이원록의 도움으로 복직할 수 있었습니다. 그런데 가장 친했던 넷째 형 이해가 이기가 재상감이 아니라고 비판하자 훈구 세력의 모함에 곤장을 맞고 귀양을 가던 길에 죽는 일이 벌어집니다.

이황이 모든 벼슬을 사양하고 낙향한 이유가 짐작되지 않나요? 이황은 사화를 직접 겪으면서 당시 사회적·정치적 혼란과 부조리를 뼈저리게 느꼈습니다. 이러한 현실 속에 자신이 할 수 있는 일이 없다는 것을 깨닫습니다. 그리고 이황은 병을 핑계 삼아 모든 관직을 버리고 고향으로 내려가는 것을 선택합니다.

이황은 그저 현실에 대한 은둔 또는 도피를 한 것이 아닙니다. 이황은 벼슬자리에서 물러나 끊임없이 학문에 매진함과 동시에 원대한 계획을 구상합니다. 혼란스러운 중앙 정계를 벗어나 지방에서 인재를 양성하여 이들을 통해 중앙 정치의 질서를 바꾸고, 향약을 만들어 민심을 교화하고자 한 것입니다. 이황이 추구한 삶의 목표는 자신의 학문적 완성과 후학의 양성이었습니다. 중앙 정계를 떠난 이황은 어떻게 자신이 세운 목표를 이루어 나갔을까요?

이황, 조선 성리학의 시대를 열다.

이황은 칠십 평생 가운데 과거 시험을 통해 벼슬길에 오르기 전인 이른바 출사 전의 기간은 33년이고, 출사 후는 37년입니다. 출사한 37년 중에서도 실제로 벼슬길에 올랐던 것은 14년 10개월쯤 되는데, 9년 동안은 연중 근무를 하였고, 나머지 5년 10개월은 일시적인 근무를 했습니다. 즉, 이황은 출사 후의 37년 중 23년 2개월 이상을 향촌에서 생활한 셈입니다.

이황은 34세 때 승문원 권지부정자로 관직 생활을 시작합니다. 이후 호조좌랑, 홍문관 교리, 충청도 어사 등 10년간의 탄탄대로를 지나 43세 때 성균관 대사성에 임명되자 처음으로 은퇴를 결심합니다. 이황의 첫 번째 사직서는 받아들여지지 않습니다. 이후 사퇴를 거듭했지만 그때마다 조정의 부름은 계속 이어졌습니다.

그로부터 3년 후 을사사화를 겪은 46세의 이황은 두 번째 은퇴를 감행합니다. 여러 차례 병을 핑계로 벼슬을 사양하고 낙향하여, 고향 온계리의 토계(兎溪)라는 시내에 양진암이라는 작은 암자를 지었습니다. 이황은 평생 마음에 품고 살았던 '물러날 퇴(退)'자를 행동으로 옮길 수 있게 되자 시내 이름을 토계(兎溪)에서 퇴계(退溪)로 바꾸고 자신의 호로 삼습니다. 그리고 시를 지어 당시의 심경을 드러냈습니다.

> 몸이 물러서니 어리석은 내 분수에 맞아 편안하지만
> 학문이 늦었으니 늙어감이 걱정 일세
> 시냇가 언덕 위에 비로소 머물 곳을 정해 놓고
> 퇴계를 굽어보며 날마다 반성해 보네

『퇴계집』

이황은 물러날 뜻을 연이어 내비치고, 고향으로 내려와도 조정이 부름이 계속되자 한양을 벗어나기 위해 일부러 단양 군수와 풍기 군수를 자청하여 지방으로 내려갔습니다. 이황의 지방 관리 생활은 얼마 가지 못합니다. 경상도 감사에게 세 번이나 사직서를 올렸고, 답이 없자 허락도 받지 않은 채 그냥 고향으로 돌아가 버렸습니다. 이처럼 이황은 세 차례나 은퇴와 출사를 반복했습니다. 이황이 어떠한 직책도 맡지 않았던 해는 51세 때뿐이었습니다.

조선 정부는 이황이 52세가 되던 해에 다시 홍문관 교리로 불러 들였고, 곧이어 성균관 대사성에 임명합니다. 이황은 지병을 이유로 사임하지만 다음 해에 다시 성균관 대사성으로 임명됩니다. 그러자 다시 한 번 병을 핑계로 사임합니다. 지긋지긋한 조선 정부의 임명과 이황의 사임은 70세에 생을 마감할 때까지 계속 반복됩니다.

이황은 학문적으로는 동방의 주자라 불리고, 성리학의 토착화에 큰 획을 그은 대학자로 평가받습니다. 흔히 조선을 '성리학의 나라'라고 합니다. 하지만 이황 이전에는 아직 성리학의 정밀한 이론이 학자들 사이에 수용되지 못했고, 고려 때 크게 유행한 불교의 영향이 남아 있었습니다. 또한 조선에 전래된 성리학 서적이 몇 종 밖에 없어서 그 이해 수준이 낮은 상태였습니다. 조선은 이황의 등장으로 성리학 발전의 초석을 다지고, 그 수준을 한 단계 높이게 됩니다.

　이황은 43세 때 중국에서 성리학을 집대성한 주희가 쓴 문집인『주자대전』을 접하면서 학자로서 일생일대의 과제를 맞이합니다.『주자대전』은 본문 100권, 속집 12권, 별집 10권으로 도합 95책의 막대한 분량입니다. 이황은 처음『주자대전』을 읽었을 때 내용을 제대로 파악하지 못해 어떤 책인 줄도 몰랐다고 합니다. 그만큼『주자대전』의 복잡하고 미묘한 내용을 이해하면서 읽는 것은 엄청난 지적·육체적 노동이 필요했습니다.

　　"점차 그 말에 맛이 있음과 그 뜻의 무궁함을 깨닫게 됐고 특히
　　편지에 대해 느낀 바가 있었다."

　　　　　　　　　　　　　　　　　　　　　　　　　　　『주자서절요』

　이황이 방대한『주자대전』에서 주자의 편지를 읽고 느낀 바가 있다고 말한 것에 주목해야 합니다. 편지는『주자대전』본문 100권 중 48권으

이황의『주자서절요』ⓒ국립중앙박물관

로 거의 절반에 해당됩니다. 이황은 주희가 스승·벗·제자들과 주고받은 편지에는 당시의 성리학이란 관념적 학문 체계 속에서 제기될 수 있는 수많은 의문과 그에 대한 답이 담겨 있다고 보았습니다. 성리학을 진리로 알고 있는 조선의 성리학자들이 자신의 학문 행위 속에서 제기할 수 있는 의문에 대한 답을 주자의 편지에서 찾을 수 있다고 본 것입니다.

> "대개 전집 전체를 두고 말한다면, 전집은 대지와 같고 바다와 같다. 없는 것이 없지만 그 요령을 얻기 어렵다. 편지의 경우 사람들의 타고난 자질의 높고 낮음과 학문의 얕고 깊음을 따라, 증세를 살펴 약을 쓰고 사물의 성질을 보고 풀무질과 망치질을 베풀 듯, 혹은 누르기도 하고 혹은 드날려주기도 하고, 혹은 인도하기도 하고 혹은 구제해주기도 하고, 혹은 격려하여 앞으로 나아가게 하고, 혹은 물리쳐 깨우쳐주기도 하였다."
>
> 『주자서절요』

이황은 『주자대전』을 읽고 연구한 지 13년 만에 방대한 편지 중에서 꼭 필요한 내용만을 추려 『주자서절요』를 집필합니다. 이황은 『주자서절요』에서 주희의 이론을 조선의 현실에 맞게 반영하여 독자적인 체계를 세움으로써 본격적인 조선의 성리학 시대를 열었습니다. 조선의 성리학자들은 방대한 『주자대전』을 다 읽지 않아도 성리학의 정수를 습득할 수 있게 된 것입니다. 신진 성리학자들은 크게 호응하였고, 이 책을 통해 성리학에 입문하게 됩니다.

이황을 중앙 정계로 끊임없이 복귀시키고자 하였던 명종 사후 17세의 어린 나이로 선조가 왕위에 오릅니다. 선조도 다른 왕들처럼 이황을 흠모하여 수차례 벼슬을 내렸습니다. 이때 이황의 나이는 68세였습니다. 이황은 자신에게 주어진 시간이 얼마 남지 않았다는 것을 직감했던 것 같습니다. 이황은 남은 힘을 끌어 모아 어린 임금을 위해 7,400여 글자 6조목으로 된「무진육조소」를 지어 바칩니다. 「무진육조소」는 군왕이 갖춰야 할 덕목과 몸가짐을 정리한 것입니다. 「무진육조소」를 요약하면 다음과 같습니다.

1. 지난 임금들의 뜻을 이어받아 인과 효를 온전히 할 것
2. 아첨하는 말로 이간하는 자들을 막아 세자와 세자빈과 친하게 지낼 것
3. 성학으로 다스림의 근본을 세울 것
4. 도덕과 학술을 밝혀 인심을 바로 잡을 것
5. 충성되고 어진 신하를 찾아 눈과 귀를 통하게 할 것
6. 모든 다스림에 있어 하늘의 사랑을 이어받을 것

당장 몇 개의 단어만 바꾸면 오늘날 리더십 강의에서 사용해도 부족함이 없다는 생각이 들 것입니다. 그만큼 이황의「무진육조소」는 군주가 국가를 경영함에 있어 갖춰야 할 리더십이 빠짐없이 담겨 있습니다.

『성학십도』 ⓒ국립민속박물관

이황은 4달 후 선조가 성군이 될 수 있도록 성리학의 핵심 내용을 열 개의 도표로 그려 요약 정리한『성학십도』를 지어 바쳤습니다. 임금에게 당장 힘써야 할 일을 '인과 효를 온전히 할 것', '양궁을 친하게 할 것', '성학을 돈독히 하여 정치의 근본을 세울 것', '도술을 밝혀 인심을 바로잡을 것', '신하들을 미루어서 생각하고 귀와 눈을 다 바르게 활용할 것', '수심과 반성을 열심히 하여 하늘의 사랑을 이어받을 것' 6조로 요약하여 올리고, 나머지 유학의 핵심적 부분은 그림과 설명을 곁들였습니다.

이황은 임금의 마음은 나라의 모든 정사가 나오는 곳이며, 모든 책임이 돌아가는 곳이기 때문에 임금의 마음이 조금이라도 나태해지고 방종해진다면 누구도 막을 수 없다고 여겼습니다. 그래서 자신이 보필하지 못하더라도 선조가 학문을 열심히 하고 늘 경계하는 마음과 함께 백성을 사랑하는 마음을 갖추어 성군이 되기를 바라며「무진육조소」,『성학십도』등을 지어 바쳤던 것입니다.

이황은 조선이 인을 갖추고 예에 밝은 성인의 세상이 되길 꿈꿨습니다. 이를 위해 매일 공부에 소홀하지 않고 성인의 말씀을 익히는 것, 그리고 그것을 실천하고자 했습니다. 이황의 노력은 백성과 제자 사랑으로 자연스럽게 나타나게 됩니다.

이황, 애민정신으로 백성들의 삶을 보듬다.

이황은 백성이 나라의 근본이므로 백성을 살리는 책임이 국가에 있다고 여겼습니다. 선조에게 상소문의 형태로『성학십도』를 올린 것도 백성을 이끌어야 하는 군주가 자칫 태만하면 백성에게 화가 미친다고 생각하였기 때문입니다.

"군주의 자리는 백성을 이끄는 사람으로서 모든 책임이 모이는 곳으로 조금이라도 직무에 태만하고 소홀히 한다면 산이 무너지

고 바다에 해일이 일어나는 것 같은 위기가 오고 말 것이다. 그
것은 곧 백성에게 화(禍)가 미칠 것이다."

『퇴계선생문집』

이황은 백성들의 고단한 생활을 몸소 체험하면서 마음속에 항상 백성
에 대한 애민 정신과 근심을 품고 있었습니다. 혹시 이황이 일부러 자청
해서 지방인 단양과 풍기에서 군수를 역임했던 것을 기억하나요? 1548
년 48세의 이황은 단양 군수로 부임하면서 백성의 삶을 가까이서 접하
고, 책임지는 일을 맡게 됩니다. 이황이 부임하던 해에 단양 지역은 계속
된 가뭄과 흉년으로 백성들의 삶이 몹시 피폐해져 있었습니다. 한낱 지
방 관리인 이황이 자연재해에 맞서 할 수 있는 일은 사실상 비가 내리기
를 기원하는 기우문을 짓는 정도였습니다.

"당장 입에 넣을 것이 없고 가을 수확도 의망이 사라지니, 애절
한 우리 백성 모두 굶어 죽어 골짜기를 메울 지경이요, 고을을
지키는 수령이 죄 있으면 당연히 그 벌을 받아야겠지만, 죄 없는
백성들의 울부짖음 이것이 시급하다오. …… 단비를 제때에 내
려준다면 우리 백성들의 목숨이 살아나고 신도 의지할 곳이 있
을 것입니다."

『퇴계 생문집』

이황의 기우문에는 그 누구보다 백성들의 고통을 진심으로 걱정하는
마음이 담겨 있습니다. 특히 굶주린 백성을 쳐다보다 하늘에 대한 답답
함과 야속함을 말하는 것도 모자라 하늘을 원망하는 모습이 인상적이지
않나요? 이황은 말이나 글로만 백성에 대한 애민 정신을 표현한 것이 아
니라 실제로 지방관으로써 고을을 정성스럽게 다스리고, 청렴한 정치를
펼쳐 백성들로부터 많은 칭송을 받습니다.

이황은 지방 군수로 지내면서 조선의 향촌 사회를 어떻게 바라보았을까요? 이황의 눈에 비친 향촌 사회는 백성들의 전통적인 미풍양속과 가치관이 붕괴되고, 유생들은 참다운 학문이 아니라 오직 과거 시험에만 매달리는 그야말로 무질서한 상황이었습니다.

> "시골은 왕의 교화가 미치기 어려운 까닭에 미워하는 자들이 서로 공격하고, 강하고 약한 자들이 서로 겨루고 있으니 혹시라도 충성과 효도의 도리가 막혀 행해지지 못하면 예의를 버리고 염치가 없어지는 것이 날로 심해져서 마침내 오랑캐나 짐승처럼 될 것이다. 이것은 실로 큰 근심거리이다."
>
> 『퇴계선생문집』

이황이 향촌 사회의 문제 해결을 위해 내놓은 답은 향약 보급과 서원 설립입니다. 사림 세력은 여러 차례의 사화로 많은 피해를 입었음에도, 향촌 규약이자 조직인 향약과 교육 기관인 서원을 바탕으로 지방에서 꾸준히 세력을 키워 나갔습니다. 이후 사림 세력은 선조가 즉위하면서 본격적으로 중앙 정계로 진출하여 정국을 주도하게 됩니다. 이황 역시 예안 향약을 만들어 향촌 사회를 교화시키고자 했습니다.

이황, 예안 향약을 만들다

향약은 중종 때 조광조 등이 중국의 여씨 향약을 도입하여 4대 덕목(덕업상권·과실상규·예속상교·환난상휼)을 전파한 것에서 시작됩니다. 향약은 전통적 공동 조직을 바탕으로 유교 윤리를 가미하여 만든 자치 규약입니다. 또한 향촌 사회의 풍속을 교화하는 역할과 함께 질서 유지와 치안까지 담당했습니다.

명종 대인 1556년 12월 고향 예안에 낙향해 있던 이황은 향촌 사회에서 성리학을 가르치면서 향촌 사회를 성리학적 예법으로 교화시키고자 예안 향약을 만들었습니다.

"부모에게 불순한 자, 형제가 서로 싸우는 자, 집안의 도덕을 무너뜨리고 어지럽히는 자, 사건이 관청의 일에 저촉되고 향풍에 관계되는 자, 수절하는 과부를 유혹하고 협박하여 간음하는 자, 이상은 극벌 상, 중, 하에 처한다.……"

『예안향약』

이황은 예안 향약의 제작자이자 운영자답게 향촌 사회에서 스스로 모범적인 모습을 보였습니다. 부역이나 세금을 일반 백성들보다 한발 앞서 냈으며, 이를 체납한 적이 한 번도 없었다고 합니다. 당시 고위 벼슬을 지낸 집안은 세금을 낼 때 늑장을 부리기 일쑤였습니다. 하지만 이황은 향촌에서 가장 먼저 납부하는 까닭에 지방 관리들조차 그가 높은 벼슬에 올랐던 사실을 몰랐다고 합니다.

"내가 오랫동안 안동에 머물러 있었는데, 그때 보니 사람들은 비록 비천할지라도 반드시 퇴계 선생을 일컬으면서 마음으로 존숭하고 흠향했으며 …… 혹시 잘못을 저지르기라도 하면 퇴계 선생이 알까봐 두려워했다. 그분의 교화가 사람들에게 미침이 이와 같았다."

『퇴계선생 언행록』

이황의 솔선수범은 백성들의 귀감이 되었습니다. 신분이 미천하여 이황을 직접 만난 적이 없는 백성들조차 잘못을 저지르면 그에게 알려지는 것을 두려워할 정도였습니다. 실제로 이황을 비롯한 사림 세력은 향약을 만드는 것은 물론 감독까지 담당하여 백성들에 대해 수령보다 강한 지배력을 행사하기도 하였습니다.

이황이 영남 지방에서 도덕 중심의 예안 향약을 만든 지 4년 후 이이는 기호 지방에서 경제적 상부상조에 역점을 둔 파주 향약을 만들었습니다. 이 둘을 기점으로 널리 보급된 향약은 일반 백성에게 성리학적 윤리를 확산시켜 향촌 질서를 유지하는 데 큰 역할을 하게 됩니다.

이황의 제자 사랑

이황은 50대에 접어들면서 고향에 머무르는 시간이 늘어나자 자신을 따르는 문인들을 가르치며 성리학의 연구와 저술에 몰두했습니다. 제자가 점점 늘어나자 도산에 서당을 짓고, 그 곳에서 제자들을 가르치면서 남은 생애를 보냈습니다. 이황은 제자들에게 어떤 스승이었을까요?

오늘날 교수와 학생은 메신저나 이메일로 쉽게 질문을 주고받습니다. 조선 시대에는 그 역할을 편지가 대신했습니다. 이황이 300여 명의 제자들과 주고받은 편지들을 '문목'이라고 합니다. 문목은 특정 주제에 대한 질문 목록과 그 답입니다. 평소 병약했던 이황은 제자들의 간절한 질문에 답하며 무려 1,500통의 편지를 작성합니다. 이 편지를 살펴보면 이황이 제자를 어떤 자세로 대했는지 알 수 있습니다.

이황은 아무리 지체가 낮고 나이가 어린 제자라고 해도 극진히 대접하였고, '너'라고 호칭하지 않았습니다. 이황은 26세 연하의 기대승, 35세 연하의 이이를 '공(公)'이라 칭하며 편지를 주고받았습니다. 또한 문하의 제자들을 대하기를 마치 친구를 대하듯 했으며, 맞이하고 보낼 때는 예를 갖춰서 공경함을 다했으며 자리에 앉아서는 반드시 먼저 안부를 물었다고 합니다.

이황은 신분제 사회였던 조선에서 상대가 누구든 간에 차별을 두지 않고 예로써 응대했습니다. 이황이 소수서원에서 강의를 할 때마다 마을의 대장장이였던 천민 배점이 무릎을 꿇고 인사를 드리고는 청강을 했습니다. 이황은 배점을 기특하게 여겨 시험을 해보니 이해하는 바가 충분하자 기뻐하며 제자로 받아들였다고 합니다. 이황은 신분제 사회에서 천민을 자신의 제자로 받아들인 것입니다.

이황이 제자들에게 보내는 편지 22편을 모아놓은 『자성록』이라는 문집이 있습니다. 서문에 "자신이 쓴 편지를 다시 보고 재점검하기 위해서"라고 집필 이유를 밝혔습니다. 오늘날과 달리 조선 시대에 편지는 시간이 많이 지난 후에 도착할 수 있었고, 자칫 유실될 확률도 높았습니다. 그래서 이황은 편지를 쓸 때 항상 자신의 글을 저장을 해뒀다가 두고두고 읽기 위해 필사를 한 것입니다. 그만큼 이황이 엄중하고 진지하게 제자를 대했다는 것을 의미합니다.

우리나라 성리학 역사의 빛나는 사상 로맨스로 '사단칠정(四端七情)' 논쟁이 있습니다. 이 논쟁은 이황이 제자를 대하는 품격을 볼 수 있습니다. 1558년의 가을 한양, 58세의 이황을 26세의 기대승이 만남을 청합니다. 당시 이황은 58세로 학문으로는 현인의 경지에 이른 성균관 대사성으로 오늘날 서울대학교 총장에 가까운 위치였습니다. 반면에 32세의 기대승은 이제 막 과거에 급제한 초급 관리에 불과했습니다.

이황은 26세의 나이 차이를 극복하고 열린 마음으로 기대승과의 만남을 수락한 것뿐만 아니라 논쟁의 상대로도 받아들입니다. 첫 만남 이후 두 사람이 주고받은 편지는 1570년 12월 이황이 세상을 떠날 때까지 계속되었습니다. 특히 1559년부터 1566년까지 8년간 치열하고, 때로는 까칠하게 이어진 120여 통의 편지 토론은 우리나라 학문의 수준을 한 단계 끌어올렸습니다.

이황과 기대승의 사단칠정 논쟁은 인간에게 순수한 도덕적 품성(四端)과 인간적 감정(七情)이 어떤 관계에 있으며 어떻게 작용하는가에 관한 고도의 철학적 논쟁입니다. 사단은 사람 마음에 들어 있는 도덕적 감정이고, 칠정은 욕망을 포함한 일반 감정입니다.

맹자는 인간의 본성을 착하다고 보면서 자신의 주장 근거로 제시한 네 가지 실마리가 사단입니다. 맹자는 남의 어려움을 보고 불쌍히 여기는 마음인 측은지심을 잘 기르면 인(仁)이 되고, 자기 잘못을 부끄러워하고 남의 잘못을 미워하는 마음인 수오지심을 잘 기르면 의(義)가 되고, 남에게 양보하는 마음인 사양지심을 잘 기르면 예(禮)가 되고, 옳고 그름을 따지려는 마음인 시비지심을 잘 기르면 지(智)가 된다고 했습니다. 그리고 칠정은 「예기」에 나오는 것으로 기쁨, 노여움, 슬픔, 두려움, 사랑, 미움, 욕심 같은 감정을 가리킵니다.

성리학은 인간의 심성과 우주의 원리 문제를 철학적으로 탐구하는 신유학입니다. 조선 성리학은 이기론을 중심으로 발달했습니다. 이기론은 세상에 존재하는 모든 현상은 '이(理)'와 '기(氣)'로 구성되어 있다고 보고, 이러한 '이'와 '기'의 관계를 통해 자연, 사회, 인간의 생성과 변화를 설명하는 이론입니다.

성리학에서 '이'는 모든 사물의 근원이 되는 원인이자 만물의 법칙이고, '기'는 모든 사물의 현상적 요소이자 만물을 구성하는 구체적인 재료입니다. 이 두 가지는 한 사물 속에 언제나 함께 들어 있습니다. 다들 이해가 안 된다고 할 것 같은데요. 사람에게 한 번 적용해보겠습니다. 사람의 '이'는 사람답게 살아야 하는 이유, 또는 사람답게 살아가기 위한 실천 법칙을 뜻하며, '기'는 구체적인 살과 피, 손짓 발짓부터 마음이나 정신 상태까지의 모든 움직임을 이루는 바탕이 됩니다. 이때 '이'는 절대 법칙으로 항상 선하지만, '기'는 몸짓이나 행동이 법도에 맞기도 하고 안 맞기도 한 것처럼 악이 나올 수 있다는 근거가 됩니다.

이황은 인간 본성의 선함을 확신하면서 그 본래의 도덕성을 회복하는 수양에 학문의 중점을 두었습니다. 사단은 언제나 결과가 선이기 때문에 '이'에서 나오고, 칠정은 결과가 선일 수도 있고 악일 수도 있기 때문에 '기'에서 나온다고 했습니다. 따라서 이황은 인간의 선한 감정인 사단과 악한 감정인 칠정을 구분하고 서로 다르다는 이기이원론을 주장했습니다.

기대승은 이황의 주장에 대해 3가지 이유를 들어 비판했습니다. 먼저 세상의 모든 것에는 '이'와 '기'가 함께 있기 때문에 사단과 칠정을 둘로 나눌 수 없다고 하였습니다. 다음으로 사단도 감정이고 칠정도 감정이기 때문에 사단은 칠정 중 선한 부분에 불과하다고 보았습니다. 즉 칠정 가운데 선한 부분만 뽑아내면 사단이 되므로 사단을 칠정 가운데 하나로 포함시켜야 한다는 것입니다. 끝으로 '기'는 모든 변화의 근거이지만 '이'는 불변이기에 사단을 가리켜 움직일 수 없는 '이'가 드러난 것이라고 할 수 없다는 것입니다. 이처럼 기대승은 이황의 논리를 반박하면서 이와 기는 하나로 연결된다는 이기일원론을 주장합니다.

이황이 사실 그토록 사단과 칠정을 '이'와 '기'로 구분하려고 했던 이유가 있습니다. 이황은 '이'와 '기'가 같이 있다고 해서 그 둘을 구분하지 않는다면, 인간의 순수한 마음과 욕심 섞인 마음을 하나로 보

사단 칠정 논쟁

게 된다고 생각했습니다. 그 결과 인간다움의 실현을 위해 끊임없이 스스로를 갈고 닦는 군자와 자기 이익만 추구하는 소인을 구분할 수 없게 된다고 보았습니다.

이황은 사단은 언제나 선이므로 사단을 따르는 사람은 군자이고, 칠정은 선일 수도 있지만 악일 수도 있기 때문에 칠정을 따르는 사람은 소인으로 보았습니다. 만약 사단과 칠정이 모두 악이 될 수도 있는 '기'에서 나온다면 결국 군자와 소인을 구별할 수 없게 된다고 본 것입니다. 그래서 이황은 사단과 칠정을 '이'와 '기'로 구분한 것입니다.

사단 칠정 논쟁은 어느 한쪽의 일방적인 승리와 패배를 말할 수는 없습니다. 8년간의 논쟁은 이황이 기대승의 주장을 일부 받아들여 자신의 주장을 부분적으로 수정하면서 끝납니다. 사단 칠정 논쟁은 승패 여부를 떠나 조선 학계에 큰 영향을 끼치게 됩니다. 이황과 기대승이 논쟁하

조선 시대 지역별 학파

면서 주고받은 편지는 다른 성리학자들에게도 전해집니다. 여러 성리학자들이 논쟁에 대한 평을 내놓기 시작하면서 조선의 학계는 이황의 문인을 중심으로 한 영남학파와 기대승의 논지를 계승한 이이의 문인을 중심으로 한 기호학파로 재편됩니다. 이 두 학파는 훗날 정치적으로는 남인과 서인으로 갈라져 사림 세력이 중심이 되는 붕당 정치를 주도하게 됩니다.

사단 칠정 논쟁은 나이와 지위를 뛰어넘어 서로가 끝까지 상대방을 존중하고 예의를 갖추어 진행되었습니다. 둘 사이에 오간 편지에는 이황이 젊은 하급 관리에 불과한 기대승에게 하대한 흔적은 단 한 차례도 없습니다. 시종일관 동료 학자를 대하듯 깍듯하게 예를 갖추었습니다. 이러한 이황의 태도에 제자들은 더 큰 신뢰와 공경으로 답했던 것은 아닐까 싶습니다.

이황은 죽기 직전까지 제자들에게 강의를 했습니다. 죽음을 앞두고 병세가 위독하여 몸을 가누기도 힘든 가운데 제자들을 찬찬히 둘러보고 마지막 말을 남겼습니다.

"혹시 내가 가르친 것이 잘못된 견해였을 수도 있으니 그 부족함을 용서해 달라."

1570년 12월 8일 70세의 이황은 평소 아끼던 매화에 물을 주게 하고, 침상을 정돈시킨 뒤 일으켜 달라고 해 단정히 앉은 자세로 생애를 마감합니다.

인생은 무엇을 먹고 사느냐가 중요한 것이 아니라 어떻게 사느냐가 중요하다고 합니다. 물러날 퇴(退)자를 평생 가슴에 품고, 시종일관 생각과 삶이 일치할 수 있도록 노력하고, 이를 직접 실천한 이황의 삶은 어떻게 사느냐가 중요한지를 잘 보여주는 모범 답안이 아닐까요?

성균관

천원권 지폐 앞면의 이황 초상 좌측에 조그마한 한옥 건물이 보이나요? 과거에는 한양 도성 내 숭교방 일대에, 현재는 성균관대학교 인문사회과학캠퍼스에 위치한 조선 최고의 국립 교육 기관 성균관입니다. 더 정확하게는 성균관 내의 명륜당입니다.

최근 들어 까마득한 역사 속에만 존재할 것 같은 성균관은 각종 매체를 통해 재조명되면서 '성균관 유생들의 이야기'라는 서울 도보 관광 코스로 주목받고 있

천원권 지폐 속 성균관

습니다. 우리는 도보가 아닌 책으로 성균관 여행을 떠나보겠습니다.

대성전, 공자와 선현들에게 제사를 지내다

고대 이래로 모든 국가는 도읍에 학교를 세워 나라를 이끌 인재를 양성했습니다. 고구려는 태학을, 신라는 국학을. 고려는 건국 직후 국자감을 두었습니다. 국자감은 국학, 성균감, 성균관 등으로 이름이 바뀌지만 그 제도는 그대로 계승되어 조선으로 이어집니다.

성균관의 역사는 조선의 건국과 함께 시작됩니다. 1394년 태조 이성계는 조선 건국 3년 만에 과거 고려의 수도인 개경에서 새로운 수도 한양으로 천도를 감행합니다. 성균관은 이듬해 12월 공사가 시작되어 한양 천도 4년 만에 완공됩니다.

성균관은 국가 주도로 건립된 관학으로 오늘날로 치면 공립학교에 해당됩니다. 성균관 운영에 필요한 일체의 비용은 국고로 지원하고, 관원을 교관으로 파견하여 전국에서 선발된 인재들을 교육했습니다. 그런데 성균관은 조선 유일의 공립학교는 아닙니다. 한양에 4학(중학, 동학, 남학, 서학)과 지방의 향교로 이루어진 중등 교육 시스템이 있었고, 성균관은 그 상위에 위치한 고등 교육 기관이었습니다. 그렇다보니 성균관 입학을 위한 자격에는 제한이 있었습니다.

성균관 입학 자격은 조선의 관리 선발 제도인 과거 제도와 관련이 있습니다. 과거는 문관을 뽑는 문과와 무관을 뽑는 무과, 기술관을 뽑는 잡과가 있습니다. 여기서는 성균관과 관련이 있는 문과만 보겠습니다. 문과에는 소과와 대과가 있습니다. 소과는 경서를 시험하는 생원과와 문장을 시험하는 진사과로 나뉘는데, 초시와 복시라는 두 차례 시험을 통해 합격자를 가렸습니다. 소과 합격자를 생원 또는 진사라 불렀습니다. 바로 이들이 성균관에 입학할 자격을 얻었습니다. 성균관 입학 자격을 얻은 것만으로 이미 어느 정도 능력을 인정받았다고 보면 됩니다.

풍속화(과거 시험장) ©국립민속박물관

생원 또는 진사가 되어 성균관에 입학했다고 관리가 되는 것이 아닙니다. 성균관에 입학 후 공부를 하여 대과를 치러야만 했습니다. 대과 역시 소과와 마찬가지로 초시, 복시를 거쳤습니다. 대과 초시에 합격한 240명이 복시를 치렀고, 그 중 33명을 선발했습니다. 복시에 합격한 33명은 최종적으로 왕 앞에서 성적 순위를 정하는 전시를 치렀습니다. 이 전시의 1등이 장원, 장원 급제입니다. 말 그대로 장원 급제자는 조선의 엘리트였습니다.

조선 시대에 과거 시험을 합격하기란 결코 쉬운 일이 아닙니다. 그렇다면 성균관 유생들은 그저 대과를 위한 공부만 했을까요? 이 질문은 달리 말하면 성균관의 기능을 물어보는 것이기도 합니다. 성균관은 단순 교육 기관처럼 보이지만 실제 기능은 훨씬 복잡합니다. 성균관의 가장 중요한 기능은 교육이 아니라 유교 이념을 상징하는 문묘에 공자 이하 유학자들의 신위를 모시고 제사를 지내는 것입니다. 물론 성균관은 국가의 교육 정책을 수립하고 교육 행정을 담당하는 행정 기구 역할도 했습니다.

성균관의 기능에 따라 성균관 유생은 국가 이념을 상징하는 문묘의

성균관 대성전

제사를 지내는 의례의 수행자임과 동시에 교육을 받는 학생이었습니다. 그래서 성균관에는 두 개의 중요한 공간이 있습니다. 유교의 공자와 그 제자들의 위패를 모시고 제사를 지내는 대성전, 또 한 곳은 유생들이 학문을 닦고 수업을 받는 명륜당입니다. 성균관은 제향 공간인 대성전이 앞에, 교육 공간인 명륜당이 뒤에 있는 건물 배치 구조를 가졌습니다.

천원권 지폐 앞면의 도안 소재인 성균관 내 명륜당을 보기에 앞서 대성전부터 가보겠습니다. 대성전은 조선 왕조의 이념과 국가의 토대를 탄탄히 다지는 곳으로 문묘라고도 합니다. 문묘는 문성왕 공자의 묘의 줄임말입니다. 대성전은 공자의 위패를 한 가운데 모시고, 안자·증자·자사자·맹자 4성과 공자의 뛰어난 제자 10인, 중국 송나라의 성리학자 6인의 위패가 좌우에 배향되었습니다. 대성전 앞뜰 좌우에 있는 동무와 서무에는 중국 명현 94현의 위패와 우리나라 명현 18현의 위패를 모셨습니다.

대성전에 공자와 함께 배향되는 성현들은 세월의 흐름 속에 계속 추

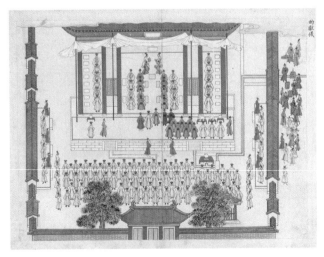

순조의 아들인 효명세자가 8세가 되던 해 성균관에 입학하는 장면 <왕세자입학도> ⓒ국립고궁박물관

가되기도 하고, 바뀌기도 했습니다. 현재 대성전 안에는 공자를 가운데에 모시고 좌우로 첫째 줄에 4성, 둘째 줄에는 공자의 제자 10인과 송나라 성리학자 6인, 셋째 줄에는 한국 명현 18인의 위패가 모셔져 있습니다.

옛말에 "정승 10명이 죽은 대제학 1명에 미치지 못하고, 대제학 10명이 문묘 배향 학자 1명에 미치지 못한다"는 말이 있습니다. 문묘 배향의 인물이 된다는 것은 유학자로서 최대의 영광이었습니다. 한국 명현은 1천 년을 두고 한 분씩 모셔온 것이 신라의 설총부터 조선 후기 박세채까지 18인에 이르게 되었습니다. 대표 인물로는 설총, 최치원, 정몽주, 조광조, 송시열과 함께 화폐 속 주인공인 이황과 이이가 있습니다.

대성전에서는 조선의 역대 왕과 왕비의 신위를 모셔 놓고 제사를 지내는 종묘제례 다음가는 대규모 국가 의례가 행해졌습니다. 음력 2월과 8월 공자에게 제사를 지내는 석전대제입니다. 석전대제 이외에도 임금과 신하들이 모여 활을 쏘았던 대사례와 왕세자 및 왕세손이 성균관에 입학하는 입학례 등이 행해졌습니다. 이 중에서 입학례는 성균관의 높은 위상을 보여주었습니다.

조선의 왕세자는 8세가 되면 성균관의 학생이 되는 입학례를 치렀습니다. 왕세자가 유교 사회의 지도자로서 모범을 보이고, 차기 왕위 계승자의 권위를 상징적으로 드러내는 것입니다. 또한 왕위 계승자가 성균관에서 문묘를 배향하고, 학생의 신분으로서 배움을 청하는 것은 '학문을 하려면 먼저 스승을 존엄하게 생각해야 한다'는 것을 의미합니다.

지금까지 대성전에서 제사를 올리는 성균관 유생들을 만났습니다. 이제 대성전을 떠나 성균관 유생들이 자신들의 꿈을 실현하기 위한 일련의 과정들이 고스란히 담겨 있는 실제 생활공간 명륜당으로 가보겠습니다.

명륜당, 성균관 유생들의 꿈과 열정이 깃들다.

성균관은 어진 선비를 육성하는 조선 최고의 교육 기관으로 아무나 들어갈 수 없었습니다. 성균관 정원은 200명으로 이곳에서 신진 관료가 되기 위해 학문을 닦는 유생들은 전국 소과에서 합격한 수재들이었습니다. 성균관의 입학 자격은 정해져 있지만 입학이나 졸업에 대한 규정은 따로 없습니다. 자격을 갖춘 유생들은 각자의 사정에 따라 언제든지 성균관에 들어가고 나갈 수 있었습니다. 그래서 성균관에 머무는 유생의 숫자나 구성원은 매일 조금씩 달랐습니다.

성균관 유생들의 꿈은 무엇일까요? 문과의 대과에 합격하는 것입니다. 합격은 곧 성균관을 졸업하는 날이기도 합니다. 이에 성균관 유생들의 삶에서 가장 큰 부분을 차지하는 것은 과거 준비를 위해 학문을 닦고, 시험에 응시하는 것입니다. 성균관 유생들을 기다리고 있는 시험은 3년마다 정기적으로 시행하는 식년시와 부정기적으로 열리는 시험으로 임금 즉위 시에 실시하는 증광시, 나라에 경사가 있을 때 실시하는 별시, 임금이 문묘를 참배할 때 성균관에서 실시하는 알성시 등이 있습니다.

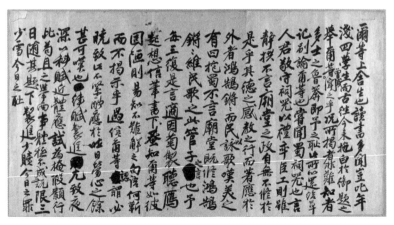

정조어필: 정조가 자신이 낸 문제의 뜻을 유생들이 이해하지 못해 백지와 거친 답안이 나오자, 여러 유생에게 보냈던 어명

성균관 유생만을 위한 특별 시험도 있었습니다. 특별한 명절에 행하는 글쓰기 시험인 절제, 제주에서 진상한 감귤이 도착하는 날에 열리는 시험인 황감제, 출석 점수를 충족한 유생을 대상으로 치른 도기, 성균관의 유생 가운데서 실력 있는 사람을 뽑아 임금 앞에서 경서를 강독하는 시험을 치르는 전강 등입니다. 이러한 시험에서 좋은 점수를 받으면 문과의 1차 시험 초시가 면제되어 바로 2차 시험 복시에 응시할 수 있는 자격이 주어지기도 했습니다.

만약 여러분들에게 성균관에서 공부할 기회가 오면 어떨 것 같나요? 다들 기쁜 마음으로 입학한다고 말할 것입니다. 그런데 실제로 유생들은 현실적인 문제로 인해 성균관에 머물며 수학하기를 꺼려했습니다. 당시 생원과 진사의 평균 연령이 33.5세인데 이중에는 20대 청년들도 있었지만 40~50대의 중장년층도 있었습니다. 대개는 자녀를 둔 가장으로 집안일을 돌봐야 했기 때문에 장기간 집을 비우고 성균관에 머무는 것은 큰 부담이었습니다. 또한 한양 고위 양반 자제들은 자기 집보다 못한 성균관에서 기숙하는 것을 꺼려했습니다. 특히 지방 곳곳에 사립 교육 기관인 서원의 설립으로 수준 높은 학문과 문장을 공부할 수 있게 되자 유생들은 성균관보다는 서원에서 공부하기를 더 선호하게 됩니다.

조선 정부는 성균관 유생들의 수가 줄어들자 제도적 장치를 마련하여 성균관 교육을 활성화시키고자 했습니다. 대표적으로 앞서 본 성균관 유생만을 위한 특별 시험과 유생들의 출석을 장려하는 원점이 있습니다. 원점은 매일 아침과 저녁 식사에 참여하면 1점씩 점수를 부여하는 제도입니다. 개인이 획득한 원점의 합계는 곧 성균관에서 수학한 날짜를 의미합니다. 이 원점을 따져 그 합계가 특정한 점수 이상이 되어야만 과거 시험에 응시할 수 있도록 했습니다. 성균관 출석 점수로 과거 응시 자격을 제한한 것입니다.

조선 후기에 이르러 유생층이 두터워지고, 별시가 늘어나면서 원점을 적용하지 않는 사례가 늘어나기 시작합니다. 현종 대에는 식년시를 제외한 모든 시험에서 원점을 적용하지 않습니다. 이처럼 원점이 필요가 없자 생원과 진사들의 성균관 입학과 수학은 점점 줄어들었습니다. 결국 원점은 영조와 정조를 거치면서 새롭게 재편됩니다.

영조는 원점 50점을 얻은 유생에게 성균관에서 시행되는 여러 특별 시험 응시 자격을 평생 동안 부여했습니다. 그 결과 원점을 얻어 성균관 특별 시험에 응시하고자 다시 성균관으로 유생들이 몰려들게 됩니다. 정조는 할아버지 영조가 만든 원점 제도를 더 보완합니다. 특별 시험 응시에 필요한 원점을 30점으로 낮추는 대신 그 유효 기간을 다음 해까지로 제한하여 2년마다 30일씩 성균관에 머물도록 만들었습니다. 다만 300점을 얻은 경우에는 기간에 상관없이 모든 시험을 볼 수 있도록 하였습니다. 이 원점 제도는 1894년 1차 갑오개혁으로 과거제가 폐지될 때까지 시행되었습니다.

유생들은 각자의 필요에 따라 성균관에 들어가 수학하였고, 만족스러운 결과를 얻거나 아니면 기대할 수 없을 때 성균관을 떠났습니다. 하지만 성균관 유생일 때 만큼은 모두가 동일한 하루 일과를 보냈습니다. 18세기 조선 후기 문신 윤기가 성균관 유생 시절에 썼던『반중잡영』과 정조 대에 간행된『태학지』를 바탕으로 잠시 성균관 유생이 되어보겠습니다.

날이 밝기 전 200여 명의 성균관 유생들은 북소리가 울리면 기상하였고, 다음 북소리가 울리면 세수 및 의관 정제 후 간단히 아침 독서 시간을 가졌습니다. 다

성균관 기숙사의 북

시 북소리가 울리면 서로 구호를 맞추어 인사를 한 후 식당에 향했습니다. 아침 식사를 마치고 수업을 알리는 북이 울리면 유생들은 책을 갖고 강의실인 명륜당으로 향합니다. 수업이 끝나면 유생들에게 자유 시간이 주어집니다. 이때 유생들은 배운 내용을 복습하거나, 다른 유생들과 함께 성균관 인근의 반촌, 벽송정 등에 나가 시간을 보냈습니다. 유생들은 저녁 식사 후 다시 기숙사로 돌아와 하루를 마무리하며 취침 구호와 함께 잠자리에 들게 됩니다.

성균관 유생들의 하루 일과에 하나 빠진 것이 있습니다. 학창 시절 우리를 괴롭혔던 내신 시험, 수행평가 등과 같은 시험입니다. 성균관 유생들에게 시험은 일상이었습니다. 경서를 외우는 시험을 매일 보았고, 글을 쓰는 제술 시험은 10일에 한 번씩 치렀습니다. 이외에도 매달마다 교육을 담당하는 관청인 예조에서 보는 월강 등이 있었습니다. 시험 결과는 연말에 합산되어 우수한 사람은 관직에 임명되기도 하고, 대과 초시가 면제되는 혜택을 얻기도 했습니다. 성균관 유생들이 공부와 시험만

성균관 명륜당

성균관 명륜당 내부 현판

치른 것은 아닙니다. 나라의 정치가 어지러워지면 집단으로 임금에게 글을 올려 충언하였고, 요구가 받아들여지지 않으면 수업을 거부하고 성균관 밖으로 나가버리기도 했습니다.

우리는 학창시절에 하루의 절반 이상을 학교 교실에서 보냅니다. 성균관 유생들에게도 교실이 있었습니다. 천원권 지폐 앞면의 도안 소재 '인륜을 밝힌다.'는 뜻을 가진 명륜당입니다. 이곳에서 성균관 유생들은 학문을 배우고 익혔고, 종종 왕으로부터 직접 강의를 듣기도 했습니다. 명륜당 양옆으로 성균관 유생들이 기숙 생활을 했기 때문에 동재와 서재로 불리는 기숙사가 있었습니다. 이외에도 오늘날 도서관에 해당하는 존경각과 활과 화살 등을 보관하던 육일각이 있었고, 제례를 주관하는 관리들이 사용하던 향관청, 유생들이 과거 시험을 보던 비천당 등이 있습니다.

이제 천원권 지폐의 도안 소재로 이황과 성균관 명륜당이 함께 선정된 것에 대한 궁금증을 해결해보겠습니다. 조선을 대표하는 대학자인 조광조, 이황, 이이, 정약용 등의 공통점이 있습니다. 이들은 모두 성균관 출신입니다. 여기서 또 다른 궁금 점이 생길 것입니다. 이황과 이이 가 둘 다 성균관 출신인데 명륜당은 왜 하필 천원권 지폐의 도안 소재가 되었던 걸까요? 이황은 이이가 벼슬 생활 중 단 한 번도 하지 못한 관직 성균관 대사성에 임명됩니다. 앞서 말씀드린 것처럼 성균관 대사성은 오늘날 서울대학교의 총장과도 같습니다.

> "이황【사람됨이 자질이 영민하고 학문이 높았다. 소학으로 자 질의 법을 삼았고 종일토록 단정히 앉아 의관이 흐트러지지 않 았으며 행동과 언어를 반드시 때에 알맞게 하였다. 성리의 근원 을 깊이 탐구하여 한 시대 사림의 영수가 되었다. 벼슬살이를 즐 기지 않아 늘 전원으로 돌아갈 뜻이 있었으나 주상이 여러 차례 기용하므로 어쩔 수 없이 조정에 벼슬하였다.】을 통정 대부 성균 관 대사성으로 삼았다."
>
> 『명종실록』, 1553년 4월 24일

조선 시대 성균관의 총책임자인 대사성이 된다는 것은 학식과 덕행이 높아 세상 사람의 모범이 될 만한 자질을 갖춘 자라고 할 수 있습니다. 각종 문헌에서 성균관 대사성을 임명할 때 항시 유생들의 본이 될 만한, 사회의 모범이 될 만한 훌륭한 자질과 높은 학문적 실력 및 덕망, 높은 나이 등이 고려된 것을 볼 수 있습니다.

성균관 대사성은 어떤 일을 했을까요? 먼저 매일 아침 식당에 가서 학 생들과 함께 밥을 먹고 만남을 갖습니다. 첫 번째 역할은 학생들과의 소 통인 셈입니다. 다음으로 교육 전반에 걸쳐 적극적으로 개입했습니다. 학생들을 선발하고, 수업을 관리하며, 성적을 평가하고, 과거 시험을 치 를 때는 시험관이 되어 시험 운영까지 도맡았습니다. 이외에도 성균관 의 운영 행정과 재정까지 맡았기 때문에 몸이 두 개라도 부족할 만큼 일 이 많았습니다.

다들 성균관 대사성 이황의 활약을 기대할 것입니다. 안타깝게도 특별한 일화를 찾기는 어렵습니다. 이황은 성균관에서 유생 시절을 보낸 후 대과에 급제하여 대사성의 자리까지 올랐지만 항상 그랬던 것처럼 한 달도 되지 않아 관직에서 물러났기 때문입니다.

> 대사성 이황이 아뢰기를, "신이 잘못 성균관의 장관이 되어 스승의 도리를 다하지 못하였는데 유생들이 학문을 게을리 한다는 말이 마침 이때에 나오니, 신을 체직하고 다시 명망 있는 사람을 가려서 인도하여 거느리게 하소서."하니, 임금이 전교하기를, "유생들이 학문을 게을리 한 것이 오래되었다. 네가 본직(本職)을 맡은 후에 이러한 물의가 있는 것이 아니니 사직하지 말라."
>
> 『명종실록』, 1553년 5월 8일

대사성 자리에서 물러나고자 하는 이황과 그를 붙잡고자 하는 명종의 밀고 당기기가 벌어졌지만 결국 승자는 이황이었습니다. 만약 명종의 뜻대로 오랜 기간 이황이 성균관 대사성을 역임했다면 어떠했을까요? 이황이 도산서원에서 뛰어난 인재를 양성한 것처럼 성균관에서도 많은 인재를 길러내지 않았을까요?

성균관은 1910년 일제에게 나라를 빼앗기면서 이듬해 경학원으로 개칭됩니다. 교육 기능을 상실하고, 제사를 담당하는 기관으로 바뀌게 된 것입니다. 이후 전국 유림들의 주도로 성균관의 교육 기능 회복 움직임이 일어나면서 1930년에 경학원 부설로 명륜 학원이 설립되지만 1943년 일제에 의해 폐교 조치를 당합니다. 1945년 광복 이후 성균관대학 기성회가 조직되어 '과거 성균관 전통을 계승할 대학'의 수립에 나섰고, 1946년 9월 성균관대학이 설립되어 현재의 성균관대학교로 이어지고 있습니다.

성리학의 이념을 정신적 가치 기준으로 정립하여 조선의 관리들을 배출한 성균관. 그 관료 체제를 통해 확고한 왕조 통치를 유지한 조선. 그렇다고 성균관을 단순히 조선 500년의 역사가 담긴 공간으로만 보면 안 됩니다. 지금 우리의 정신과 생활 곳곳에 스며들어 있는 유학의 근거지가 성균관입니다.

매화 ●───────────────────────────────

선비가 사랑한 꽃 매화

여러분들은 평소 즐겨하는 취미생활이 있나요? 직장인을 대상으로 설문조사를 진행한 결과에 따르면 응답자의 73.3%는 '즐겨하는 취미 생활이 있다'고 답했고, 가장 많이 하는 취미 활동은 영화·공연·스포츠 관람(37.8%)이었습니다. 저는 주말에 축구와 농구 같은 운동을 하는 것이 취미입니다.

이번 천원권 지폐의 도안 소재는 누군가의 취미 활동과 관련이 있습니다. 천원권 지폐 앞면에 명륜당 위쪽에 핀 나무와 꽃이 보이나요? 조선의 여러 선비

천원권 지폐 속 매화

들이 아끼고 사랑하였던 매화입니다. 순위를 매기는 것이 의미는 없지만 매화 사랑하면 한 손가락에 꼽히는 선비가 있습니다. 바로 퇴계 이황입니다. 이황의 본업이 학문 연구와 후학 양성이라면 취미 생활은 단언컨대 매화일 것입니다.

이황은 자신을 천석고황(泉石膏肓), 즉 자연을 사랑하는 고질병에 걸린

『매화시첩』

사람이라고 하였습니다. 이황이 도산의 산수와 자연에 대하여 지은 수많은 시 중에 단연 으뜸은 매화시입니다. 이황이 42세부터 70세까지 28년 동안 100여 편이 넘는 매화시를 지어『매화시첩』을 엮었습니다.『매화시첩』은 한국문학사상 최초의 자작, 자필, 단일 소재, 단행본 시집으로서의 문헌적인 가치를 갖고 있습니다.

매화 분매

이황의 남다른 매화 사랑을 볼 수 있는 매화문답시를 한 수 보겠습니다. 1568년 7월 68세의 이황은 선조에 명을 받고, 한양에 머물게 됩니다. 항상 그랬던 것처럼 이조판서, 우찬성, 판중추부사 등 주어진 직책을 거듭 사양하고 귀향을 요청하였고, 1년 후인 1569년 3월 귀향을 허락받습니다. 이황은 약 8개월간 한양 생활에서 정다운 벗이 되어준 분매에 대한 고마움과 헤어지는 아쉬움을 시로 읊습니다. 분매는 화분에 심어 기르는 매화를 말합니다.

<한성에 임시로 머무는 집에서 분매와 주고받다>
쓸쓸한 나를 벗해준 매선이 고마워라   頓荷梅仙伴我涼
시원한 객창에 꿈속 혼이 향기롭네   客窓蕭灑夢魂香

그대 손잡고 고향으로 가지 못해 한이로네　　　　　東歸恨未携君去
서울의 먼지 속에 고운 모습 간직해주오.　　　　　京洛塵中好艷藏

　　　　　　　　　　　　　　　　　　　　　　　『매화시첩』

　시의 전반부에서 이황은 화자가 되어 분매에게 묻고 있습니다. 이황
은 매화를 인격화하여 '매선'이라 부르며 신선으로 인식합니다. 다른 매
화시에서는 매선 대신에 매군, 매형, 은자 등의 호칭을 부르며 인격화하
여 대화를 나누기도 합니다. 이황은 쓸쓸한 한양에서의 삶에 벗이 되어
준 매화에게 고마움을 전하고, 함께 고향인 도산으로 돌아가지 못함을
아쉬워합니다. 그리고 서울의 먼지 속 가운데서도 매화의 고운 모습을
잃지 말기를 당부합니다.

　　도선도 우리처럼 쓸쓸하다 하시니　　　　　聞說陶仙我輩涼
　　임 돌아가실 때 기다려 천향을 피우리라　　待公歸去發天香
　　임이여 서로 마주하고 그리워하던 곳　　　願公相對相思處
　　옥설과 청진을 함께 잘 간직하시기를　　　玉雪淸眞共善藏

　　　　　　　　　　　　　　　　　　　　　　　『매화시첩』

강릉 오죽헌 율곡매 ⓒ문화재청

신사임당의 맏딸 이매창의 <매화도>
ⓒ강릉시

시의 후반부에서는 분매가 화자가 되어 이황에게 답을 하고 있습니다. 매화는 이황을 도선이라고 부릅니다. 서로가 서로를 속세를 떠난 신선과 같은 존재로 인식하고 있는 것입니다. 이는 인간과 자연을 동일시하는 이황의 자연관을 보여주는 것이기도 합니다. 매화는 이황과 작별 인사를 하며, 이황도 쓸쓸할 터이니 돌아가시는 때에 맞추어 꽃을 피우고 향기를 발할 것이라고 위로의 말을 건네며 작별의 아쉬움을 달래보고자 합니다. 끝으로 매화는 서로 함께 할 때나 헤어져 있을 때나 깨끗하고 진실한 마음을 잃지 말 것을 당부합니다. 이황이 최초로 창안한 매화문답시는 기대승, 권호문 등의 문인 제자들에 의해 형식적 측면뿐만 아니라 그 내용까지 널리 계승됩니다.

제가 가장 좋아하는 이황의 매화시가 있습니다. 이 시에서 사랑스럽게 매화를 바라보고 감상하는 이황의 모습을 볼 수 있습니다.

<달밤에 도산에서 매화를 읊다>

뜨락을 거니는데 달이 날 따라와서	步屧中庭月趁人
매화 곁을 돌고 또 돌았다네.	梅邊行遶幾回巡
밤 깊도록 오래 앉아 일어나길 잊었는데	夜深坐久渾忘起
향기는 옷에 가득하고 꽃 그림자는 몸에 가득하네.	香滿衣巾影滿身

이황은 도산서당에서 달 밝은 밤에 뜰을 거닐며 매화를 감상하고 있습니다. 환한 달빛에 빛나는 매화의 모습은 한낮과는 다른 흥취를 발하고, 이황은 그 모습에 취해 밤늦도록 매화 곁을 떠나지 못하고 있습니다.

이황의 옷에는 맑고 그윽한 매화 향기가 흐르고, 온몸에 아름다운 매화 꽃 그림자가 일렁이고 있습니다. 그렇게 이황과 매화, 그리고 달이 하나가 됩니다. 실제로 이황은 매화가 한창이면 밖에 나와 시간이 가는 줄도 모르고 감상하였고, 달이 밝으면 찾아온 손님과 매화 아래서 술잔을 기울이며 시를 주고받았다고 합니다.

이황의 매화 사랑이 담긴 물건도 있습니다. 도산서원에 이황의 유물을 보관하고 있는 옥진각이라는 건물이 있습니다. 옥진각에는 이황의 친필과 저서, 손수 사용하던 투호, 지팡이 등이 전시되어 있습니다. 전시물 가운데 매화와 관련된 유물 2점으로 매화연과 매화등이 있습니다. 매화연은 문인 김기가 이황에게 선물한 가로 16cm, 세로 29.5cm, 높이 2.3cm 크기의 명품 벼루입니다. 벼루 주변에는 매화와 대나무가 정교하게 새겨져 있습니다.

이황의 매화연   이황의 매화등

매화등은 이황이 매화를 감상하기 위해 특별히 고안한 의자입니다. 도자기에 매화와 당초무늬가 새겨진 이 둥근 의자는 밑변의 지름이 28.5cm, 높이는 47.5cm으로 그 위에 앉기 적당하게 만들어졌습니다. 이황은 평소 추위를 많이 탔기 때문에 차가운 날씨에는 이 의자 밑에 불을 피워 그 위에 앉아서 매화를 감상한 것으로 추정합니다. 그런데 매화등이 이황의 매화 감상을 위한 것이 아니라는 주장도 있습니다.

조선 후기 문신 이익의 『성호사설』에는 매화등의 용도를 화분대라고 했습니다. 또 일설에는 매화등 안에 불을 피워 따뜻해지면 치질 치료에 이용했다고도 하고, 도자기 안에 촛불을 켜놓으면 도자기의 매화 무늬가 벽에 비쳐지면 벽에 그려진 아름다운 매화 그림자를 감상했다고도 합니다.

매화는 이황이 죽음을 맞이하는 그 순간까지 곁에 함께했습니다. 이황이 세상을 떠나기 닷새 전날인 1570년 12월 4일 이질로 설사를 하자 "매형에게 불결하면 내 마음이 평안하지 못하다"면서 옆에 있던 분매를 다른 곳에 옮기도록 했습니다. 본인의 불결한 모습을 보이기 싫었던 것입니다. 1570년 12월 8일 아침 이황은 시중드는 사람들에게 다음과 같은 말을 남겼습니다.

"매화의 화분에 물을 주어라"

그리고 약 10여 시간이 흐른 저녁 6시 경 이황은 누워있는 자리를 바르게 하라고 명하였고, 부축을 받아 일어난 후 앉아서 편안하게 70세의 나이로 죽음을 맞이합니다. 청청한 매화를 닮고자 하였고, 매화와 하나 됨을 노래했던 이황은 평생 사랑해온 매화와 함께 유유히 세상을 떠났습니다.

매년 온갖 새들의 노래와 함께 꽃이 만발하는 봄날이 찾아올 것입니다. 그때마다 한겨울 모진 추위도 이겨낸 매화도 우리 곁에 다가올 것입니다. 짧은 봄날 중에 하루 정도는 매화를 감상하면서 조선의 선비들이 유독 사랑했던 매화를 떠올리고, 매화와 함께했던 그들의 모습을 상상해보는 것은 어떨까요?

이황에 대한 정선의 존경이 담긴 그림 계상정거도

여러분들은 화폐 속 도안 소재 중에 어떤 것이 가장 마음에 드나요? 질문에 대한 답은 초충도, 오죽헌, 학, 일월오봉도 등 각양각색일 것입니다. 저는 천원권 지폐 뒷면을 빛내는 산수화 한 폭을 가장 좋아합니다. 어딘가로, 나만의 공간을 찾아 떠나 무게를 내려놓고 여유를 찾고자 할 때 산수화 감상만큼 좋은 것은 없기 때문입니다.

이제 천원권의 뒷면을 볼까요? 천원권 지폐 뒷면의 그림은 겸재 정선의 〈계상정거도〉입니다. 〈계상정거도〉는 글과 그림을 한데 모아 연대순으로 묶어낸

천원권 지폐 속 〈계상정거도〉

서화첩인『퇴우이선생진적첩』에 들어있습니다. 정선은 안견, 김홍도, 장습업과 함께 조선 4대 화가로 손꼽히는데 진경산수화의 대가로 유명합니다. 정선은 조선 후기에 우리나라의 자연을 사실적으로 그려내는 데 알맞은 구도와 화법을 창안하면서 진경산수화를 개척했습니다.

한 가지 의문점이 생기지 않나요? 조선 중기 성리학자 이황과 조선 후기 진경산수화의 대가 정선 사이에는 어떤 연결고리도 보이지 않습니다. 실제로 〈계상정거도〉는 이황이 세상을 떠난 지 177년이 지난 후 71살의 정선이 노년에 그린 그림입니다. 이황과 정선 둘 사이에 어떤 숨겨진 이야기가 있었던 걸까요?

이황은 중국에서 방대한 성리학을 집대성한 주희의『주자대전』을 섭렵하고, 그 핵심만 뽑아『주자서절요』를 집필했습니다.『주자서절요』에

는 이황이 직접 쓴 서문의 초고본 『주자서절요서』가 있습니다. 이 책은 이황의 손자, 그 외손자, 그리고 그 사위 박자진에게로 전해집니다. 박자진은 당시 무봉산에 은거하던 노론의 영수 송시열을 찾아가 책에 발문을 받습니다. 그러면서 조선 성리학을 대표하는 두 사람의 글이 함께 들어간 귀한 귀한 책으로 거듭납니다.

이후 이 책은 박자진의 큰 증손자를 거쳐 정선의 둘째 아들 정만수에게로 그리고 정선에게 전해집니다. 박자진은 정선의 외조부입니다. 정선은 평소에 흠모하던 이황과 송시열의 친필을 얻자 크게 기뻐했다고 합니다. 이 기쁨을 담아 자신에게 책이 전해지는 과정을 〈계상정거도〉, 〈무봉산중도〉, 〈풍계유택도〉, 〈인곡정사도〉 4폭의 그림으로 그렸습니다. 정선의 그림, 이황과 송시열의 글이 하나로 묶여 『퇴우이선생진적첩』에 들어가게 된 것입니다.

이황은 관직을 버리고 고향으로 낙향하자 후학 양성을 위한 자리를 신중하게 고르고 또 고릅니다. 이황은 30세가 되던 해에 처음으로 지산와사라는 집을 짓습니다. 이후 46세에 귀향하자 양진암을 짓고 학문 연구에 전념합니다. 50세에 다시 고향으로 돌아와서는 자리를 옮겨 세 칸짜리의 한서암을 짓습니다. 이황은 한서암에서 짚자리와 갈대를 깔고 청렴하게 생활했고, 이러한 모습에 제자들은 깊은 감명을 받았다고 합니다.

이황은 자신을 따르는 제자들이 늘어나자 강의를 위한 서당을 만들었습니다. 이황은 51세가 되던 해에 한서암을 아들에게 살림집으로 내주고, 토계 북쪽에 계상서당을 짓습니다. 이곳에서 58세의 이황과 23세 이이의 역사적인 만남이 이루어졌고, 조선 성리학의 발전에 중요한 역할을 하는 『주자서절요』가 집필됩니다. 이후 계상서당에서도 늘어나는 제자를 감당

계상서당

하지 못하자 우리에게 너무나도 유명한 도산서원의 전신인 도산서당이 세워집니다.

계상정거도

이쯤 되면 정선의 〈계상정거도〉와 이황의 계상서당 사이에 어떤 관계가 있다는 느낌이 들 것입니다. 정선은 자신이 그린 〈계상정거도〉가 이황이 『주자서절요서』를 짓고 있는 모습이라고 직접 글을 남겼습니다. 다시 말해 〈계상정거도〉는 58세의 이황이 당시 거처인 계상서당에서 『주자서절요서』를 집필하는 모습을 그린 그림입니다. 정선은 계상서당과 이황을 그리면서 4폭의 그림을 시작함과 동시에 조선 성리학의 중요한 사건을 기록한다고 생각했을 것입니다.

계상정거도 상세: 계상서당 속 이황

이제 〈계상정거도〉를 본격적으로 감상해보겠습니다. 일반적으로 산수화에서 가장 중요한 구성 요소는 산과 물, 바위, 나무입니다. 그런데 〈계상정거도〉의 주인공은 사람입니다. 아무리 산과 물이 아름다워도 그렇게 생각하는 것은 사람입니다. 그래서 감상자가 산수 안으로 들어가기 위해서 그림 안에 사람이 있으면 제일 좋고, 그 다음으로 사람이 사는 집이 있으면 좋습니다. 사람과 집이 있으면 감상자가 그림 안으로 들어가는 것이 훨씬 쉽기 때문입니다.

〈계상정거도〉에서 집과 사람을 찾아볼까요? 그림 속에서 두 칸짜리 집과 그 집 안에서 책상을 앞에 놓고 학문을 닦는 사람이 보이나요? 이 집은 계상서당이고, 그 집 안에 있는 사람은 이황입니다. 이황은 아름다운 산수에 둘러싸인 고요한 계상서당에서 『주자서절요』를 집필하는 중입니다.

〈계상정거도〉에서 집이든 사람이든 모두 작아서 찾기가 쉽지 않았습니다. 이황이면 크게 그리면 좋지 않았을까요? 여기서 동·서양의 차이를 볼 수 있습니다. 서양 그림은 대부분 인물화이고, 그 인물이 화폭을 가득 채우는 것이 일반적입니다. 서양의 사람 중심 우주관을 보여주는 것입니다. 동양에서 사람은 장대한 우주에서 아주 작은 부분이라고 여겨왔습니다. 그래서 산수화 안에서 사람은 보일 듯 말 듯 조그맣습니다. 동양인의 산수에 대한 겸손한 자세가 담겨 있는 것입니다.

제가 동양화의 다양한 장르 중에서 진경산수화를 가장 좋아하는 이유가 있습니다. 진경산수화는 감상자에게 상상을 불러일으킵니다. 대표적인 예로 집을 모두 드러내지 않고, 반쯤 가려주기가 있습니다. 〈계상정거도〉 속의 계상서당은 두 칸으로 이루어져 있습니다. 한 칸에는 이황이 있지만 나머지 한 칸은 나무에 가려져 누가 어떤 일을 하고 있을까 하는 상상을 불러일으킵니다.

계상정거도 상세: 낙동강의 물결

여러분들의 상상력을 한 번 더 자극해보겠습니다. 계상서당 앞에 흐르는 낙동강이 보이나요? 거기에 한 척의 배가 보일 것입니다. 그런데 배의 몸체가 보이지 않습니다. 이는 출렁이는 낙동강을 강조하기 위한 의도된 연출입니다. 이처럼 다 그리는 것보다 일부분을 가려주는 것은 그림에 상상력과 생동감을 불어 넣어주는 효과가 있습니다.

그렇다고 오해를 하면 안 됩니다. 무작정 아무데나 가리고, 비워두고, 여백을 두는 것이 아닙니다. 〈계상정거도〉뿐만 아니라 여러 산수화에서 안개나 물 등을 여백으로 두고, 숲이나 바위는 너무 빽빽하거나 무겁지 않게 비워두는 것을 흔히 볼 수 있습니다. 이 빈 공간에 바람이 드나든다고 생각하면 됩니다. 사람이 숨을 쉬는 것처럼 산수화에서는 바람이 불어야 생생한 경치가 됩니다. 그런데 너무 많이 비우면 허해지고 너무 많이 채우면 답답해집니다. 〈계상정거도〉는 정선의 그림답게 이 둘 사이에서 균형을 잘 잡혀있는 좋은 작품입니다.

진경산수화에 담겨 있는 산, 물, 나무, 사람, 집도 모두 우리나라의 것입니다. 여러분들은 300여 년 전의 조선의 산수와 선비를 만나고 싶다면 박물관에서 진경산수화를 감상하면 됩니다. 만약 여의치 않다면 천원권 지폐 뒷면의 〈계상정계도〉를 꺼내 보는 것은 어떨까요?

도산서원

이황의 뜻이 담긴 공간 도산서원

이황은 한 시대의 문화를 만들어 나갔고, 한 시대의 학문을 대표하는 인물입니다. 이황을 제대로 만나기 위해서는 경상북도 안동으로 가야합니다. 그곳에는

나 천원권 지폐

도산서원이 있습니다. 도산서원은 이황과 함께 한국 화폐의 도안 소재가 된 적이 있습니다. 한국에서 1975년 8월 14일 천원권 지폐가 최초로 발행됩니다. 지폐 도안 소재는 앞면에 이황의 초상과 무궁화, 뒷면에는 도산서원이었습니다.

1983년 6월 11일 새롭게 발행된 천원권 지폐의 도안 소재는 앞면에 무궁화 대신에 투호가 들어간 것을 빼고는 동일했습니다. 지금 사용 중인 천원권 지폐는 2007년 1월 22일에 발행된 것입니다. 지폐의 색깔이 자색에서 파란색으로 바뀌었고, 이황 초상을 제외한 모든 디자인이 변경됩니다. 지폐 앞면은 투호 대신에 매화와 명륜당이, 뒷면은 도산서원 대신에 〈계상정거도〉로 바뀌었습니다. 32년 간 천원권 지폐 뒷면의 주인공이었던 도산서원은 그 자리를 정선의 〈계상정거도〉에게 넘겨준 것입니다.

이제 고향으로 내려와 학문을 닦으면서 제자들을 가르치고 있는 이황을 만나보러 가보겠습니다. 51세의 이황은 계상서당을 짓고 10여 년 동안 자신의 오랜 꿈을 실현해 나가고 있었습니다. 이 시기에도 짧은 벼슬살이가 거듭되었지만 곧 고향으로 내려와 학문에 전념하면서 제자들과 가르쳤습니다. 계산서당이 늘어나는 학생을 감당하기에는 좁고 허술하자 제자들은 도산의 남쪽 기슭에 서당을 지어 가르쳐 주기를 청했습니다.

이황은 어느 날 홀로 제자들이 선택하여 놓은 땅을 살펴보고는 그곳의 분위기와 풍경에 반해 서당을 건설하기로 결정합니다. 1661년 61세의 이황은 4년 여 간의 공사 끝에 도산서당 완공을 보게 됩니다. 그런데 왜 도산서원이 아닌 도산서당인지 의아할 것입니다. 이황이 세상이 떠나자 제자들은 앞장서서 스승을 기리기 위한 서원 건립에 나섰고, 4년 후 도산서당을 모체로 그 주변을 확장한 도산서원이 건립됩니다. 그래서 도산서원은 크게 이황 생전의 도산서당과 이황 사후에 지어진 서원으로 구분할 수 있습니다.

도산서원 전경

지금 낙동강이 바라보이는 경북 안동군 도산면 토계리에 자리 잡은 도산서원으로 가보겠습니다. 오늘날 도산서원의 정문을 들어서면 좌측에 농운정사, 우측에 도산서당이 있습니다. 도산서원에서 가장 오래된 건물은 도산서당입니다. 도산서당은 이황이 생을 마감하기 전까지 10년 간 제자 교육이 실제로 이루어진 곳으로 가장 중요한 공간이기도 합니다.

처음 도산서당을 바라보면 너무 작고 보잘 것 없어 정말 이황이 4년에 걸쳐 지은 게 맞는지 의아할 것입니다. 당시 이황이 마음을 먹었더라면 충분히 크고 화려하게 건물을 지을 수 있었습

도산서당 정면

니다. 하지만 이황은 큰 집에 대한 욕심은 없었습니다. 그저 세상으로부

터 물러나 학문에 전념하고 후학을 양성할 수 있는 공간만 필요했을 뿐입니다.

도산서당은 방 1칸, 부엌 1칸, 마루 1칸으로 총 3칸 밖에 되지 않는 일자 형태의 남향 건물로 별다른 꾸밈이 없고 간결합니다. 이황은 각각 의미를 담아 온돌방은 완락재, 마루는 암서헌이라고 이름을 지었습니다. 완락재는 주희의 『명당실기』에 나오는 '도(道)와 이(理)를 즐기고 완성하며 죽을 때까지 싫어하지 않는다.'에서 가져왔고, 암서헌은 주희의 「운곡시」가운데 '학문에 오래도록 자신이 없었는데 바위에 깃들어서 작은 효험을 바란다.'는 구절에서 가져온 것입니다. 이황은 방에서는 진리를 완성하는 것을 즐기고, 마루에서는 바위에 깃들듯 자연과 더불어 지내고자 한 것입니다.

도산서당 온돌방 완락재

이황은 온돌방인 완락재에 거처하면서 좌우에 도서를 쌓아두고 독서와 사색을 즐겼습니다. 비록 1칸짜리 방이지만 툇간을 조성하여 책 1천여 권을 꽂았으며 매화 화분과 지팡이, 침구 등을 두었습니다. 완락재는 이황의 품격과 공부하는 선비의 절제된 모습을 느낄 수 있는 공간입니다.

이황은 완락재에서 제자를 교육하였습니다. 좁은 방이다보니 주로 오늘날 과외와 같은 일대일 가르침이 주로 이루어졌을 것입니다. 제자들이 공부하다가 의문이 나는 것을 갖고 오면 가르쳐주거나, 제대로 이해하는지를 한 사람씩 불러들여서 점검하는 식의 공부가 이루어졌습니다.

이황은 완락재에서 책을 읽고 잠을 자며 간혹 마루인 암서헌으로 나

가 바깥 경치를 바라보며 피
로한 심신을 달랬습니다. 암
서헌에 앉으면 동쪽 옆에서
흘러내리는 좁은 계곡의 물
소리가 들리고, 가까이는 동
쪽 산기슭의 나무숲, 멀리는
낮은 담 너머 남쪽의 산천과
시원하게 열리는 하늘을 볼

도산서당 마루 암서헌

수 있습니다. 이황에게 암서헌은 힐링의 장소였지만 온전히 그만을 위
한 공간은 아니었습니다. 완락재의 4쪽 문을 열어젖히면 암서헌에 십여
명의 학생들이 나누어 앉을 수 있는 넓이가 확보됩니다. 겨울에는 어려
웠겠지만 다른 계절에는 제자들과 마주앉아 가르침을 주었습니다.

이황은 암서헌을 중심으로 남쪽에 네모난 못을 조그맣게 파고 연꽃을
심고 정우당을 조성했습니다. 연꽃의 청정함과 고아함을 좋아해 자신의
삶터 속으로 가져온 것입니다. 정우당 아래에는 몽천이란 샘을 조성했
습니다. 몽천은 몽매한 제자를 바른 길로 이끌어 간다는 의미입니다. 끊
어진 담장 건너편 산기슭에는 매화, 대나무, 소나무, 국화를 심어 화단을
조성하고 절우사라 불렀습니다. 이처럼 암서헌을 시작으로 정우당, 절
우사를 지나 낙동강으로 경관이 이어지는 것은 궁극적으로 자연과 합일
하려는 이황의 성리학적 자연관이 반영된 것입니다.

정우당

몽천

절우사

이황은 도산서당 완공 이후에도 쉴 새 없이 몰려드는 제자들을 수용하기 위해 이듬해 8칸짜리 기숙 교육 시설인 농운정사를 건립했습니다. 농운정사는 제자들에게 공부에 열중하기를 권장하는 뜻에서 공(工)자 형태로 지었습니다. 공(工)이란 글자는 위로는 하늘(一)과 아래로는 땅(一)의 이치를 사람(丨)이 깨달아 나가는 것을 의미합니다.

농운정사

농운정사는 건물 내부의 채광을 고려해 동서남북으로 창문을 많이 만들었고, 앞 두 칸은 한쪽 벽이 없는 마루방으로 지었습니다. 이때 공부하던 동편 마루는 시시때때로 학습하는 곳이라는 의미로 시습재, 휴식하던 서편 마루는 물결이 흘러가는 것을 감상하는 곳이라는 의미로 관란헌이라 이름을 지었습니다. 관란헌은 단순한

역락서재

휴식보다는 자신을 경계하고 채찍질하는 의미가 더 강합니다.

농운정사를 지었지만 계속 늘어나는 학생을 감당하기 어려웠습니다. 이때 안동에 살던 정두는 자신의 아들 정사성이 이황에게 가르침을 받게 되자 기숙사 별관으로 역락서재를 지어주었습니다. 이를 놓고 우스개소리로 기부금 입학이냐고 묻는 분들이 있습니다. 역락서재는 입학 전제가 아니라 입학 후 기증이니 기부금 입학으로 보기는 어렵지 않을까 싶습니다.

이황 생전의 건물은 도산서당, 농운정사, 역락서재 3채에 나중에 하고 직사라고 불리는 서당 관리인이 기거하는 건물이 덧붙여진 것이 전부였습니다. 한 사람의 선비가 고요하게 책 읽기에 몰두하고, 또 책 읽기에서 쌓인 피로를 풀 수 있는 최소의 구조이자 최대의 공간인 도선서당은 얼마가지 않아 큰 변화를 겪게 됩니다.

도산서당에서 도산서원으로

이황은 도산서당에서 10년을 지내며 조선 성리학의 수준을 끌어올렸고, 기라성 같은 제자들을 길러냈습니다. 현재 정확한 숫자는 알 수 없지만 이황 문인록인『도산급문제현록』에 이름이 올라 있는 사람만 309명에 달합니다. 그 중에 이황의 3대 제자인 유성룡, 조목, 김성일을 제외하고도 성균관 대제학이나 재상을 지내고 시호를 받는 등 명망을 떨친 제자만 해도 수십 명이 넘습니다.

이황은 도산서당에서 학문 탐구와 후학 양성에 힘쓰다 70세의 나이로 생애를 마감합니다. 이후 도산서당은 우리나라에서 가장 큰 의미를 가진 서원으로 바뀌게 됩니다. 이황의 3년 상이 끝나자 제자들은 스승의 위패를 모시고, 학문과 덕행을 기리기 위해 도선서당 위쪽의 산을 깎아 서원 설립을 결정합니다. 이황 사후 4년 후인 1574년 공사가 착수되어 1년 만에 도산서원이 완공됩니다. 성리학 교육 및 학문 연구를 하던 도산서당에 본받을 만한 유학자를 정해 제사를 올리는 기능이 추가된 도산서원이 탄생한 것입니다. 도산서원에서 제사를 올리는 대상은 당연히 이황이었습니다.

선조 대에 사림 세력이 중앙 정계에 진출하면서 서원은 전국적으로 크게 늘었습니다. 이에 따라 성리학이 지방으로 널리 보급되고 사림 세력의 수가 크게 늘었습니다. 서원은 각기 받드는 유학자의 학설을 계승하면서 독자적인 학풍을 형성해 나갔습니다. 사림 세력의 근거지가 된 서원은 여론을 형성하는 역할을 하였으며, 나아가 붕당 정치가 이루어질 수 있는 토대가 되었습니다. 그 시작에 이황이 있었던 것입니다.

이제 도산서원을 둘러보겠습니다. 도산서당 뒤편에 쌓여있는 계단을 올라가면 도산서당의 영역과 도산서원의 영역을 연결하는 통로인 진도문이 있습니다. 진도문을 들어가면 강학 공간인 전교당을 중심으로 학생들의 기숙사인 동재 박약재와 서재 홍의재를 볼 수 있습니다. 도산서원의 중심 건물은 전교당으로 스승과 제자들이 함께 학문을 강론하는 대강당으로 생각하면 됩니다. 널리 공부를 하여 예의로 묶어내라는 뜻

전교당

의 박약재와 도량이 넓고 의지가 굳음을 뜻하는 홍의재는 도산서당의 농운정사와 같은 기숙사 역할을 했습니다.

　도산서원 가장 뒤쪽에는 이황의 위패와 제자 조목의 위패를 모셔 놓은 사당인 상덕사가 있습니다. 조목은 이황 사후 스승을 대신하여 제자들을 훈육했습니다. 성덕사 서쪽에 제사 준비를 위한 전사청이 있고, 동쪽에 도산서원에서 출판한 책을 찍은 목판을 보관하는 장판각, 그리고 서원 관리인이 머무는 상고직사를 끝으로 도산서원의 공간은 완성됩니다.

　도산서원에는 숨겨진 이야기들이 있습니다. 조선 시대에 서원은 크게 사액서원과 비사액서원으로 구분할 수 있습니다. 사액이란 왕이 서원의 이름이 쓰인 현판을 내리는 것으로, 사액서원은 부역과 세금을 면제받고 국가로부터 여러 가지 지원을 받아 그 권위를 인정받은 서원입니다. 1575년 도산서원은 건립되자마자 선조의 명으로 사액서원으로 지정되었고, 곧바로 조선 성리학의 성지가 됩니다.

　도산서원이 사액서원이 되려면 왕이 하사한 현판이 필요합니다. 도산

도산서원 현판

서원의 현판을 쓴 사람은 조선 최고의 명필가 한호로 우리에게 친숙한 이름은 한석봉입니다. 선조는 도산서원에 보낼 현판을 쓰기 위해 한호를 불렀습니다. 가장 먼저 '원', 그다음 '서', 세 번째는 '산', 한호는 영문도 모른 채 선조가 부르는 대로 열심히 받아썼습니다. 선조는 한호가 자신이 쓰는 현판이 도산서원인 것을 알면 붓이 떨려 글씨가 제대로 나오지 않을 것을 염려하여 거꾸로 4글자를 불러 적게 한 것입니다.

선조가 마지막 글자 '도'자를 부르자 그제서야 한호는 자신이 쓰는 것이 도산서원임을 알고 가슴이 두근거려 '陶'자를 쓰는 도중에 떨어서 글씨가 약간 비뚤어졌다고 합니다. 이 일화는 '도산서원 편액을 써서 내려보낸 선조'와 '비뚤게 써진 도산서원 편액'이라는 두 가지 사실에 근거하여 이황과 도산서원의 높은 위상을 보여주기 위해 만들어진 이야기로 추정합니다.

이황과 도산서원을 그 누구보다 사랑했던 조선의 왕이 있습니다. 정조는 강릉 오죽헌에 있던 이이가 손수 쓴『격몽요결』초본과 어린 시절 사용하던 벼루에 글을 남긴 것과는 다른 방식으로 이황에 대한 존경심과 애정을 드러냅니다.

조선 시대에 관료가 되는 가장 빠른 길은 과거 즉 대과에 합격하는 것입니다. 일반적으로 대과는 서울에서 열리는 것이 관행입니다. 정조는 이 관행을 깨버립니다. 1792년 3월 25일 이황의 학덕과 사상을 기리고, 영남의 인재를 뽑기 위해 도산서원에서 과거 시험을 보게 한 것입니다. 조선 역사상 처음으로 지방에서 대과가 시행된 것입니다.

정조는 친히 지은 제문을 도산서원에 내려 이황의 제사를 지낸 다음 영남지역 유생들을 대상으로 특별 시험 별과를 실시했습니다. 원래는 도산서원 전교당 앞에서 시행 예정이었지만 응시자 수가 7,228명에 달하여 모든 인원을 수용할 수 없었습니다. 이에 급하게 시험장을 도산서원 앞 강가의 소나무 숲으로 변경했습니다. 소나무에 시험 제목을 걸어

시사단

놓고 시험이 치러졌고, 답안지를 낸 3,632명 중에서 급제 2명, 진사 2명, 초시 7명을 뽑았습니다.

지금도 도산서원 가시면 그때의 흔적을 느끼고 볼 수 있습니다. 당시 정조가 주관한 시험을 기념하기 위해 시험 제목을 걸었던 소나무가 있던 자리에 단을 쌓고 비석을 세워 만든 '시사단'이 있습니다. 다만 1975년 안동댐 건설로 인해 시사단이 물에 잠길 처지가 되자 단을 더 높이 올려 쌓아 물 위로 솟게 했습니다. 그래서 오늘날 시사단은 도산서원 맞은편에 혼자 우뚝 솟아 있습니다.

도산서원은 존폐 위기에 놓이기도 합니다. 흥선 대원군은 서원이 지방 양반들의 근거지로 각종 면세 혜택을 누리며 지역 농민들을 수탈하여 원성을 사고 있다고 판단합니다. 이에 유생들의 강력한 반발에도 불구하고 1871년에는 600여 개의 서원을 철폐하고, 사액서원 중 47개소만 남겼습니다. 도산서원은 영남 유생들의 정신적 구심점으로 흥선 대원군의 서원 철폐 당시에도 존속된 서원 중 하나였습니다.

도산서원은 일제 강점기와 6·25 전쟁 시기를 거치면서 많은 서원이 파괴될 때도 원형을 보존했습니다. 도산서원은 원형을 온전히 유지했기 때문에 2019년 7월 "한국의 서원(Seowon, Korean Neo-Confucian Academies)"이라는 명칭으로 다른 8곳의 서원과 더불어 유네스코 세계유산에 등재될 수 있었습니다.

도산서원은 1969년과 1970년 박정희 정부는 고적보존 정책에 따라 보수 공사가 이루어집니다. 이때 이황이 평소 사용하던 목조 책상, 지팡이, 방석, 침을 뱉을 때 사용하는 타호 등이 소장된 옥진각이 신축됩니다. 옥진각에는 1983년에 최초 발행되어 2016년에 발행 정지된 구천원권 지폐 앞면의 도안 소재였던 투호가 있습니다.

나 천원권 지폐 속 투호

투호는 주둥이가 긴 표주박 모양을 하고 있는 것으로 나무로 만들고 겉면은 가죽 같은 것으로 싼 놀이 기구입니다. 팔뚝보다 조금 긴 나무 쪽을 일정한 거리에서 던져 투호 속으로 집어넣으며 즐기는 것입니다. 이황과 여가 시간에 즐기는 투호와 전혀 어울리지 않을 것입니다.

이황이 정말 투호를 즐겼을까요? 이황은 어릴 적『주역』과『성리대전』등에 심취하여 밤잠을 자지 않고 탐독하면서 일종의 심한 노이로제인 심화병에 걸려 평생 고생했습니다. 그래서인지 이황은 제자들의 건강에 많은 신경을 썼고 투호를 장려했다고 합니다. 이황은 그저 놀이나 휴식만을 위해 제자들과 투호를 즐기지는 않았습니다. 이황은 제자들과 함께 공부하다가 흐트러진 마음을 바로 잡고 정신을 집중하기 위해 투호를 사용했고, 이에 정심투호라고 불렀다고 합니다.

이황은 제자들의 인생 멘토이자 답을 얻고자 하는 제자들에게 길을 제시하고, 스스로 깨달음을 얻을 수 있도록 이끌어 주었습니다. 이는 자신이 성숙하지 않으면 할 수 없는 일입니다.

만약 도산서당에 앉아 있노라면 제자들과 학문적으로 소통하고 학문의 궁금 증을 풀어주는 참된 스승 이황의 모습이 그려지곤 할 것입니다. 기회가 된다면 일부러 시간을 내서라도 한 번은 도산서원을 방문해 보기를 바랍니다.

옥진각의 투호

오천원
조선 제일의 천재, 율곡 이이

오천원 비하인드 스토리

우리는 동양인과 서양인은 외모만 보더라도 한 번에 구별할 수 있습니다. 너무나도 확연한 외모의 차이가 있기 때문입니다. 흔히 큰 눈과 오똑한 코를 가진 사람을 가리켜 '외국인 같다'는 말을 합니다. 그런데 조선에서 단 한 발자국도 벗어난 적 없는 율곡 이이가 한때 '서양 율곡'이라는 별명을 5년 정도 가진 적이 있습니다.

가 오천원권(좌) 마 오천원권(우)

1972년 7월 1일 율곡 이이 초상을 담은 오천원권이 처음 발행됩니다. 지금 여러분이 갖고 있는 2006년 1월 2일에 발행된 오천원권과 한번 비교를 해볼까요? 분명히 율곡 이이 초상인데 따로 말하지 않으면 같은 인물이라고 할 수 없을 정도로 큰 차이가 있습니다. 1972년 오천원권 지폐 속 이이는 오똑한 콧날에 날카로운 눈매, 갸름하고 작은 얼굴을 가지고 있어 마치 서양 사람처럼 보일 것입니다.

도대체 무슨 일이 있었던 걸까요? 오천원권은 처음 발행할 때부터 어려움을 겪습니다. 당시 공식적으로 인정할 만한 이이의 초상화가 전해 내려오지 않았기 때문입니다. 사설 단체 등에서 사용하던 이이 영정은 있었지만 공신력은 없었습니다. 그 대안으로 한 신문사에서 어느 정도 전문가의 고증을 거쳐 제작한 조각상을 화폐 도안으로 채택합니다. 하지만 더 큰 문제가 있었습니다. 오천원권이 처음 발행될 당시 한국의 기술 수준으로 은행권 원판을 만들 수 없었습니다. 이에 영국의 화폐 제조사인 토마스 드 라루사(Thomas De La Rue)에 오천원권 제작을 의뢰했습니다. 당시에

조각가 김정숙이 만든 이이의 동상

도 이이의 표준 영정이 없어 조각가 김정숙이 만든 이이의 동상을 사진으로 찍어 영국으로 보냈다고 합니다.

이이의 동상은 누가 보아도 한국인입니다. 하지만 이이 동상을 토대로 원판을 도안한 사람은 영국인 화폐 디자이너입니다. 서양인들의 시각에서 동양인의 이목구비를 구현하다보니 콧날이 높아지는 등 한국 정서와 전혀 맞지 않는 이이 초상이 만들어졌던 것입니다. 영국인의 손길로 탄생한 오천원권 지폐는 시중에 유통이 되자마자 '서양 율곡'이라는 별명이 붙음과 동시에 적잖은 논란을 일으켰습니다. 결국 1977년 6월이 되어서야 표준 영정에 의한 새로운 오천원권이 발행되면서 이이 초상이 크게 바뀌면서 논란은 사그라졌습니다.

화폐는 그 국가의 기술과 정서를 반영하기 때문에 독자적으로 디자인한 화폐를 제작하고 쓰는 것은 자주와 독립의 상징으로 볼 수 있습니다. 이제 '서양 율곡'은 떠올리지 않아도 됩니다. 지금 한국의 화폐 제조 기술에 자부심을 가져도 됩니다. 세계 대부분의 국가는 자국 고유의 화폐를 사용하지만 화폐를 자체적으로 발행할 수 있는 나라는 겨우 20여 개국에 불과합니다. 화폐 외에 수표나 유가증권, 채권을 자체 발행할 수 있는 기술력을 갖춘 나라는 10여 개국도 되지 않습니다. 한국은 모두 해당이 됩니다. 세계적으로도 열 손가락 안에 들어가는 화폐 제조 기술을 보유하고 있는 것입니다.

그럼 이제 서양 율곡이라는 웃지 못할 별명을 가졌던 이이를 만나러 가보겠습니다.

율곡 이이

개혁가 이이

조선 최고의 성리학자 율곡 이이와 퇴계 이황을 모르는 사람은 없을 것입니다. 하지만 이들의 철학이 구체적으로 어떠한 내용인지를 아는 사람은 극히 드물 것입니다. 그러면서도 우리는 지폐를 통해 하루에도 여러 번 만나고 있습니다.

오천원권 지폐 속 율곡 이이

퇴계 이황은 새로운 시대의 사상인 성리학에 대한 완벽한 이해를 바탕으로 조선 성리학의 기초를 닦았습니다. 율곡 이이는 퇴계 이황이 이룩한 학문적 성취를 토대로 당대 조선의 상황에 맞게 재해석하여 조선 성리학을 완성했습니다. 두 사람은 실질적으로 학문적 보완 관계였던 것입니다.

조선이 건국된 지 150여 년이 지나면서 사회 곳곳에서 여러 폐단이 나타나기 시작합니다. 이때 둘은 각자의 방식으로 조선 사회를 개혁하고자 합니다. 이것이 오늘날 이이와 이황을 돌아봐야 하는 이유이기도 합니다. 그렇다면 조선 조정을 향해 끊임없이 구체적 개혁의 비전을 제시하였던 이이를 만나보겠습니다.

이이, 금강산에서 인생의 전환점을 맞이하다.

이이는 1536년 외가인 강릉 북평촌 오죽헌에서 이원수와 신사임당의 사이에서 4형제 중 3째로 태어났습니다. 이이가 여섯 살 때 벼슬길에 들어선 아버지는 서울 수진방(지금의 수송동)에 집을 마련하면서 강릉을 떠나 한양으로 올라오게 됩니다.

이이는 한양에 살게 되면서 본격적으로 유교 경전을 공부합니다. 어린 시절 이이의 교육과 인격 형성에 큰 영향을 미친 스승은 어머니 신사임당이었습니다. 신사임당은 옛 성현의 가르침을 공부하고 이를 스스로 실천하는 모습을 자녀들에게 보여주었습니다. 이것이 신사임당의 자녀교육의 핵심입니다. 신사임당은 자기부터 학문을 공부하고, 글씨와 그림을 그리고, 시를 짓는 모범을 보여주면서 자녀들을 직접 교육했습니다.

신사임당은 효를 모든 덕목의 근본으로 인식하고, 어려운 말로 가르치는 것이 아니라 몸소 실천하였습니다. 이에 이이는 어머니가 돌아가신 후에도 외할머니에게 효성을 다하였고, 공직에 있을 때에도 선조의 허락을 받아 수시로 외할머니가 계시는 강릉에 왕래했습니다. 심지어 아버지의 첩인 계모 권씨에게도 효성을 다하고 극진하게 모셨습니다.

이이는 16살이 되던 해에 어머니 신사임당을 잃고 큰 충격에 빠지게 됩니다. 이이는 3년 동안 초막을 짓고 무덤 옆에 움막을 짓고 사는 시묘살이를 마친 후 인생에 대한 허무감을 느꼈습니다. 이때 그의 마음을 사로잡은 것은 불교였습니다. 19살의 이이는 불교에서 삶과 죽음의 문제에 대한 답을 찾고자 금강산으로 향했습니다. 그곳에서 세상의 번뇌를 모두 벗어던지고 불도를 연구합니다.

이이는 사후의 세계를 생각하는 불교보다는 현실의 문제점을 중시하는 유학이 보다 우월하다는 것을 깨달으면서 방황은 1년 만에 끝납니다. 그리고 다시 유학에 마음을 쏟기로 하면서 스스로를 경계하여 성현을 표준으로 삼겠다는 내용의「자경문」을 짓습니다.

당시 조선 사람들은 이이가 머리를 깎았는가 하는 점이 꽤나 궁금했던 모양입니다. 후에 이이의 제자 김장생은 스승에게 금강산에 있을 동안 머리를 깎고 겉모습이 변했냐고 물었다고 합니다. 이이는 "이미 산으로 들어간 다음에야 설사 외양은 변하지 않았다 할망정 그 마음이 거기에 빠졌다면 무슨 소용이 있겠느냐. 그러한 것은 물을 필요가 없다"라고 답했다고 합니다.

또 다른 일화도 있습니다. 이이는 금강산에서 나오면서 스승인 어숙권을 찾습니다. 스승 어숙권마저도 이이가 머리를 깎았는지 궁금했던 것 같습니다. 어숙권은 이이에게 갓을 벗어 보라고 하였는데 이이는 벗지 않았다고 합니다. 그러자 어숙권이 직접 갓을 벗겼는데 늘어진 머리채가 흘러 나왔다고 합니다.

여러분들은 이이가 머리를 깎은 것 같나요? 당시 이이는 머리까지 깎고 불교에 귀의했던 것은 아닌 것 같습니다. 금강산에 들어간 후에도 스스로 의암(義菴)이라는 유교식을 호를 지은 것을 보면 완전히 불교에 귀의하려는 마음은 없었던 것 같습니다.

당시 이이처럼 장래가 촉망되는 성리학자가 불교에 입문한다는 것은 스스로 자멸하는 행위와 같았습니다. 실제로 금강산의 절에 머물면서 불도를 연구한 것은 훗날 두고두고 사람들의 입에 오르내리면서 순수한 유학자의 길에서 벗어나 외도를 하였다는 공격의 빌미를 제공하게 됩니다. 하지만 이이가 금강산에서 불교의 생사관과 철학을 익힌 것은 훗날 성리학을 대성하는 밑거름이 되어 그의 철학에 독창성과 통합성을 부여하는 계기가 되기도 합니다.

이이는 20살에 금강산에서 나와 외할머니가 있는 오죽헌으로 갔습니다. 그곳에서 다시 성리학에 전념합니다. 2년 후 서울에서 이웃에 살던 노경린의 딸과 혼인하면서 고향인 파주 밤골에 살림을 차렸고, 이때부터 '율곡'이라는 호를 사용합니다.

1558년 명종 시대에 이이는 23살의 나이로 별시에 장원 급제하면서 본격적으로 관리의 길에 들어서게 됩니다. 이이가 관직에 들어선 지 얼마 뒤인 1567년 명종이 승하하고 새 국왕 선조가 즉위합니다. 이때부터 이이는 오랫동안 누적된 여러 폐단을 해결하기 위해 구체적인 제도 개혁을 끊임없이 주장하면서 현실 정치에 적극적으로 참여합니다. 이이의 외침은 조선에 새로운 변화를 가져왔을까요?

이이, 9번 장원 급제한 조선 제일의 천재

오늘날 입법부, 사법부, 행정부 세 분야에 걸쳐 고시가 실시되고 있습니다. 이 시험에 많은 수험생이 청춘을 바쳐가며 공부하지만 합격하는 것은 굉장히 어려운 일입니다. 간혹 세 분야의 고시에 모두 합격했다는 사람이 나오기는 하지만 모두 일등으로 합격했다는 사람은 없습니다.

조선 시대에도 시험의 천재가 있었습니다. 바로 율곡 이이입니다. 무려 아홉 차례의 과거 시험에서 모두 수석인 장원 급제를 하여 '구도장원공(九度壯元公)'이라 불렸습니다. 이이는 1548년 13세의 나이에 진사 초시에서 장원 급제한 후 21세 때인 1556년 성균관에서 열린 알성시 문과에서 장원 급제하였고, 23세 때인 1558년에 겨울 별시에서도 장원 급제합니다. 29세 때인 1564년에 문과의 초시, 복시, 전시에 모두 장원으로 합격하여 '삼장(三場) 장원'으로 불렸고, 그 해 생원시에 장원을 하고 이어 진사시에 고등으로 합격하였습니다. 이처럼 이이는 생애에 걸쳐 모두 아홉 번의 장원을 차지하였습니다.

시험의 달인 이이는 어떤 벼슬을 역임했을까요? 29세의 이이가 장원 급제를 한 후 처음 맡은 직책은 호조의 정6품 좌랑이었습니다. 호조는 호구, 공납, 부사, 조세 및 국가

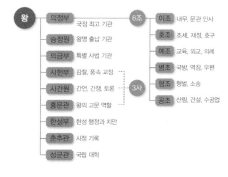

조선의 중앙 정치 기구

재정과 관련된 부분을 담당하는 부서로 오늘날 재정 경제부와 기획 예산처 정도에 해당합니다. 이후 오늘날 외교부와 교육부에 해당하는 예조와 행정 자치부에 해당하는 이조를 거칩니다.

이이는 언론 기구인 3사에 두루 근무했습니다. 3사는 관리의 비리를 감찰하는 사헌부, 왕에 대한 간언을 맡은 사간원, 왕의 학문적 자문 기관인 홍문관을 말합니다. 3사의 관리들은 벼슬 등급은 높지 않으나, 이들의 말과 글은 고위 관리는 물론이고 왕도 함부로 막을 수 없었습니다. 이는 권력의 독점과 부정을 방지하려는 조선 시대 정치의 특징적인 모습이기도 합니다. 그래서 3사는 학문과 덕망이 높은 사람이 주로 임명되었고, 훗날 특별한 일이 없는 한, 판서나 정승 등 고위 관직에 올랐습니다.

이이는 실제 관직 생활 대부분을 언론 기관인 3사에서 보냈고, 특히 39세와 43세, 44세 때 사간원의 대사간을 역임하였고, 46세 때 사헌부 대사헌, 홍문관 대제학을 역임하는 등 세 기관의 최고 직책을 모두 거쳤습니다. 이를 바탕으로 이이는 왕의 면전에서도 직언을 서슴치 않았습니다.

"지금은 나라에 기강이 없어 할 수 있는 것이 없습니다. 만일 이런 상태로 간다면 다시는 희망이 없습니다. 반드시 주상께서 큰 뜻을 분발하시어 일시에 일깨워 기강을 세운 뒤에라야 나라가 될 것입니다. 지금은 공(公)이 사(私)를 이기지 못하고 정(正)이 사(邪)를 이기지 못하니 기강이 어떻게 서겠습니까?"

『선조실록』, 1573년(선조 6년), 경연 중에서

이이는 3사 이외에도 형조, 승정원, 춘추관 등을 거칩니다. 중앙 부서뿐만 아니라 청주 목사, 황해도 관찰사 등 백성이 삶을 꾸려가는 현장에서도 근무했습니다. 이러한 다양한 경험을 바탕으로 호조 판서, 병조 판서, 이조 판서 등의 막중한 직책을 맡았고, 남들보다 뛰어난 현실 인식을 바탕으로 개혁의 선봉장에 서게 됩니다.

시대의 천재 이이, 개혁을 부르짖다.

다들 이이는 장원 급제 이후 관직에 올라 29살에 호조 좌랑을 시작으로 48세에 이조 판서까지 20년 동안 국가 요직을 두루 겸했습니다. 하지만 이이의 관직 생활은 결코 순탄치 않았습니다. 이이가 현실에 순응하는 관리가 아닌 현실 문제를 고민하고 잇달아 상소를 올리는 치열한 개혁을 외치는 관리를 선택했기 때문입니다.

여러분들은 회사 대표에게 거침없는 직언을 할 자신이 있나요? 회사를 그만두겠다는 마음을 먹었더라도 쉽지 않을 것입니다. 이이는 자신의 안위나 출세는 전혀 고려하지 않고, 오로지 나라를 위해 충언을 아끼지 않았습니다. 1574년 1월 39살의 이이는 선조에게 조선의 현실을 진단하고 개혁을 주장하는 상소문을 올렸습니다.

"지금 국가의 형세를 비유하자면 마치 만 칸이나 되는 큰 집을 오래도록 수리하지 않은 것과 같습니다. 크게는 들보에서부터 작게는 서까래에 이르기까지 썩지 않은 것이 없는데, 서로 떠받치며 지탱하여 근근이 하루하루를 보내고 있지만 동쪽을 수리하려 하면 서쪽이 기울고 남쪽을 수리하려 하면 북쪽이 기울어 무너져 버릴 형편이라서, 여러 목수들이 둘러서서 구경만 하고 어떻게 손을 써야 할지 모르는 형편과 같습니다."

「만언봉사」

이이는 1만 2천자가 넘는 상소문을 올려 조정과 사회의 잘못된 점을 지적하고, 오래 전부터 내려오던 법을 지금의 실정에 맞추어 다 바꾸자고 주장했습니다. 상소문 말미에는 백성들의 기운이 이미 쇠퇴하여 10

년이 못 가서 화란이 일어날 것을 경고하고, 정성으로 개혁을 추진하라고 촉구합니다. 또한 자신은 나라의 이익이 된다면 끓는 가마솥이나 도끼에 목이 잘린다고 해도 피하지 않을 것이라는 결연한 태도를 보였습니다.

이이는 「만언봉사」를 올리기 5년 전에 『동호문답』을 저술하여 선조에게 갖다 바치기도 합니다. 이이는 선조의 명으로 세종 때 만들어진 유급 휴가 제도 사가독서를 하게 됩니다. 휴가 대신 꾸준히 연구에 전념하여 왕이 올바른 정치를 하는데 꼭 지켜야 할 요목을 문답 형식으로 적은 『동호문답』을 저술합니다. 이 책에서 이이는 임금은 훌륭하고 어진 신하들의 등용을 거듭 촉구합니다.

> "현신들을 등용해 폐법을 혁신하고 백성들을 구제하며, 언로를 넓히시어 누구의 말이든지 좋은 말은 항상 받아들여야 합니다. 경제적으로 부유하고 평화롭게 된 후에 윤리·도덕을 교육시켜야 합니다."
>
> 『동호문답』

이이의 노력은 헛되지 않습니다. 선조는 이이의 직언을 어느 정도 수용하여 훌륭하고 충직한 신하들을 기용했습니다. 선조는 유성룡, 이항복, 이덕형, 이원익, 이순신, 권율 등의 인재를 과감하게 등용하여 임진왜란을 이겨내고, 국가를 재건할 수 있었습니다.

이이가 끊임없이 상소문과 책을 지어 선조에게 바친 이유가 있습니다. 선조는 즉위와 동시에 기존의 훈구 세력을 멀리하고 사림 세력을 대거 기용했습니다. 이때부터 사림 세력이 정국을 주도합니다. 하지만 사림 세력은 정치 개혁의 방향을 둘러싼 대립으로 동인과 서인으로 나뉘게 됩니다. 동인은 이황과 조식, 서경덕의 학문을 계승한 신진 세력이 다수 참여하였고, 서인은 이이와 성혼의 문인이 많이 가담했습니다. 사림 세력은 학문적 경향과 정치적 이념에 따라 붕당을 형성하게 된 것입

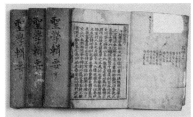

성학집요 + 율곡전서

니다. 이이는 동인과 서인 사이에서 중립적인 입장을 취하며 양측을 중재하고자 노력했습니다. 조선의 장래를 위해 양쪽을 화해시키고자 직접 나섰던 것입니다. 하지만 이이는 동인 계열에서는 서인으로 지목받고, 서인 계열에게도 별로 환영받지 못하는 상황에 처합니다.

이이는 혼란한 정치 상황 속에서 임금의 역할이 중요하다고 여겼습니다. 만사의 중심에 있는 임금이 확고하지 않고서는 붕당을 막을 수도 어떠한 개혁도 이루어질 수 없음을 깨달았기 때문입니다. 그래서 이이는 「만언봉사」를 올린 지 1년 후 『성학집요』를 지어 선조에게 바쳤습니다. 『성학집요』는 선조가 도덕·학문·능력을 완전하게 갖춘 훌륭한 성군이 되기 위해 필요한 학문의 요점을 모은 책입니다.

오늘날 이이를 높게 평가하는 것은 조선 최고의 경세학자이기 때문입니다. 일생을 오로지 국가와 백성을 위해 경장책을 제시했습니다. 경장은 거문고의 줄을 고쳐 단단히 맨다는 뜻으로 정치·사회적으로 묵은 제도를 개혁하여 새롭게 하는 방책을 말합니다. 이이는 어떤 경장책을 제시했을까요?

정치 분야에서는 과거 제도 이외에 다른 방법으로 뛰어난 인재를 선발할 것, 적재적소에 인재를 배치하되 그 일을 전문적으로 할 수 있도록 할 것, 국가 적폐를 척결할 수 있도록 정치 기구인 경제사를 설립할 것, 중앙과 지방의 관직을 통폐합하여 작은 정부를 실현할 것 등을 제안하였고, 경제 분야에서는 정부의 지출 축소와 세금 확대를 통한 국가 재정의 확충, 수령과 서리들의 착취 근절, 진상의 축소와 공물과 방납의 폐단 시정 등을 제시했습니다.

정말 놀랍지 않나요? 16세기 이이가 제안한 개혁은 지금도 필요한 것들이 대부분입니다. 더 놀라운 것은 이이의 각종 폐단 시정을 위한 여러 개혁안은 왕이나 관리를 위한 것이 아니라 모두 백성을 위한 것이었습니다.

"제도 개혁을 단행하고, 실사(實事)에 힘쓰며, 백성이 편안히 살수 있는 방책을 마련해야 한다."

「만언봉사」

"임금이 있으려면 나라가 있어야 하고 나라가 있으려면 백성이 있어야 한다. 임금은 백성을 하늘처럼 여겨야 하지만 백성이 하늘로 여기는 것은 먹을 양식이다."

『성학집요』

이이는 백성들에게 유리하고 백성들이 편리한 방향으로 개정하는 것을 개혁의 표준으로 여겼습니다. 그 대표적인 예가 바로 수미법입니다.

조선은 각 지방의 백성들이 특산물을 현물로 납부하는 공납이 국가 수입의 약 60%를 차지할 정도로 비중이 컸습니다. 그런데 16세기에 하급 관리나 상인들이 대신 공물을 국가에 내고, 그 대가를 비싸게 책정하여 농민에게 받아내는 방납의 폐단이 나타났습니다. 쉽게 설명하면 30년 넘게 사과 농사를 한 농부가 갑자기 바닷가에 있는 전복을 공물로 갖다 바쳐야 하는 일이 벌어진 것입니다. 농부는 지정된 공물인 전복을 타지방에서 사다가 바치거나 혹은 서울로 와서 상인들에게 사서 바쳐야 했습니다.

이이는 공납의 폐단을 정확하게 진단했습니다. 특산물은 수시로 달라지는 것인데 현재 조선 초기에 정한 것을 그대로 답습하고 있으며 지금 여러 지방에서 징수되는 공물은 그 지방에서 산출되지 않는 것이 많다고 지적했습니다. 또한 상인들과 관리들의 중간착취 문제점도 지적하면서 백성들의 고통을 언급했습니다.

> "마치 나무에서 물고기를 구하고, 배를 타고 짐승을 사냥하는 것과 같다."
>
> 『동호문답』

> "진상이 번잡하여 전 도의 가난한 백성들이 날마다 사냥을 하고 물고기를 잡아서도 그것을 받칠 수 없기 때문에 밭이 묵어도 김을 매지 못하며 집이 무너져도 수리하지 못하게 되어 정처 없이 떠돌며 음식을 구걸하고 있다."
>
> 『동호문답』

이이는 공납의 문제점을 개선하기 위해 공물을 쌀로 거두는 수미법을 주장합니다. 농민은 특산품 대신에 쉽게 구할 수 있는 쌀을 관청에 바치고, 관청은 그것으로 필요한 물건을 구하여 서울에 가져다 바치도록 하자는 것입니다. 이렇게 하면 백성들은 과중한 공납 부담에서 벗어나게 될 것이고, 관청은 강제로 농민들에게 공물을 징수하는 폐단이 없어져 자연스럽게 공납의 문제가 사라진다고 보았습니다. 수미법은 받아들여지지 않지만 훗날 광해군 대에 종래의 공물 납부 방식 대신 토지의 결수에 따라 쌀, 삼베나 무명, 동전 등으로 납부하는 대동법 시행의 밑거름이 됩니다.

이이는 시대 상황에 적합한 제도와 법을 만들어 개혁을 펼치고자 했습니다. 개혁의 시작과 끝은 항상 백성들이 처한 삶의 문제 해결이었습니다. 그런데 당대에 이이의 개혁안은 왜 받아들여지지 않았을까요? 당시 조정 대신들은 현실에 안주하며 이이의 개혁안을 반대했습니다. 선조는 신하들의 의견을 외면하지 못한 채 이이의 개혁안을 물리쳤고, 더나아가 이이에 대해 비판적인 태도를 보이기도 합니다.

이런 조정의 반응에 이이는 현실 정치에 대한 좌절과 함께 더 이상 개혁이 불가능함을 깨닫자 미련 없이 관직에서 물러났습니다. 이이의 시간은 끝나는 걸까요?

이이, 십만 양병설을 주장하다.

이이는 41살의 나이에 정계 은퇴를 한 후 파주 율곡리로 향했습니다. 조정으로부터 다시 여러 벼슬을 받았으나 모두 사양하고, 후학 양성과 저술 활동에 힘썼습니다. 선조의 끊이지 않는 부름을 계속 거절할 수 없어 45살의 나이에 다시 조정으로 나아가게 됩니다. 이때 한 제자가 출사의 이유를 묻자 다음과 같이 답합니다.

"나는 은자의 무리가 아니고 경학의 구신이다."

『율곡전서』

이이는 스스로를 벼슬을 하지 않고 숨어 사는 은자가 아니라 경연에서 경전을 강론하는 신하인 경학의 구신이라 대답합니다. 이이는 늘 왕과 나라를 걱정하며 어느 때든 계기가 주어지면 출사할 수 있다는 생각을 밝힌 것입니다.

조정으로 돌아온 이이는 변함없이 여러 개혁을 주장했습니다. 또한 자신이 벼슬길에 오른 이후 조정에 올린 개인적인 의견 중 요점만 정리하여 훗날 법이 될 만한 것을 모아 『경연일기』를 집필했습니다. 1565년 명종 대부터 시작하여 1581년 선조 대에 이르기까지 17년 간의 일을 손수 기록하여 3권의 책으로 만든 것입니다.

이이는 군사 업무를 총괄하던 병조의 최고 관직 병조 판서를 맡자 장차 다가올 국난을 내다보고 「육조계」라는 상소문을 선조에게 바칩니다. 이 무렵 한때 국민 상식처럼 인용된 이이의 '10만 양병설'이 등장합니다.

> "이어가 일찍이 경연에서 '미리 10만의 군사를 양성하여 앞으로 뜻하지 않은 변란에 대비해야 한다.'고 말하자, 유성룡은 '군사를 양성하는 것은 화근을 키우는 것이다.'라고 하며 매우 강력히 변론하였다."
>
> 『선조수정실록』

위의 대화는 선조와 국사를 논하는 경연 자리에서 나온 것입니다. 이이는 10만 양병설을 주장했는데, 선조는 대답이 없고 유성룡은 강하게 반대하여 무산되었다는 것입니다. 이후 임진왜란이 발발하자 유성룡은 뒤늦게 후회하면서 이미 세상을 떠난 이이를 성인으로 칭송하였다는 이야기가 전해집니다.

임진왜란을 다룰 때 이이의 10만 양병설은 자주 언급됩니다. 만약 이이의 예견처럼 일본 침략에 대응할 수 있는 10만 군사를 양성했다면 임진왜란 당시 허무하게 패전을 거듭하는 상황은 발생하지 않았을 것이라는 아쉬움 때문일 것입니다.

저와 같은 세대이거나 더 윗세대인 분들은 학창 시절 교과서에서 10만 양병설을 배웠을 것입니다. 그런데 현재 한국사 9종 교과서는 이이의 업적을 3줄의 문장으로 서술하는데 10만 양병설은 언급하지 않습니다. 그 이유는 지금도 10만 양병설을 놓고, 진위 논란이 벌어지고 있기 때문입니다.

이이의 10만 양병설은 생전에 남긴 상소문이나 저서에서는 확인할 수 없습니다. 대신에 이이 주변 인물과 후대의 학자들이 쓴 문헌에 10만 양병설이 등장합니다. 이이가 죽은 후 그의 제자 김장생이 쓴 『율곡행장』에서 처음 10만 양병설이 등장합니다. 이후 김장생의 제자 송시열이 쓴 「율곡연보」에서 10만 양병설에 대한 구체적인 내용이 서술됩니다. 그런데 조선의 공식 기록물인『선조실록』에는 이이의 10만 양병설을 찾을 수 없지만,『선조수정실록』에는 이이의 10만 양병설이 기록되어 있습니다.

이이의 10만 양병설을 놓고 왜 이렇게 기록들이 복잡하게 뒤엉켜 있는 걸까요? 답은 앞서 잠깐 언급한 동인과 서인의 갈등에서 찾을 수 있습니다. 이이가 사망할 무렵 동인과 서인은 서로 상대 당파를 원수처럼 여기고 치열하게 다투었습니다. 이이는 어느 당파에도 치우치지 않고 중재에 힘썼지만 오히려 동인에 의해 서인의 영수로 지목을 받습니다. 그만큼 이이에 대한 동인들의 적대감은 컸습니다.

이이가 세상을 떠난 지 24년 후 선조의 뒤를 이어 광해군이 즉위합니다. 이때 선조 시대를 정리하는『선조실록』이 편찬합니다. 실록은 전임 왕에 관한 기록이므로 후대의 왕 시절 어떤 세력이 집권하는가에 따라 서술에 큰 영향을 미쳤습니다. 광해군 대의 집권 세력은 동인 중에서도 강경파인 북인이었습니다. 북인의 주도하에서 편찬된『선조실록』은 반대당인 서인들에 대해 적대적이고 부정적인 서술을 곳곳에서 볼 수 있습니다.

광해군은 인조반정으로 폐위를 당합니다. 인조가 왕위에 오르자 다시 서인이 집권합니다. 권력을 장악한 서인은 기존의『선조실록』은 그대로 두고 내용을 수정 보완한『선조수정실록』을 편찬합니다. 서인들이 주도한『선조수정실록』에는 이이의 10만 양병설이 기록되었고, 이이는 미래를 바라보는 혜안을 지녔던 학자이자 정치가로 그 모습이 선명하게 부각됩니다.

그렇다면 10만 양병설은 진실일까요? 거짓일까요? 먼저 10만 양병설을 진실이라고 믿는 학자들을 주장을 보겠습니다. 이들은 10만 양병설이 최초로 등장한 김장생의『율곡행장』이 임진왜란이 발발한 지 6년, 이이가 사망한 지 13년이 지난 시기에 쓰여진 것에 주목합니다. 당시 유성룡은 권력 2인자인 영의정인 동시에 전국의 장군을 총괄하는 도체찰사인데 일개 하급 관리인 김장생이 '이이의 10만 양병설을 유성룡이 반대했다'는 허위 내용을 쓸 리가 없다는 것입니다. 이외에도 선조가 버젓이 살아있는데 당대의 왕을 끌어들여 위조 기록을 작성하고 공개하는 것은 불가능하다는 것입니다. 심지어 후대에 효종, 숙종, 영조, 정조 등의 왕과 주요 신하들이 이이의 10만 양병설을 유비무환의 상징으로 거론하는 내용이 실록에 숱하게 등장한다는 것입니다.

여기까지만 보면 이이의 10만 양병설은 진실처럼 보입니다. 어떤 일이든 항상 양쪽 말을 들어보아야 합니다. 10만 양병설을 거짓이라고 믿는 학자들은 주장은 간단합니다. 10만 양병설 같은 중대한 발언이 이이 본인의 저서에는 전혀 없는데 제자들의 기록에서만 나온다는 것이 말이 안 된다는 것입니다. 10만 양병설이 『선조실록』에는 없고, 『선조수정실록』에 사관의 논평 형식으로 실려 있는 것에 주목합니다. 『선조수정실록』은 이이의 제자들인 서인이 정권을 장악한 후 편향적인 서술과 함께

율곡 이이 묘

왜곡이 많다는 것입니다. 끝으로 선조 대에 조선 인구는 230만 명으로 추정하는데, 여기서 10만 명을 군사로 조직하여 유지하는 것은 당시 인구 구성비로 보나, 국가 예산으로 보나 불가능하다는 것입니다. 여러분들은 어느 쪽 주장이 맞는 것 같나요?

이이는 다시 관직에 나온 지 5년 채 되지 않은 1584년 1월 16일 49세의 이른 나이에 생을 마감합니다. 임진왜란이 발발하기 8년 전입니다. 조선 시대를 통틀어 이이만큼의 문제의식과 시대적 위기의식을 가진 사람은 없었습니다. 조선의 현실을 그 누구보다 앞서 지적하고 위기를 타개할 구체적인 정책을 제시했던 율곡 이이, 지금 우리가 그를 잊지 않고 떠올려야 하는 이유가 아닐까 싶습니다.

오죽헌

강릉을 대표하는 모자, 이이와 신사임당

이제 오천원권 뒷면을 살펴볼까요? 오천원권 뒷면의 도안 소재인 〈신사임당 초충도병〉를 보고 당황했을 것입니다. 〈신사임당 초충도병〉은 오만원권에서도 본 그림이기 때문입니다. 〈신사임당 초충도병〉은 오만원권의 이야기를 하면서 다루도록 하겠습니다.

지금 우리가 사용하는 오천원권은 2006년 1월 2일에 발행된 지폐입니다. 오천원권은 총 5번의 변화를 겪는데 앞면 도안 소재는 줄곧 율곡 이이였습니다. 그런데 뒷면 도안 소재는 약간의 변화를 겪습니다. 1972년 처음 발행된 오천원

오천원권 지폐

권의 뒷면 도안 소재는 한국은행 본관이었습니다. 이후 1977년, 1983년, 2002년에 발행된 오천원권 뒷면 도안 소재는 오죽헌이었습니다. 오죽헌은 30년 가까이 오천원권 뒷면의 주인공이었습니다.

다시 오천원권 지폐 앞면을 펼쳐볼까요? 이이의 생애를 다룰 때 그냥 넘어간 도안 소재가 있습니다. 이이 인물 초상 좌측에 조그마한 건물과 그 뒤로 대나무가 보이나요? 이 건물은 오죽헌에 있는 이이가 태어난 몽룡실입니다. 또한 오죽헌은 검은 대나무 집이라는 의미로 대나무 숲이 조성되어 있습니다. 좀 더 본격적으로 이야기해볼까요? 구 오천원권의 뒷면 소재인 오죽헌이 있는 강릉으로 떠나보겠습니다.

오늘날 강릉은 커피의 고장으로 불리며 여행객들의 입을 즐겁게 해주고 있습니다. 조선 시대에 강릉은 문장과 덕행이 뛰어난 인물을 많이 배출한 문향(文鄕)이었습니다. 『신증동국여지승람』 풍속조에는 '강릉의 자제들은 어려서부터 책을 끼고 스승을 따라 글을 배우는데 글 읽는 소리가 마을에 가득 찼고 배움에 게으른 자는 함께 나무라며 꾸짖었다'는 기록이 있을 정도였습니다.

문향 강릉을 대표하는 인물이 있습니다. 바로 신사임당과 율곡 이이입니다. 이 두 모자가 태어난 역사적인 건축물이 강릉시 죽헌동에 있는 오죽헌입니다. 오죽헌은 조선 초기에 지어진 사대부 집안의 별당으로, 여기서 별당은 주택의 본 건물과 떨어져 별채로 지어진 건물을 말합니다.

오죽헌의 역사적 가치와 의미도 중요하지만 조선 초기에서 후기로 넘어가는 사회사적 변화상을 모두 파악할 수 있는 소중한 문화유산이라는 의의가 있습니다. 조선 초기는 부계와 모계가 함께 중시되면서 여성의 가정 내 지위가 상당히 높았습니다. 재산의 상속도 자녀 균분 상속을 원칙으로 하여 딸과 아들이 대등한 권리를 가졌습니다. 결혼 후에도 부부의 재산은 어느 한쪽에 일방적으로 합병되지 않았고, 다음 세대에 상속

오죽헌 정문

될 때도 그 출처를 분명히 구분했습니다. 이에 따라 아들과 딸은 부모에 대한 봉양과 제사의 의무를 동등하게 부담했습니다.

오죽헌은 조선 초기 자녀 균분 상속의 풍습을 잘 보여주고 있습니다. 자녀 균분 상속에서 장자 중심 상속으로 재산을 나누는 방식이 변화하는 17세기까지 오죽헌은 딸, 즉 사위와 외손에게 상속된 집이었습니다. 오죽헌은 조선 초기 세종 대의 문신이었던 최치운의 둘째 아들 최응현이 처음 지은 것으로 전해집니다. 최응현과 부인 영양 남씨 사이에는 5명의 아들과 6명의 딸이 있었습니다. 6명의 딸 중에 용인 이씨 이사온과 결혼한 둘째 딸 강릉 최씨가 오죽헌을 상속받습니다. 이사온과 강릉 최씨 사이에는 무남독녀 용인 이씨 뿐이었습니다. 용인 이씨는 신명화와 혼인하였고, 어머니 강릉 최씨가 상속받은 오죽헌을 다시 상속받습니다.

신명화와 용인 이씨 사이에는 아들이 없이 딸만 5명이 있었는데 둘째 딸이 신사임당입니다. 오죽헌은 신사임당, 이이도 아닌 넷째 딸의 사위 안동 권씨 권화의 아들 권처균에게 상속됩니다. 외손자에게 오죽헌을 물려준 것입니다. 권화는 딸만 있었던 신명화의 넷째 딸과 혼인하면서 데릴사위가 됩니다. 오죽헌 근처에 집을 짓고 살면서 처가의 살림을 도맡으며 아들 역할을 대신한 것입니다. 권화에게 아들은 권처균 뿐이었습니다. 이에 신명화와 용인 이씨는 강릉에 거주하면서 자신 내외의 묘를 돌볼 수 있는 외손자 권처균에게 오죽헌을 상속한 것입니다.

오죽헌은 권처균 이후 더 이상 사위 쪽으로 상속되지 않고, 권처균의 후손인 안동 권씨 문중에서 관리하게 됩니다. 이는 조선 후기인 17세기 이후 성리학적 생활 규범이 정착되면서 점차 부계 중심의 가족 제도가 강화된 것을 보여줍니다.

오죽헌이라는 이름은 신사임당과 이이가 아닌 권처균과 관련이 있습니다. 권처균은 외할머니로부터 물려받은 집 주위에 까마귀와 같은 검은 대나무가 무성한 것을 보고 자신의 호를 오죽헌이라고 지었는데 그것이 오늘날의 오죽헌이 된 것입니다.

이제 오천원권 지폐 앞면의 도안 소재가 그냥 대나무가 아니라 오죽헌을 감싸는 검은 대나무 오죽인 것을 눈치 챘을 것입니다. 만약 오죽헌을 갈 기회가 있다면 뒤뜰 정원으로 나가보는 것을 추천 드립니다. 검은빛이 도는 대나무에 둘러싸이는 경험을 하게 될 것입니다. 지금부터 본격적으로 오죽헌에서 이이의 흔적과 자취를 찾아보겠습니다.

오죽헌 대나무

율곡 이이의 흔적이 고스란히 담긴 오죽헌

오늘날 강릉에 온 가족이 함께 왔다면 아이들을 위해 꼭 방문하는 곳이 있습니다. 조선 최고의 팔방미인 신사임당과 조선 최고의 성리학자 이이가 태어난 오죽헌입니다. 저도 초등학생 시절 부모님 손에 이끌려 반강제로 오죽헌을 방문하였던 기억이 있습니다.

이제 다시 오천원권 지폐를 꺼내볼까요? 이이 초상 좌측에 하나의 건물이 보일 것입니다. 이 건물은 오죽헌 안에 있는 몽룡실입니다. 오천원권 지폐 앞면의 도안 소재로 이이와 몽룡실이 함께 선정된 이유가 있습니다. 신사임당은 이이를 낳을 때 검은 비늘에 금빛 목걸이를 목에 두른 용이 동해 바다로부터 불쑥 날아와 방 안으로 들어오는 태몽을 꾸었다고 합니다. 그래서 신사임당은 이이의 어릴 적 이름을 이현룡으로 지었고, 방 이름을 몽룡실이라 불렀습니다. 이현룡에서 이이로 이름이 바뀐 것은 11살이 되어서입니다. 다시 말해 몽룡실은 신사임당이 이이를 낳은 곳이자, 이이가 태어난 곳입니다.

오죽헌 몽룡실

몽룡실을 몰랐더라도 율곡 이이를 떠올리면 가장 먼저 강릉 오죽헌이 생각날 것입니다. 그런데 이이의 생애와 깊은 관련이 있는 지역은 이이가 태어났던 외가가 있었던 강릉 오죽헌, 이이의 처가가 있던 황해도 해주의 석담, 이이의 본가가 있던 경기도 파주의 율곡리로 총 세 곳입니다. 만약 이이가 3곳 중 단 1곳만을 선택해야 한다면 1순위는 파주의 율곡리가 될 것입니다.

이이에게 삶과 철학의 주 무대는 파주의 율곡리입니다. 이이가 임금이나 조정에서 자신의 뜻을 수용하지 않을 때 물러나 거처한 곳이자 또한 사랑하는 어머니이자 유일한 스승이었던 신사임당이 묻혀 있는 곳입니다. 더 나아가 자신과 후손들이 사후 몸을 눕힐 땅이기도 했습니다. 이이가 자신의 호를 파주 율곡리의 지명을 그대로 따 율곡이라 부른 것은 어찌 보면 당연한 일입니다. 그렇다고 이이에게 오죽헌이 소중하지 않다는 것은 아닙니다.

이이는 오죽헌에서 태어
나 외가에서 유년 시절을
보냈고, 서울로 상경한 이
후에도 어머니 신사임당과
함께 강릉을 자주 오갔습
니다. 그러던 중 신사임당
은 자신의 어머니 용인 이
씨보다 먼저 세상을 떠났

조선 후기 이이를 추모하기 위해 창건된 파주의 자운서원

습니다. 이이는 신사임당 사후에도 외할머니 용인 이씨를 보기 위해 자
주 강릉을 오갔습니다. 이이에게 오죽헌은 힐링의 장소이자 고향집과도
같았습니다.

이이의 외할머니에 대한 애정과 효심은 남달랐습니다. 1568년 이이
는 이조 좌랑에 재직할 때 외할머니가 편찮다는 전갈을 받습니다. 이이
는 외할머니 간병을 위해 벼슬을 버리고 강릉으로 떠났습니다. 조정 신
하들은 외할머니를 보살피기 위해 직책을 버리고 가는 것은 법전에 실
려 있지 않아 직무 유기에 해당하므로 이이를 파면시킬 것을 건의했습
니다. 당시 왕이었던 선조는 외할머니를 위하는 것도 효행이라 하면서 이
이를 파면하지 않았고, 오히려 이듬해에 홍문관 교리직으로 임명합니다.

이이는 강릉에서 외할머니 간병 도중 관직에 임명되자 두 번에 걸친
사퇴 상소문을 올립니다. 이이의 상소문을 보면 눈물을 적신 분들도 있
을 것입니다. 이이가 말하는 사퇴 이유는 단 하나 강릉에 있는 90세 외
할머니의 병간호를 위한다는 것입니다.

"생각하옵건대, 소신은 갓난 아이 적 강릉 외가에서 자랐는데,
외조모 이씨께서 쓰다듬고 안아주며 자상히 돌봐 주시는 지극한

은혜와 사랑을 받았습니다. 신은 일찍이 어머니를 잃었기 때문에 그 분을 어머니처럼 받들었고, 외조모는 아들이 없었기 때문에 신을 자식처럼 의지하시며 뒷날의 일을 의탁하셨습니다. 명목은 비록 외조모와 외손이라 하지만 정은 사실 모자입니다.”

『율곡전서』

“만일 신이 서울에서 벼슬자리에 있게 된다면 이것은 곧 외조모와 영원히 결별하게 되는 것입니다. 나이가 이미 많으신 데다 병환이 떠날 날이 없고, 누런 머리는 다 빠지고 검버섯이 등에 가득 났으며 가는 숨만이 실처럼 끊이지 않고 있으니 돌아가실 날도 아침이 아니면 저녁인 형편입니다. 신을 사랑하심이 너무 지나쳐 신이 만약 서울에 있게 된다면 신을 생각하느라 병환이 더해질 것입니다.”

『율곡전서』

당시 이이는 관직 생활을 하며 녹봉을 받지 못하면 가족의 생계를 꾸리기가 힘들 정도로 집안 형편이 좋지 않았습니다. 그럼에도 불구하고 벼슬에서 물러나 병간호를 하였던 것입니다. 이이의 극진한 병간호에도 불구하고 1569년 외할머니는 세상을 떠났고, 1570년 다시 관직에 임명되어 서울로 향하게 됩니다.

몇 년 전 저는 강릉 오죽헌에서 방송 촬영을 한 적이 있습니다. 스태프 중 한 분이 “은쌤 조선 시대에도 지금처럼 사람들이 오죽헌을 많이 방문했나요?”라고 질문을 한 적이 있습니다. 질문에 대한 저의 답변은 편집되어 방송에 나가지 못했지만, 누구나 한번 쯤은 궁금해할 질문인 거 같아 이야기해보겠습니다.

조선 시대는 유람문화가 크게 유행했습니다. 사대부들은 학문의 발전과 성취를 위해 일생에 한 번쯤은 결행해야 할 문화 행위가 유람이었습니다. 유람 문화의 핵심은 유람지에 있는 명현의 자취를 찾는 것이었습니다. 이러한 전통 속에서 청량산은 이황, 지리산은 조식 등과 같이 일찍부터 명현에 의한 인물 명소가 많이 부각되었습니다.

강릉 오죽헌도 이이의 인물 명소로 사대부들이 인식했습니다. 오죽헌 방명록인 『심헌록』에 기록된 방문자들만 1662년부터 1932년까지 270여 년 동안 1,149명에 이릅니다. 그런데 오죽헌은 이이가 태어나고 유년 시절을 보냈지만 그곳에 머물면서 후학을 양성한 적은 없습니다. 큰인기를 끌기에는 약간 부족한 면이 있지만 조선 후기에 접어들면서 오죽헌은 조선을 대표하는 명소가 된 것입니다. 도대체 무슨 일이 있었던걸까요?

조선 후기 사대부들 사이에서 아름다운 금강산과 강원을 중심으로 한 동해안에 있는 8개소의 명승지 관동 팔경을 유람하는 것은 동경의 대상이었습니다. 이러한 상황 속에서 관동팔경 중 으뜸으로 치는 경포대를 둘러본 후 근처에 있는 오죽헌을 방문하는 것이 하나의 유람 코스가 됩니다. 경포대가 인기를 끌면서 자연스럽게 오죽헌을 방문하는 사대부도 급증했던 것입니다. 오늘날에도 경포대를 먼저 본 후 오죽헌을 방문하는 관광객이 많습니다.

강릉 오죽헌이 조선 사대부들의 이목을 집중시키게 만든 인물이 있습니다. 바로 그 이름만으로도 존경과 자부심의 대상이 되는 왕, 정조입니다. 이이가 세상을 떠난 지 200년 후인 1788

강릉 경포대

년 정조는 강릉 오죽헌에 이이가 손수 쓴 『격몽요결』 초본과 어린 시절 사용한 벼루가 있다는 소식을 듣고, 속히 가져오라는 어명을 내립니다.

"이이가 손수 쓴 『격몽요결』을 가져오게 하여 살펴보았더니, 점획(點畫)이 새로 쓴 듯 처음과 끝이 한결같아 총명하고 순수한 뛰어난 자질과 비가 갠 뒤의 바람과 달처럼 깨끗한 기상을 책을 펼치는 순간부터 느낄 수 있었다."

『홍재전서』

정조의 모습을 보면 오늘날 인기 아이돌의 음반과 굿즈를 사는 열혈 팬이 떠오르지 않나요? 정조는 오래전부터 이이를 흠모하고 오죽헌에 각별한 관심을 가진 열혈 팬이었습니다. 관동 지역에 파견할 암행어사를 따로 불러 오죽헌의 유풍이 아직도 전해지고 있고, 이이의 행적이 있는 곳임을 강조하면서 인재를 발굴하라는 명을 내리기도 합니다. 더 나아가서 정조는 관동의 유생들에게 시험을 보게 하고 직접 채점하여 인재를 선발하기도 합니다. 또한 오죽헌 주인의 후손들을 위해 따로 시험을 만들거나 시험을 치러 한양으로 올 때 식량 제공을 하고, 말과 배를

정조의 글씨가 들어간 이이의 『격몽요결』

탈 수 있는 증서를 주기도 합니다.

정조는 오죽헌에서 가져온 이이의『격몽요결』과 벼루는 어떻게 했을까요? 정조는 친히『격몽요결』에 서문을 적습니다. 정조는『격몽요결』은 유학의 기본을 알기 위한 첫걸음이라고 그 가치를 높이 평가함과 동시에 이이에 대한 애정을 숨기지 않았습니다.

> "그 사람을 사모하면 반드시 그의 글을 읽고 그의 글을 읽으면 반드시 그 마음을 탐구하니 그 마음을 미루어 그 사람을 알게 된다."
>
> 『격몽요결』,「정조 서문」

정조는 이이가 어린 시절 사용했다는 벼루도 가만히 두지 않습니다. 이 벼루는 가로 9.1㎝, 세로 16.1㎝, 두께 0.8㎝로 아래 위에 매화 가지가 입체적으로 조각되어 있습니다. 정조는 벼루에다 작심한 듯 드러내 놓고 이이를 찬양하는 글을 새깁니다.

무원 주자의 못에 적셔 내어 공자의 도를 본받아 널리 베풂이여.
율곡은 동천으로 돌아갔건만 구름은 먹에 뿌려 학문은 여기에
남아 있구려.

오천원권 지폐 속 이이의 벼루   율곡 이이의 벼루 앞면   율곡 이이의 벼루 뒷면

앞 구절은 주희가 자신의 고향인 무원의 연못물로 먹을 갈고 성리학을 세상에 펼쳤다는 내용입니다. 뒷 구절은 율곡은 이미 세상을 떠났지만 그가 남긴 학문과 업적은 지금까지 남아있다며 경이를 표하는 내용입니다. 정조의 예견대로 이이의 학문은 오늘날 우리에게까지 전해내려고 있습니다. 한편, 이이가 사용한 벼루는 1983년부터 2016년까지 사용된 구오천원권 앞면의 도안 소재가 되기도 합니다.

정조는 자신이 직접 글을 쓴 『격몽요결』과 벼루를 강원도 관찰사에게 전해주면서 오죽헌에 전각을 지어 소중하게 보관하도록 명합니다. 이때 오죽헌에 만들어진 전각이 어제각입니다. 정조의 이이에 대한 애정과 그의 유품에 대한 어제어필 하사는 당대 최고의 화제 거리였습니다. 당연히 오죽헌을 방문하는 사대부 수는 급격히 늘어나게 됩니다. 오죽헌은 조선 최고의 성리학자로 추앙받던 이이의 명성에 정조의 오죽헌에 대한 각별한 관심이 더해져 전국적으로 유명한 인물 명소로 거듭난 것입니다. 오죽헌의 명성은 지금까지 그리고 앞으로도 계속 이어질 것입니다.

어제각(좌), 어제각 내의 벼루와 『격몽요결』(우)

지금도 오죽헌을 방문하면 어제각에서 정조의 글씨를 담은 『격몽요결』(원본은 강릉시립박물관에 보관 중)과 벼루를 볼 수 있습니다. 혹시 아직 다가올 휴가를 어디서 보낼지 정하지 않았다면 강릉으로 떠나보는 것은 어떨까요? 멋과 운치가 묻어나는 강릉에서 사랑하는 연인과 가족들과 함께 의미 있는 시간을 보낼 수 있을 것입니다.

이황과 이이의 역사적 만남

동양에서 춘추전국 시대에 공자·노자·묵자 등이 쟁론을 벌이고, 서양에서 소크라테스·플라톤·아리스토텔레스가 활동한 기원전 400년 전후 수백 년을 축의 시대(Axial age)라고 부릅니다. 이와 비슷한 시대가 한국에도 있습니다. 조선 시대 퇴계 이황과 율곡 이이, 고봉 기대승이 활동한 1500년대와 다산 정약용, 연암 박지원, 추사 김정희 등이 활동한 1800년 전후입니다.

이황과 이이는 같은 16세기를 살았지만 35년이라는 연령차가 있습니다. 이 정도의 차이를 별 것 아닌 것처럼 생각할 수 있지만 당시 긴박했던 사정을 보면 그렇지 않습니다. 이황은 사화가 벌어졌던 시기에, 이이는 사림 세력의 집권을 전후하여 활동했습니다. 이황은 이이의 앞 시대를 산 인물입니다. 그렇다보니 학문과 정치에 대한 관점과 시각, 즉, 입장 차이가 있을 수밖에 없었습니다.

조선 성리학의 두 거두 이황과 이이는 서로 만났던 적이 있을까요? 둘의 역사적인 만남은 1558년 23세의 이이가 58세의 이황을 찾아가면서 이루어집니다. 앞서 보았지만 이이는 16살 어린 나이에 어머니 신사임당을 잃고, 약 1년 동안 금강산에서 불서를 접합니다. 하산한 지 3년이 지난 이이는 처가집이 있는 경상도 성주에서 신혼 인사차 강릉의 외할머니 댁으로 가는 도중 안동에 들려 이황을 찾아가게 됩니다.

둘의 첫 만남은 이이가 남긴 『율곡전서』의 「쇄언」에서 자세히 볼 수 있습니다. 쇄언은 자잘한 말이란 뜻으로 이이가 이황을 만나 묻고 답한 것이 자잘한 것에 지나지 않는다고 겸손하게 표현한 것입니다. 「쇄언」은 이이가 이황을 찾아가서 만났을 때 주고받은 시와 이야기, 그리고 첫 만남 직후에 주고받은 시와 편지의 주요 부분이 담겨 있습니다.

첫 만남의 분위기는 어땠을까요? 젊은 천재와 늙은 노학자의 만남은 아무래도 어색하기는 합니다. 그런데 둘은 서로에게 좋은 감정을 갖고 있었고, 진솔한 대화를 나누었던 것으로 보입니다. 당시 분위기를 엿볼 수 있는 몇 가지 시문이 남아 있습니다. 먼저 이이는 대스승 이황에게 인사하고 존경하는 마음을 담아 시 한 수를 지어 바쳤습니다.

> 시냇물은 수수·사수에서 갈라져 흐르고
> 산봉우리는 무이산처럼 드높습니다.
> 살림이라고는 천여 권의 경전뿐이고
> 벼슬에서 물러나 몸 둘 집은 몇 칸뿐이지만
> 가슴에 품으신 뜻은 환히 갠 하늘의 달과 같고
> 미소 띤 말씀은 거친 파도조차 그치게 하십니다.
> 어린 제가 찾아온 것은 도를 구하고자 하오니
> 반나절의 한가함을 훔친다고 하지 마십시오.

이이의 시에서 '수수'와 '사수'는 과거 중국 노나라에 있던 강 이름입니다. 공자는 이 두 강 사이에서 제자를 가르쳤습니다. 따라서 첫 구절은 공자의 학문을 의미합니다. '무이산'은 중국 복건성에 있는 산입니다. 이곳에서 성리학을 집대성한 주희는 무이정사를 짓고 제자들에게 강의를 했습니다. 즉 주자의 학문을 일컫습니다.

정리하면 이이는 이황이 유학의 전통인 공자와 주희의 학통을 계승했으며 시골에서 물러나 학문에만 힘쓰지만 그 경지가 성현에 버금갈 정도라 사람들에게 감화를 미친다고 칭송한 것입니다. 이이는 시 마지막에 자신도 그 학문을 배우고 싶으니 성가시다고 물리치지 말아달라며 찾아온 목적을 밝혔습니다.

사실 이이가 이황을 찾아간 정확한 속내를 알 길이 없습니다. 다만 불교에 입문했던 사실이 사람들의 입방아에 오르내리고 있었기 때문에 불교를 버리고 유학을 다시 택한 자신의 의지를 굳히고 싶었을 것입니다. 이이는 학문과 인생을 새롭게 시작하기 위해 이황을 만나 자신의 선택을 확인하고 그의 가르침을 받고자 한 것은 아닐까 싶습니다.

이황은 한눈에 이이의 재주와 인물됨을 알아보고 후학에 대한 깊은 사랑과 기대를 시로 답했습니다. 자신을 한껏 낮춤으로써 상대방을 끌어올리는 이황의 품격을 보겠습니다.

병든 나는 문 닫고 누워 봄이 온 줄도 몰랐는데
그대가 와서 내 정신을 활짝 열어 주네
이름난 선비 헛소문 없다는 것을 비로소 알았으니
지난달 몸 다스리는 공부 게을렀음이 못내 부끄럽구려
좋은 곡식에 쭉정이가 자라지 못하게 하고
새로 갈고 닦은 거울에 티끌도 묻지 않게 하오
정에 겨워 과분하게 표현한 시어는 깎아 버리고
힘써 공부하여 날로 더욱 친해 보세

이황은 자신이 활짝 깨어났다고 말하면서 이이를 반갑게 맞이합니다. 재기 발랄한 젊은 이이가 문득 찾아주어 신선한 자극을 받았다고 기뻐한 것입니다. 이황의 '이름난 선비 헛소문 없다'는 표현은 이미 이이의 명성을 익히 들어서 잘 알고 있다는 것을 보여줍니다. 이황은 따뜻한 조언도 아끼지 않습니다. '좋은 곡식에 쭉정이가 자라지 못하게 하고'라는 표현은 불교에서 빠져나온 이이의 용기를 칭찬하면서 다시는 불교에 빠지지 말라는 은근한 당부이기도 합니다. 또한 '시어는 깎아 버리고'라는 표현은 감정에 치우치는 시 짓기에 빠져들지 말고 애써 성리학에 힘쓰라는 충고입니다. 마지막 구절 '날로 더욱 친해 보세'는 단순하게 친분을 쌓자는 것이 아니라 각각 날마다 공부와 친해지자는 당부이자 요구를 말합니다.

이황과 이이가 첫 만남에서 나눈 대화는 송시열의 『율곡연보』와 이를 보완한 박세채의 『율곡연보』에서 엿볼 수 있습니다.

"선생이 퇴계 선생과 더불어 강론한 것은 주로 주경(主敬)에 대한 공부로서, 『대학』의 정(定)·정(靜)·안(安)·여(慮)와 또 오(傲)·타(惰)에 대한 뜻과, 정자의 격물(格物)에 대한 해설, 주자의 존양성찰(存養省察)에 대한 교훈과 또는 사호(四皓)의 출처(出處), 『성학십도』에 대한 의문점 따위였다."

『율곡연보』

처음 보는 단어들이 많아서 해석이 안 될 것 같은데요. 쉽게 풀이하면 이이는 사소한 예절부터 유교 경전에서 공자의 가르침이 담긴 경전『대학』의 해석을 둘러싼 문제, 성리학의 시조인 정호와 정이 형제가 말한 격물에 대한 해설, 주자의 마음의 본성을 지켜 착한 성품을 기른다는 존양성찰에 대한 교훈, 그리고 벼슬길에 나아감과 물러남에 대한 고민 등을 절실하게 질문했고, 이에 이황은 답한 것입니다.

둘 사이에 주고받은 시를 통해 분명하게 대화를 나눈 것으로 확인되는 것이 있습니다. 바로 '상산사호의 출처 문제'입니다. 이이는 사호에 대한 고사를 읽고 벼슬길에 나아가는 태도, 이른바 출처의 의리에 대해 생각이 복잡했던 것 같습니다.

사호란 중국 한나라 고조 때 상산에 숨어 살았다는 4명의 노인을 뜻합니다. 사호는 고조가 선비를 업신여긴다는 말을 듣고 한나라의 신하가 될 수 없다고 산 속에 숨어 살았습니다. 한나라를 건국한 고조는 정치가 안정되자 자기가 사랑하는 척부인의 아들을 태자로 삼기 위해 이미 있던 태자를 바꾸려 합니다. 이에 태자 쪽에서는 많은 예물을 가지고 사호를 찾아가 간곡한 말로 도와달라고 청합니다.

사호는 이때 은거를 풀고 세상에 나와 태자를 위해 일하게 됩니다. 이때 고조는 자신이 불러도 오지 않던 사호가 태자를 위해 일하는 것을 보고 크게 놀랐습니다. 결국 고조는 태자를 돕는 세력이 이미 굳건하니 바꾸기가 어렵다고 보고, 자신의 생각을 포기합니다. 태자는 사호를 등용함으로써 자신의 자리를 지킬 수 있었고, 사호는 한나라의 은자라고 칭송받게 됩니다.

여러분들은 사호를 어떻게 평가하나요? 이이는 사호가 상산에 숨어산 것은 고조가 선비를 업신여기는 것을 보고 단지 몸을 피한 것으로 보았습니다. 큰 뜻을 찾아 나아가고 물러가는 선비의 도의에 따라 자신의 때를 기다린 주나라 강태공 등과는 다르다고 생각했습니다. 더구나 예물을 받고 태자를 추대하는데 참여한 것은 절개를 목숨처럼 여기는 선비의 처신으로 보기에 부끄러운 일이라고 여겼습니다.

조선에서 어느 누구도 한나라의 사호를 비판하지 않는 현실 속에서 이이는 이황을 만나 자신의 생각을 스스럼없이 밝혔습니다. 이황도 사호가 은자라는 것에 의문을 나타내자, 이이는 비로소 자신의 생각이 결코 도리에 어긋나지 않다는 확신을 갖게 됩니다. 이처럼 둘은 성리학의 여러 논제들에 대해 자신들이 보고 듣고 생각한 것을 바탕으로 진솔한 이야기를 나누었습니다.

이이는 이틀 밤을 이황의 계상서당에 머물렀습니다. 이이의 기록에는 이틀이라 되어 있는데, 이황은 날씨가 좋지 않아 사흘을 머물렀다고 기록했습니다. 이이는 2박 3일을 보내고, 아침 일찍 떠난 것으로 추정합니다. 이제 둘의 인연은 끝난 걸까요?

이황과 이이, 학문적 동지가 되다

역사적 만남을 가졌던 이이는 이황과 이별하고 강릉으로 향했습니다. 이이는 강릉에 도착하자마자 이황에게 편지를 보내어 무사히 도착했다는 사실과 자신의 근황을 알렸고, 이황도 기꺼이 답신을 띄웠습니다. 이황의 답장은 『율곡전서』의 「쇄언」에 일부 남아 있습니다.

"그대는 재주가 높고 나이도 어린데 이미 바른 길로 나섰으니 훗날 이룩할 바를 어찌 다 헤아릴 수 있겠습니까? 오로지 바라건

대 또 멀리 더 크게 되기를 스스로 기약하며 작은 것을 얻었다고
만족하지 마시길…"

이황은 23살의 젊은 이이의 빼어난 재주를 솔직하게 인정하고 한껏
추켜세웠습니다. 하지만 뛰어난 재주를 가진 사람은 세상에 많지만 그
재주를 미처 꽃피우지 못한 경우가 대부분이라는 경고의 말을 빠트리지
않습니다. 늘 꿈을 크게 갖고 조그만 성취에 안주하지 말라며 덧붙인 것
입니다.

둘의 편지는 이후에도 한동안 지속되었습니다. 이이는 이황을 만나고
온지 3개월여 후 평소 공부를 해오면서 의문 나는 문제들을 담아 편지를
띄웠습니다. 학문의 목표와 자세, 인식과 실천의 단계, 공자와 맹자와 같
은 성인도 타인을 대할 때 오만함과 게으른 경우가 있나 등의 질문이었
습니다.

이이의 질문에 이황은 항상 정중하고 진지하게 답서를 했습니다. 그
로부터 두 달여 후 둘은 예기치 않게 두 번째 만남을 가졌습니다. 그해
여름 이황이 명종에게 상소를 올립니다. 그러자 명종은 이황에게 서울
로 올라오라는 명을 내립니다. 이황이 서울로 올라왔을 때 마침 이이도
그간 강릉 외가에만 머물다 서울에 돌아온 직후였습니다. 이황은 자신
의 상경 소식을 듣고 찾아온 이이를 반갑게 맞이하면서 서울에서 두 번
째 만남이 이루어졌습니다.

두 번째 만남 이후 이어진 편지를 보면 이이는 이황에게 또다시 자문
을 구합니다. 이이가 보낸 편지의 내용은 학문적인 데 머무르지 않고 다
양한 문제를 서로 의논하는 관계로 발전했음을 알 수 있습니다. 이이는
자신의 장인 성주 목사 노경린이 경상도 성주 지역에 세울 서원의 사당
에 모실 선현을 누구로 정할지에 대한 조언을 구합니다.

이황은 노경린이 성주 지역 출신 고려 후기 무신 이조년과 그의 손
자 이인복을 서원에 모시려고 한다는 말을 듣자 부정적인 답신을 합니

다. 이조년은 사당에 모실 수 있는 인물이지만 학문이나 도학으로 이름을 얻지 못한 것이 아쉽다고 하였고, 이인복은 뛰어난 행적이 없으니 모실 수 있을지 의심스럽다고 했습니다. 그러면서 경술과 도학으로 일컬을 만한 인물이 있으면 서원에서 첫 번째로 모시는 주향으로 삼고, 이조년은 두 번째 이후로 모시는 배향으로 삼는 것이 어떻겠냐는 의견을 냈습니다. 이이가 쓴 노경린의 행장을 보면 이황의 의견을 어떻게 받아들였는지 알 수 있습니다.

"퇴계 선생이 천곡서원이라 이름을 짓고, 정자와 주자 두 분을 제사 지내고 지역의 인물인 이조년을 배향하니 학문하는 기풍이 이에 힘입어 더욱 떨치게 되었다."

이황의 의견이 반영되어 서원에 이조년은 배향되고 이인복은 배향되지 않습니다. 우리는 살아가면서 지혜롭게 풀어나가야 할 문제들이 많이 만납니다. 이때 삶의 다양한 문제를 상의하고, 지도와 자문을 받고 도움을 얻을 수 있는 멘토가 있다면 어려운 문제들을 극복하고 예방할 수 있을 것입니다. 이이에게 이황은 그런 멘토였습니다.

이황과 이이는 두 번째 만남 이후 더 이상 교류한 흔적은 찾기 어렵습니다. 아마 서로 각자의 자리에서 분주한 날들을 보내서인 것은 아닐까 싶습니다. 이황은 다시 낙향해서 오랫동안 안동에 머물며 성리학 연구와 저술 활동, 후학을 양성하는 일에 전념합니다. 이이는 갑작스레 아버지가 세상을 떠나서 3년 상을 치러야 했고, 곧이어 과거에 급제하여 본격적인 관직 생활을 시작하게 됩니다.

1558년 첫 만남이 있은 지 12년 후 1570년 70세의 나이로 이황이 세상을 떠나자 이이는 장문의 「제문」과 「유사」, 그리고 「제사 드리는 글」을 연이어 정중히 올렸습니다. 이이는 자신이 올바른 학문의 길로 갈 수 있도록 조언을 아끼지 않았던 이황을 간절하게 추모했습니다.

"큰 인물이 없어지고 어버이가 이미 별세하였으며, 용과 호랑이가 없어지고 큰 별이 빛을 감추었습니다. 임금은 허둥대지만 누가 있어 그 결점을 도와드리며, 백성이 슬피 우나 누가 있어 어려움에 빠진 이를 구하겠습니까? …… 무심한 하늘이 남겨두시지 않아 지혜로운 위인께서 돌연 돌아가셨습니다."

「제문」

이이는 스승에 대한 예로 흰 띠를 두르고 상복을 입지 않고 마음으로 슬퍼한다는 심상을 합니다. 심상은 스승에게 하는 것이 원칙으로 마음 속으로 3년의 복을 입는 것입니다. 이후에도 이이는 일이 있을 때마다 이황을 높이 받들고 존중하는 모습을 보입니다. 이황이 죽은 지 14년 후 이이는 49세의 나이로 세상을 떠나게 됩니다.

서로의 의견을 구하는데 주저함이 없었던 이황과 이이는 적대적 관계도 경쟁적 관계도 아닌 같은 문제를 고민하는 학문적 동지였습니다. 비록 두 사람은 자주 만나지는 못했지만 학문을 넘어 인간적으로 깊은 차원의 교류를 했습니다. 역사에 '만약 if'은 없지만 한 번씩 이런 상상을 합니다. 만약 이황과 이이가 함께 세종, 정조와 같은 뛰어난 왕의 국정 운영을 보좌했다면 어떤 조선을 만들었을까요? 정조는 이이와 이황과 함께 국정을 논의하는 상상을 했던 것 같습니다.

"내가 이퇴계가 손수 쓴 『심경』을 얻어 보고 이제 이율곡의 『격몽요결』을 얻어 보니 양현이 한 시대에 났고 …… 유풍이 침체하고 성현의 말이 날로 없어지니 경연에서 이들과 함께 못한 한탄을 금할 수 없다."

『격몽요결』, 「정조 서문」

만원

백성을 사랑하고, 백성을 섬긴 왕, 세종

만원 비하인드 스토리

우리나라 화폐의 도안 소재로 채택된 인물은 초대 대통령 이승만, 세종대왕, 이순신 장군, 조선의 대학자 율곡 이이와, 퇴계 이황, 조선의 팔방미인 신사임당 등입니다. 이들 중에서 오랜 기간 여러 권종에 걸쳐 지폐 모델로 채택된 인물은 세종입니다.

세종은 제2공화국 탄생과 더불어 1960년 8월 15일에 발행된 개천환권에 등장한 이후 1961년 4월 19일에 발행된 개 오백환권, 1965년 8월 14일에 발행된 다백원권, 1973년 6월 12일에 발행된 가 만원권, 1979년 6월 15일에 발행된 나 만원권, 1983년 10월 8일에 발행된 다 만원권, 1994년 1월 20일에 발행된 라 만원권, 2000년 06월 19일에 발행된 마 만원권, 2007년 1월 22일에 발행된 바 만원권에 이르기까지 거의 60여년에 걸쳐 여러 권종에 두루 사용되었습니다. 한마디로 세종은 우리나라 화폐의 슈퍼모델입니다.

개 오백환권 + 개 천환권

다들 지폐 이름 앞에 개·가·나·다 등이 붙어 있는 것이 눈에 띨 것입니다. 화폐를 발행하는 나라들은 동일한 액면이라도 도안이 바뀌거나 위조 방지 장치의 보강 등으로 이전의 화폐와 차이가 날 경우 효율적이고 신·구 화폐를 구분하는 화폐 시리즈 명칭을 부여합니다.

한국은 동일액면 화폐의 분류 명칭으로 발행된 순서에 따라 '원(原)', '신(新)', '개(改)', '개갑(改甲)'을 사용했습니다. 이러한 분류 명칭으로는 4개 이상의 화폐 시리즈 즉 개갑 이후 동일액면의 화폐가 나올 경우 적절한 명칭을 부여하기가 어려웠습니다. 따라서 1993년부터 '원' 단위로 발행된 화폐(1962년 이후 발행된 화폐)는 발행 순서에 따라 '가', '나', '다', '라'… 순으로 부르기로 했습니다.

세종이 화폐 도안 소재로 자주 채택되는 이유가 있습니다. 화폐는 모든 국민들이 항상 소지하고 사용하는 필수품이자 국가를 나타내는 상징입니다. 화폐에 도안되는 인물은 업적이 위대하여 국민들에게 존경을 받아야 하고, 역사적으로 충분한 검증을 거쳐 논란의 소지가 거의 없을 뿐만 아니라 도안으로 쉽게 이용할 수 있어야 합니다. 이 모든 조건을 갖춘 인물이 누가 있을까요? 단언컨대 머릿속에 가장 떠오르는 인물은 세종일 것입니다.

완벽할 것 같은 세종도 논란의 주인공이 되기도 합니다. 앞서 본 오백환권과 천환권에 새겨진 세종의 모습과 1973년 6월 12일에 발행된 가 만원권 속의 세종을 비교해볼까요? 누가 봐도 완전히 다른 사람입니다. 현재 우리가 볼 수 있는 세종은 라 만원권에 이르러서야 나타납니다. 이러한 상황이 벌어진 이유는 간단합니다. 당시 전해 내려오는 세종의 초상화가 없어 덕수궁의 조각상을 근거로 그려진 것을 사용했기 때문입니다.

세종의 모습이 통일되지 않고, 제작 주체에 따라 제 각각이라 국민들의 혼란을 초래한다는 문제점이 지적됩니다. 정부는 1973년 5월 8일 "선현의 동상 건립 및 영정 제작에 관한 심의 절차"(문화공보

가 만원권

부 공고 제181호)를 마련합니다. 우리 역사상의 위인, 사상가, 전략가 및 우국 선열로서 민족적으로 추앙을 받고 있는 선현의 동상 또는 영정을 제작할 때는 정부의 사전심의를 받도록 한 것입니다.

한국은행은 법률이 제정되자 1979년 6월 15일 나 만원권 발행 때 경기 여주의 세종대왕 유적 관리소에 소장된 김기창 화백이 그린 표준영정을 바탕으로 화폐 도안에 적합한 세종 초상을 별도로 제작합니다. 이 초상은 정부 심의를 거쳐 화폐 도안으로 활용됩니다. 그런데 표준영정으로 지정된 세종 초상이 최근에 논란에 휩싸인 적이 있습니다. 김기창 화백이 친일 반민족 행위자로 등재된 친일 화가로 그가 그린 초상을 교체해야 한다는 주장이 나왔기 때문입니다.

화폐 도안으로 인물 초상을 선정하는 작업은 그 어느 것보다도 세심한 주의와 남다른 고뇌가 뒤따르는 일입니다. 이제 화폐 속 인물들이 새삼 다르게 보일 것입니다. 그럼 만원권 지폐를 펼쳐놓고, 저와 함께 세종을 만나러 가보겠습니다.

백성이 사랑한 왕 세종

우리나라 사람들이 가장 존경하는 위인을 조사하는 설문조사결과를 보면 매년 1위는 세종대왕이 차지합니다. 대한민국 국민이라면 가장 먼저 배우는 위인이 세종입니다. 많은 국민들에게 존경받고 있는 세종은 훈민정음 창제, 각종 개혁, 북방 영토 개척, 과학 기술 발달 등 이루 헤아릴 수 없는 많은 부분에 업적을 쌓았습니다.

세종만큼이나 사랑받고, 존경받고 인기 많은 왕은 없을 것입니다. 그러나 한편으로는 그만큼 제대로 알려지지 않은 인물이기도 합니다. 너무나 유명해서 잘 모르는 대표적인 역사 인물이 아닐까 싶습니다. 지금부터 그 어디에서도 볼 수 없었던 세종의 모습과 여러 업적들이 어떤 역사적 의미가 있는지 알아보도록 하겠습니다.

세종의 어린 시절

세종의 삶을 이해하려면 꼭 알아야 하는 인물이 있습니다. 조선 시대 역사 드라마나 영화의 주인공으로 많이 등장하는 세종의 아버지인 태종

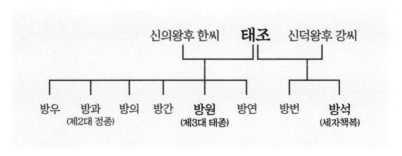

태조 이성계 가계도

이방원입니다. 이방원은 아버지 이성계가 조선을 건국할 수 있도록 고려의 실력자인 정몽주 제거하는 등 궂은일을 도맡았습니다. 하지만 조선이 건국되자 정국 주도권은 정도전이 가졌고, 이성계는 여덟 째 왕자인 어린 아들 방석을 세자로 앉혔습니다.

이방원은 이복동생 방석이 세자가 되자 1398년 1차 왕자의 난을 일으켜 정도전과 방석, 방번 형제를 모두 죽여 버립니다. 이방원은 자신처럼 사병을 거느린 동모형제들이 여럿 있었고, 그들의 세력은 위협적이었기 때문에 1400년 2차 왕자의 난을 일으킵니다. 이방원은 2차 왕자의 난을 평정하자 1400년 2월 왕세제로 책봉되었고, 그해 11월 왕위를 물려받아 조선의 3대 왕으로 즉위합니다. 이때 세종의 나이는 4살이었습니다.

태종은 1명의 정비와 9명의 후궁이 있었습니다. 정비는 원경왕후 민씨로 뛰어난 결단력으로 남편 이방원이 왕위에 오르는데 결정적인 역할을 했습니다. 하지만, 이방원이 왕이 되자 고려 시대부터 최고의 명문가였던 원경왕후 민씨 일가는 왕권에 위협이 되는 존재에 불과했습니다. 실제로 태종이 즉위하자 매형인 민무구, 민무질 형제는 최대 공신이자 외척으로 고위 관직을 두루 역임합니다. 이때부터 태종과 처가 집안에 균열이 생기기 시작합니다.

태종과 원경왕후 민씨 사이에는 양녕, 효령, 충녕, 성녕 4명의 적자와 정순, 경정, 경안, 정선 4명의 적녀가 있었습니다. 태종은 1404년 첫째인 양녕을 왕세자로 책봉한 후, 건강상의 이유로 13세의 왕세자에게 선위를 표명합니다. 선위는 군주가 살아 있으면서 다른 사람에게 군주의 지위를 물려주는 것을 말합니다. 일반적으로는 같은 왕조에서는 아버지가 아들에게 왕위를 물려주고 자신은 상왕(上王)으로 물러나는 것을 말합니다.

태종이 선위를 선언할 때 그의 나이는 불과 39살이었습니다. 역사학계는 태종의 젊은 나이로 인해 선위는 그의 본심이 아니라고 보는 것이 정설입니다. 태종은 선위 파동을 일으켜 신하들의 충성심을 시험했던 것입니다. 실제로 모든 신하들이 반대하자 슬그머니 선위를 거둔 것이 그 증거입니다. 그런데 민무구, 민무질 형제는 내심 태종이 양녕에게 선위하기를 원하였고, 신하들의 선위 반대 움직임에도 소극적인 자세를 보였습니다.

민씨 형제에게 누나가 낳은 태종의 아들은 세자 양녕을 비롯하여 효령, 충녕, 성녕, 네 명입니다. 모두 조카로서 누가 왕이 되어도 상관없을 텐데 양녕에 대한 집착이 이해가 잘 되지 않을 것입니다. 양녕은 1394년 1차 왕자의 난이 일어나기 4년 전 이방원이 치열한 권력 쟁탈전으로 가정을 돌보지 못하던 시기에 외갓집에서 태어나 외할머니의 손에서 자랐고, 외삼촌들과 장난을 치며 성장했습니다. 민씨 형제는 이방원이 권력을 장악한 후에 태어난 조카들보다는 더 외가와 친밀하고 외가 지향적인 양녕이 왕이 되기를 원했던 것입니다.

태종의 선위 파동으로 민무구, 민무질 형제뿐만 아니라 민무휼과 민무회도 제거하여 처남 4명의 목숨을 모두 빼앗습니다. 이후 부부 간의 갈등은 더욱 심해졌고, 민씨는 폐비의 위기를 놓이기도 합니다. 이때 고작 10살 갓 넘긴 충녕 대군은 자칫 잘못하면 정치적인 이유로 말 한마디 못하고, 제거될 수 있다는 두려움을 느꼈을 것입니다. 심지어 당시 세자이자 형이었던 양녕 대군의 자리를 위협한다는 의심까지 받았습니다.

세종은 충녕 대군 시절 성격이 그다지 좋지 않다는 평을 들었습니다. 『태종실록』에는 "이도(세종)는 성질이 고약해 형제들 사이에서 무시당했다"는 기록도 있습니다. 이를 놓고 역사학자들은 충녕 대군이 극심한 스트레스를 받아 틈만 나면 짜증을 부리고, 성을 냈을 거라 추정하기도 합니다.

왕이 될 조건을 갖추다

조선의 왕이 되기 위해서도 절대적인 원칙이 하나 있습니다. 조선의 왕위 승계는 적장자 상속입니다. 하지만 많은 조선의 왕들이 방계 출신입니다. 당장 태종만 하더라도 적장자 상속이 아닙니다. 적장자 상속이 이루어진 경우는 문종, 단종, 연산군, 인종, 현종, 숙종, 순종으로 단 7명에 불과합니다.

태종은 피를 흘리며 처절하게 왕위에 올랐기 때문에 그 누구보다도 적장자가 왕위에 오르기를 원했습니다. 그런데 세종 즉 충녕 대군은 태종의 셋째 아들입니다. 태종에게는 무려 15년간 세자 자리에 있었던 장자 양녕 대군이 있었습니다. 충녕 대군은 원칙상으로는 절대 왕이 될 수 없었습니다.

완벽한 자격을 갖춘 양녕 대군이 세자 자리에서 쫓겨났던 이유는 무엇일까요? 임진왜란 이전까지 정사와 야사에서는 양녕 대군이 학문에 뜻이 없고 여색을 밝히고, 세자로서의 품위를 잃어 폐위 당하였다는 설이 유력했습니다. 그런데 임진왜란 이후에는 양녕 대군이 태종의 뜻이 셋째 충녕에게 가 있음을 확인하고, 일부러 미친 척을 하여 세자 자리에서 물러난 비운의 주인공이라는 설이 새롭게 등장합니다.

지금도 양녕 대군의 폐위에 대한 정확한 해석이 쉽지 않습니다. 다만 확실한 것은 태종이 원한 군주상에 양녕 대군보다는 충녕 대군이 더 적합했다는 것입니다. 1418년 태종은 신하들의 건의를 받는 절차를 취하여 양녕 대군을 세자의 자리에서 물러나게 하면서 충녕 대군을 세자로 선택한 이유를 밝혔습니다.

"충녕이 천성이 총민하고 학문을 게을리 하지 않아서 몹시 춥거나 몹시 더운 날씨라도 밤을 새워 글을 읽는다. 또 정치에 대한 대체를 알아서 언제나 나라에 큰일이 생겼을 때 의견을 내는데 소견이 범상치 않고 뛰어났다. 또 그 아들 중에 장차 크게 될 자격이 지닌 자가 있으니, 내 이제 충녕을 세자로 삼고자 하노라."

『태종실록』

1418년 6월 충녕 대군은 왕세자에 책봉되었고, 그해 8월에 태종의 양위를 받아 22살의 나이로 즉위하면서 세종의 시대가 열리게 됩니다.

집현전으로 조선의 기준을 세우다

"내가 인물을 잘 알지 못하니, 좌의정·우의정과 이조·병조의 당상관(堂上官)과 함께 의논하여 벼슬을 제수하려고 한다."

『세종실록』

22살의 나이에 당대 최고의 학자인 변계량으로부터 학문적 능력을 인정받고, 부왕 태종으로부터 정치의 본질을 안다는 평가를 받은 세종의 즉위 후 첫 마디는 겸손 그 자체였습니다. 위의 세종의 말에서 유독 눈에 '의논하자'가 띌 것입니다. 세종은 항상 신하들의 의견을 듣고 그들의 동참을 이끌어 내었습니다. 정치란 혼자 하는 것이 아니라, 더불어 함께할 수밖에 없다는 것을 정확하게 알았던 것입니다.

세종은 좋은 정치를 펼치려면 무엇보다 뛰어난 인재를 기르고 학문을 발전시켜야 한다고 여겼습니다. 이를 위해 즉위 1년 6개월 만에 학문과 정책 연구를 담당하는 집현전을 설치했습니다. 세종은 집현전을 완전한 국가 기관으로 승격시켜 학문의 중심 기구로 삼았고, '재행연소자才行年少者'라 하여 재주와 행실이 뛰어난 최고의 젊은 인재들을 모았습니다. 이때 세종 시대를 대표하는 학자들인 신숙주, 성삼문, 정인지, 최항 등이 속속 집현전에 모여들었습니다.

세종은 당대 최고의 인재라고 할 수 있는 집현전 학자들에게 독서와 학문 연구를 바탕으로 한 국가 정책 수립 및 각종 편찬 사업 임무를 맡겼습니다. 집현전 학자들은 과거에 시행된 여러 제도를 분석하고, 정치 현안이 되는 정책 과제들을 연구했습니다. 또한 중국의 서적들도 참조하면서 당시의 현실에 맞는 사례들을 수집하고 정리했습니다. 이외에도

집현전 ⓒ문화해설사 안지영

왕을 교육하는 경연관, 왕세자를 교육하는 서연관, 과거 시험의 시관, 역사를 기록하는 사관의 임무도 맡았습니다.

집현전 학자들은 주택에 관한 옛 제도 조사, 중국 사신이 왔을 때의 접대 방안, 염전법에 관한 연구, 조선의 약초 조사 등을 하면서 의학, 역사, 의례, 국방 등 전 분야에 걸쳐 많은 책들을 편찬했습니다. 또한 시계, 천체 관측기구 등 다양한 과학 기구를 발명하기도 했습니다. 이러한 결과물은 세종의 애민 정신으로부터 나왔다는 것은 기억해야 합니다.

세종 시대를 대표하는 책들 중에 으뜸은『농사직설』입니다. 책 제목에서 알 수 있듯 '노농(老農)' 즉 오랜 농사 경험이 있는 농민들이 직접 농사를 지은 체험담을 바탕으로 편찬된 것입니다. 당시 조선에서 활용된 농서는 13세기 중국 원나라 때 편찬된『농상집요』였습니다.『농상집요』은 중국 화북 지방의 농법을 소개한 책으로 그 농법을 조선에 적용하기에는 무리가 따랐습니다. 이러한 상황 속에서 세종은 결단을 내립니다.

"…오방(五方)의 풍토가 같지 아니하여 곡식을 심고 가꾸는 법이
각기 적합한 바가 있어, 옛 농서와 다 같을 수 없다 하여, 여러 도
의 감사(監司)에게 명하여 주현(州縣) 의 노농(老農)들이 이미 체
험한 바를 갖추어 아뢰게 하시었다.… 그 중복된 것을 버리고 그
절요(切要)한 것만 뽑아서 찬집하여 한 편을 만들고 제목을 '농사
직설'이라 하였다."

『세종실록』

　1429년 32살의 청년 국왕 세종은 우리나라 풍토와 토질에 맞는 농업
기술을 보급의 필요성을 느꼈고, 왕명을 내려『농사직설』을 편찬했습니
다. 세종은『농사직설』이 편찬되자 각 고을에 부임하는 지방관들이 반드
시 가져가 활용하도록 했습니다. 심지어 경복궁 후원에 논 1결을 만든
후 직접 농부가 되어 농사를 짓고『농사직설』에 있는 농법의 효과를 확
인했습니다. 세종의 농업에 대한 열정으로 고려 말에 비해 농지는 2.4
배, 수확량은 4배나 늘어날 수 있었습니다.
　세종은 의학에도 많은 관심을 기울였습니다. 당시 조선은 중국 의서
와 약재로 의술이 행해졌습니다. 세종은 우리나라의 풍토에 적합한 국
산 약재가 중국 약재보다 더 효과적이라는 생각을 갖고 대규모 편찬 사
업을 전개했습니다. 병 치료에 쓰이는 수많은 한약 처방 가운데 주로 우
리나라에서 나는 약초로 구성된 처방들을 모아『향약집성방』을 편찬했
습니다.

"나는 임금의 도(道)가운데 어진 정치보다 큰 것은 없으며 그 어
진 정치란 지극히 큰 것이며 여러 가지 가 있는 것으로 여긴다.
주상전하는 거룩한 덕을 갖추어 훌륭한 정치를 하고 전적으로
어진 정치를 하는데 기본을 두었고 의약으로 백성을 구제하는
일에 이르기까지 배려를 했다."

　세종은 백성을 위해 독창적인 우리 특유의 향약을 개발하고, 산간 오지의 처방들까지 정리한 것입니다. 그 누구라도 국내 약초를 채집해서 『향약집성방』을 따르기만 하면 약재를 만들 수 있었습니다.

　세종은 백성들에게 정확한 때와 시를 알려주고자 역법을 연구하여 『칠정산』을 편찬했습니다. 『칠정산』은 우리 역사상 최초의 한성을 기준으로 천체 운동을 계산한 역법서로, 해·달·행성의 운행 원리와 위치·시각 등이 정확하게 계산되어 있습니다. 이를 통해 조선은 일식과 월식 등 천체 운동을 미리 예측할 수 있게 되었습니다.

　세종은 집현전이라는 국가 최고 인재들이 모인 정책 연구소를 최대한 활용하면서 '함께하는 정치'가 어떤 것인지를 보여 주었습니다. 그래서인지 세종의 집현전 학자에 대한 애정을 볼 수 있는 일화들이 많습니다. 세종은 어느 겨울 밤 집현전에서 공부하다 깜빡 잠이 든 신숙주에게 자신이 입고 있던 담비 가죽 옷을 덮어주었고, 집현전 학자들에게 조선 최고의 특산물 중 하나인 귤을 하사하여 사기를 높여 주었다고 합니다.

　세종은 집현전 학자들을 위해 사가독서라는 특별한 제도를 만들기도 합니다. 세종은 아무리 훌륭한 신하나 학자라도 조정의 업무 때문에 책을 읽을 시간이 없다는 현실을 정확하게 알았기 때문입니다. 사가독서의 혜택을 받은 신하는 집에서, 때로는 산사를 오가며 짧게는 한 달 길게는 몇 년씩 자유롭게 책을 읽고 연구에 매달릴 수 있었습니다. 세종은 당대 최고의 인재들로 구성된 집현전 학자에게 전폭적인 지원을 아끼지 않았고, 정치·법률·역사·유교·문학·어학·천문·지리·의약·농업 기술 등 전 분야에 걸쳐 종합 정리하는 사업을 전개할 수 있었습니다.

여진족 정벌로 두만강 북쪽 700리까지 확보하다

　세종에 대한 선입견으로 문약하고 나약하다는 이미지가 있습니다. 이는 훈민정음 창제 등 문화·과학 분야에 업적이 두드러진 것과 관련이 깊습니다. 하지만 세종은 국가의 영토 확보에 관해서는 기회가 있을 때마다 전혀 다른 모습을 보입니다.

세종이 남긴 최고의 업적은 누가 뭐래도 훈민정음 창제이지만 가장 난이도가 높은 업적은 북방 영토 개척의 결과로 설치한 4군 6진입니다. 세종이 대대적인 군사 작전을 벌여 여진을 몰아내고 4군 6진을 설치하지 않았더라면 우리는 오늘날과 같은 국경선을 확정하지 못했을 것입니다.

1433년 여진족의 경제적인 상황이 좋지 않고, 사회가 불안정하자 장차 4군에 해당되는 강계, 여원 지역의 여진족 부족장 이만주가 조선을 침입했습니다. 세종은 이만주의 침입에 맞서 전면전을 벌이기에는 정치적인 부담이 컸지만 백성들이 약탈당하는 것을 두고 볼 수 없었습니다. 세종 즉시 여진 정벌을 위한 회의를 열었고, 전면전을 위해서 1만 명의 인원이 필요하다는 결론이 나오자 망설임 없이 1만 5천 명의 병력을 동원하여 1차 여진 정벌을 감행합니다.

세종은 도원수 최윤덕을 중심으로 하여 이순몽을 중군 절제사로, 최해산을 좌군 절제사로, 이각을 우군정제사로 임명하고, 1만 5천 명의 군사를 나눠 동시 공격을 명했습니다. 군사 작전은 성공적으로 펼쳐져 이만주의 거점을 파괴하는 등의 뛰어난 전과를 거두었습니다. 그런데 곧바로 문제가 발생합니다.

압록강 일대에서 여전히 이만주 부족을 중심으로 인근 여러 부족들이 격렬한 저항이 벌어졌습니다. 특히 이만주는 1차 여진 정벌 때 가족들이 살해당하자 4년간 무려 6차례에 걸쳐 조선을 침입하여 4군 지역의 조선인들을 끊임없이 괴롭혔습니다. 여진족의 침입이 계속 이어지자 세종은 2차 여진 정벌을 계획합니다.

세종은 2차 여진 정벌을 더욱 치밀하게 준비했습니다. 오늘날의 특전사나 네이비실 같은 특수 부대 체탐자를 조직했습니다. 2차 여진 정벌 전에 체탐자를 여러 차례 여진족 국경 여러 차례 침투시켜 주요 공격지인 오녀산성을 정찰하는 등 만반의 준비를 했습니다.

1437년 평안도 절제사 이천을 총사령관으로 8천 명의 군사가 이만주의 거점인 오녀산성을 공격하면서 2차 여진 정벌이 시작됩니다. 조선군은 단 1명만이 전사하였고, 여진족은 46명을 살해하고, 14명을 포로로 잡는 전과를 거두었습니다. 이후 1440년 무창현을 설치하였고, 1442년 군으로 승격시켰습니다. 1443년에는 여연군과 자성군의 중간 시점인 우예보에 우예군을 설치함으로써 4군 설치를 완료되었습니다.

고구려 을지문덕의 살수대첩, 고려 강감찬의 귀주대첩 등을 떠올리며 2차 여진 정벌의 전투 규모에 실망했을 것입니다. 이는 세종의 어명과 관련이 있습니다. 세종은 학살과 같은 불필요한 살생은 원한만 쌓을 뿐이니 적의 피해를 최소화하라는 명령을 내렸습니다. 이를 통해 세종의 최종 목표가 국경 지대의 여진족을 초토화시켜 몰살하는 것이 아니라, 그들을 안정화시켜 4군 6진을 완성하고 압록강과 두만강을 위시한 국경선을 세우는 것이라는 알 수 있습니다.

4군 6진 지도

2차 여진 정벌 이후 4군이 설치되자 6진 지역의 여러 여진족들은 동요하였고, 부족들 간의 내부 투쟁이 벌어졌습니다. 세종은 이 기회를 놓치지 않고 공격을 감행합니다. 1434년부터 김종서의 주도 아래 6진을 개척하였고, 회령부·경원부·종성군·경흥군을 설치했습니다. 1440년에는 평안·함길도 도체찰사이며 병조판서였던 황보인의 건의로 온성군이 설치하고, 1441년에는 황보인을 함길도로 보내 방어를 더욱 공고히 했습니다. 세종의 과감한 결단으로 4군 6진이 완성되었고, 압록강과 두만강을 경계로 하는 오늘날과 같은 국경선을 확정할 수 있었습니다.

세종은 다양한 분야에서 눈부신 업적을 남긴 후 1450년 2월, 54세의 나이로 생애를 마감합니다. 세종은 31년 6개월의 재위 기간 동안 단 하나의 통치 철학을 보여주었습니다.

> "임금이 가뭄을 걱정하여 18일부터 앉아서 날 새기를 기다렸다."
> "매일 일을 아뢸 적에는 흉년에 관한 정사를 제일로 삼아라."
>
> 『세종실록』

세종은 나라를 이끄는 정책 하나 하나에 백성을 사랑하는 마음을 담았습니다. 그래서 오늘날에도 우리는 세종의 모습에서 이 시대에 필요한 지도자상을 찾는 것이 아닐까 싶습니다.

'하늘을 나는 용들의 노래'로 조선 건국을 정당화하다.

만원권 지폐의 앞면에 '한국은행', '만원'이라는 글자 뒤로 여러 글자들이 보이나요? 이 글자들의 정체는 무엇일까요? 이 글자의 정체를 알기 위해서는 세종이 일군 업적들 중에 단연 최고라고 할 수 있는 훈민정음을 알아야 합니다.

대한민국 국민 모두가 아는 것처럼 훈민정음은 창제자가 분명한 독특한 문자입니다. 그럼에도 불구하고 훈민정음 창제를 놓고, 그 창제자가 누구인지를 두고 논쟁이 벌어지고 있습니다. 학계에서는 세종이 몸소 창제했다는 '친제설'과 다른 학자들의 도움을 받아 창제했다는 '창제협찬설'이 팽팽하게 맞서고 있습니다. 대체로 국문학계에선 '친제설'이 역사학계에선 '창제협찬설'이 우세한 편입니다.

세종이 몸소 창제했다는 '친제설'의 근거부터 보겠습니다. 당시 훈민정음 창제 작업을 공식적으로 진행하기에는 반발이 너무 심해 집현전 학자들을 투입할 수 없었다는 것입니다. 심지어 최만리를 중심으로 신석조, 김문, 하위지, 정창손 등 집현전 학자들은 훈민정음 창제가 공

만원권 지폐 속『용비어천가』

개된 지 2~3달 후에 상소문을 올려 비판하기도 했습니다. 최만리 등의 반대파가 걱정한 부분은 한글이 배우기 쉽다는 것입니다. 문자는 지식인들만이 향유하는 것이고, 학문은 자신들만의 고유한 영역이어야 했습니다. 즉 반대파들은 지금까지 누리던 학문적 권위를 잃고, 더 나아가 권력의 상당 부분을 잃을까봐 걱정했던 것입니다.

'친제설'을 뒷받침하는 또 다른 근거들은 세종이 훈민정음을 반포할 때까지 문자 창제에 관한 언급이 단 한마디도 없다는 것입니다. 임금의 공식적인 행동과 말이 모두 기록되던 당시에 공식적인 사안이 전혀 기록되지 않는다는 것은 불가능하기 때문입니다. 물론 훈민정음 창제에 집현전 학자들을 중 일부가 세종에게 도움을 줄 수는 있습니다. 하지만 그것은 어디까지나 세종의 질문에 답하는 정도의 조력자 위치에 불과하다는 것입니다.

세종이 다른 협조자들과 함께 만들었다는 '창제협찬설'은 새로운 문자 창제를 혼자서 하기엔 어려웠으리라는 것과 왕이란 지위가 갖는 힘이 있는데 혼자서 하지 않았을 거라는 의구심에서부터 시작합니다. 조선 초기 문신 성현이 쓴 수필집 『용재총화』에서는 세종이 언문청을 세워 신숙주, 성삼문 등에게 글을 만들도록 명을 내렸다는 기록이 있습니다. 1906년 근대 개화기 국어학자 주시경이 작성한 『대한국어문법』에 세종이 집현전 학자들의 도움을 받아 훈민정음을 창제했다는 기록이 있습니다. 따라서 세종은 신하들의 반대를 피해 비밀리에 일부 측근의 학자들

훈민정음 혜례본(영인본, 1946)

을 주도하여 훈민정음 창제를 추진했다는 것입니다.

아무리 세종이 천재적인 능력을 갖고 있어도 훈민정음 창제에 전념할 수 있는 시간이 필요했습니다. 세종은 의정부가 6조로부터 국정에 관한 여러 일을 미리 보고 받아 논의한 후 왕에게 아뢰는 의정부 서사제를 시행했습니다. 또한 세종은 왕의 가장 중요한 업무인 서무 결재권을 세자에게 넘겼습니다. 세종은 왕의 권한을 의정부에, 세자에게 서무 결재권을 넘겨줄 만큼 문자 창제에 전념할 수 있는 시간이 필요했던 것입니다.

세종의 문자 창제 작업은 6여 년 동안 진행되었고, 심지어 왕자들과 최측근 집현전 학자들도 무슨 일을 계획하고 있는지 정확하게 알지 못했습니다. 마침내 세종은 1443년 훈민정음을 창제하였고, 3년간의 연구와 검토 과정을 거쳐 1446년 9월 훈민정음을 반포했습니다.

"나랏말이 중국과 달라 한자(漢字)와 서로 통하지 아니하므로, 어리석은 백성들이 말하고 싶은 것이 있어도 마침내 제 뜻을 잘 표현하지 못하는 사람이 많다. 내 이를 딱하게 여기어 새로 28자

(字)를 만들었으니, 사람들로 하여금 쉬 익히어 날마다 쓰는 데 편하게 할 뿐이다"

『훈민정음』 서문

세종의 새로운 문자 백성을 가르치는 바른 소리라는 뜻을 가진 훈민정음의 창제 취지는 간단합니다. 세종은 백성들의 눈높이에서 세상을 보고자 했고, 무지 때문에 억압받고 고통 받는 현실에서 벗어나게 해주고자 훈민정음을 창제한 것입니다. 백성들이 자신의 의사를 쉽게 표현할 수 있는 세상, 백성을 편하게 하려고 만든 글자가 훈민정음이었습니다.

한글은 전 세계적으로 독창성과 과학성을 인정받고 있는 문자입니다. 세계인들이 한글을 우수하다고 말하는 이유는 무엇일까요? 다들 아는 것처럼 한글은 14개의 자음과 10개의 모음 등 24자로 이루어져 있습니다. 그래서 『세종실록』에 '새로 28자(字)를 만들었으니'라는 부분이 오타라고 하는 분들이 있을 것입니다.

세종이 훈민정음을 창제하고 반포했을 당시에는 자음 17자, 모음 11자 등 총 28자가 맞습니다. 시간이 흘러 현재 28자 중 일부가 폐기되면서 자음 14자, 모음 10자 등 24자만 쓰고 있는 것입니다. 현재 쓰지 않는 4자는 'ㅿ, ㆁ, ㆆ, ㆍ(반치음, 옛이응, 여린히읗, 아래아)'입니다. 오늘날 우리는 24개의 자·모음만으로 약 1만 1,000개 이상의 문자와 소리를 만들어 낼 수 있습니다. 따라서 우리는 어릴 때부터 한글의 조합 원리를 통해 수학과 과학의 원리가 언어에 내재되어 있음을 습득할 수 있습니다.

한글은 사람이 말하는 소리를 그대로 문자로 옮기는 표음문자입니다. 모든 글자를 다 외워야 하는 표의문자 한자와 달리 표음문자 한글은 배우기가 쉽습니다. 그래서 한글은 아침 글자라고도 불립니다. 모든 사람이 단 하루면 배울 수 있다는 뜻입니다.

한글은 문자의 해설이 주어지는 유일한 문자입니다. 그 증거가 한글 해설집 『훈민정음 해례본』입니다. 이를 통해 우리는 한글의 창제 원리와 사용법을 알 수 있고, 한글의 과학성을 증명할 수 있습니다. 이러한 여러 이유로 유네스코는 1997년 10월 1일에 우리나라 훈민정음을 세계 기록 유산으로 지정됩니다.

이제 만원권 지폐 앞면의 정체불명의 글자가 무엇인지 알려주겠습니다. 세종이 훈민정음을 창제한 후 사용하기에 적합한 글자인가에 대한 실용성을 검증하기 위해 만든 『용비어천가』입니다. 정확하게는 『용비어천가』 2장의 한 구절입니다. 『용비어천가』는 훈민정음으로 된 최초의 작품이자, 국문으로 된 최초의 악장 문헌(장편 서사시)입니다. 악장이라는 갈래가 좀 생소하실 수 있는데, 악장은 궁중 행사 때 음악을 연주하며 노래로 부르던 노래의 가사입니다.

음악이 가지는 힘은 위대합니다. 오늘날 방탄소년단을 비롯한 K-pop 스타들이 음악으로 전 세계 사람들의 마음을 사로잡았고, 월드컵, 올림픽 등에서 각종 응원가는 온 국민이 하나로 만들기도 합니다. 과거 동양에서도 음악은 중요한 역할을 맡았습니다. 노래 가사에 반영된 백성들의 마음과 사회의 모습을 알기 위해 당시 유행하던 노래들을 수집하여 민심을 살폈고, 정치적 소문을 노래 가사로 지어 퍼트리기도 했습니다.

세종도 음악의 힘을 알고, 음악으로 백성들의 마음을 모으고자 했습니다. 세종은 즉위 후 자신을 괴롭히는 큰 고민이 하나 있었습니다. 조선이 고려를 뒤엎고 세워진 나라라는 부정적인 생각을 가진 백성들의 마음을 돌려야 했습니다. 또한 조선 건국 과정이 실제로 정당한지의 여부와는 별개로, 새로운 왕조의 권위를 강화하고 민심을 안정시킬 수 있는 장치가 필요했습니다.

태종은 두 차례 왕자의 난으로 형인 정종으로부터 왕위를 이어받지만 정당성이 부족하여 태종과 세종 모두에게 큰 정치적 부담이 되었습니다. 정종은 사후에 묘호를 받지 못하고, 공정왕이라는 시호만 받았습니다. 그러면서 조선 초기 왕위 계승은 4조(목조, 익조, 도조, 환조)에서 태조, 태종, 세종으로 이어지는 순서가 공식화되었습니다. 세종은 이러한 왕위 계승과 정통성 문제를 공표해야 했습니다.

세종은 오랜 고민을 해결하기 위해 훈민정음으로 조선 왕조의 창업을 칭송한 노래인『용비어천가』의 가사를 썼던 것입니다. 먼저 조선 건국의 과정을 본격적으로 정리하기 시작합니다. 세종은 신하들의 반대에도 불구하고『태조실록』을 열람하여 실록 앞부분에 기록된 태조 이성계와 그 선대의 행적을 확보할 정도로『용비어천가』편찬에 주력했습니다.

도대체『용비어천가』는 어떤 내용이 담겨 있을까요? '왕이 되어 날아올라(龍飛), 하늘의 명에 따른다(御天)'는 책 제목에서 어느 정도 내용이 짐작될 것입니다.『용비어천가』는 조선의 건국이 하늘의 뜻을 따른 것임을 분명하게 하면서 조선 건국이 정당하다는 내용의 노래 가사가 가득 담겨 있습니다.

조선 건국의 정당성을 노래한 용비어천가

『용비어천가』는 1445년 4월에 편찬되어 1447년 5월에 간행된 전체 125장으로 구성된 장편 서사시입니다. 구성은 1장이 1줄로 되어 있고, 2장부터 124장까지는 2줄로, 125장은 3줄로 이루어져 있습니다. 각 장은 단편적인 일화를 설명하는 듯하지만, 전체적으로 조선 건국의 위대함과 창업 조종(祖宗)의 영웅담을 서사시 형태로 기술했습니다. 우리에게 가장 잘 알려진 1장과 2장을 보겠습니다.

제1장

海東(해동) 六龍(육룡)이 ᄂᆞ르샤 일마다 天福(천복)이시니 古聖(고성)이 同符(동부)ᄒᆞ시니

우리나라의 여섯 성군이 나시어 하는 일(건국 위업)마다 모두 하늘이 내리신 복이십니다. 이 일은 중국 고대 성군들이 하신 일과 일치합니다.

1장에서 '육룡이 나르샤'라는 구절은 친숙할 것입니다. 과거 큰 인기

를 얻었던 드라마의 제목이기도 합니다. 1장은 노래 제목『용비어천가』의 의미를 설명한 장입니다.『용비어천가』의 전체 주제를 대표한다고 할 수 있습니다. 조선을 건국한 태조의 혈통을 여섯 마리 용에 비유하여 역성혁명이 하루아침에 이루어진 것이 아니라 태조의 선조 때부터 오랫동안 다져진 기반 위에서 이루어진 것이라 설명하고 있습니다. 조선 건국의 정당성과 정통성을 부각시킨 것입니다.

2장은『용비어천가』에서 문학적으로 가장 뛰어난 장으로 평가받고 있으며, 만원권에 실린 문장이기도 합니다. 다른 장과 달리 제2장은 한자 말이라고는 하나도 없는 순 우리말을 사용하고, 서사가 아닌 비유와 상징의 방법으로 조선의 무궁한 번성과 발전을 송축하고 있습니다.

제2장
불휘 기픈 남군 부루매 아니 뮐씨 곳 됴코 여름 하느니
뿌리가 깊은 나무는 바람에 흔들리지 않으므로, 꽃이 좋게 피고 열매가 많습니다.

시미 기픈 므른 구무래 아니 그츨씨 내히 이러 바루래 가느니
샘이 깊은 물은 가뭄에도 물이 끊어지지 않으므로, 냇물이 되어 바다로 흘러갑니다.

다들 만원권 지폐를 펴놓고서 글자를 비교하고 있을 것 같은데요. 2장은『용비어천가』의 전체 논의 전개와 주제를 더욱 선명하게 드러냅니다. 조선의 기초가 튼튼함을 '뿌리 깊은 나무'에, 유서가 깊음을 '샘이 깊은 물'에 비유했으며, 조선의 무궁한 번성과 발전을 '꽃과 열매', '내와 바다'에 비유하여 송축하고 있습니다. 결국 2장은 조선 왕조의 창업이 결코 우연히 이루어진 것이 아니라, 여러 대에 걸쳐 조상님들이 애써 쌓고 쌓은 성덕의 결정이며 그 연원이 매우 깊고, 또 앞으로의 발전과 번영이

무궁할 것을 강조합니다.

『용비어천가』 전체 내용을 장별로 간략하게 정리하면 1~2장은 서론으로 전체 주제와 글의 서술 목적이 담겨 있습니다. 3~109장은 태조 이전 목조에서 환조에 이르는 4조의 행적, 태조의 위화도 회군부터 조선 건국 후 한양 천도, 대대로 덕을 쌓은 전주 이씨, 태조의 비범한 모습과 업적 등이 서술했습니다. 110~124장은 후세 왕들에게 올바른 정사를 펼쳐 국가의 안녕을 지킬 것을 강조했습니다. 마지막 125장은 전체의 결론으로 조상의 어진 덕으로 개국한 조선이 영원할 것이며, 왕조의 발전을 위해 후대 왕들이 백성 다스리는 데 게을리하지 말아야 한다는 내용입니다.

세종은 『용비어천가』를 제작할 때부터 이미 노래로 불러질 것을 전제로 만들었습니다. 그래서 용비어천가의 제작과 함께 그 한글 가사는 치화평과 취풍형이라는 음악으로 노래되고, 한문 가사는 여민락이라는 음악으로 노래되었습니다. 『용비어천가』를 통해 조선 건국이 태조 이전 목조 시대부터 숙명적으로 이루어질 수밖에 없음을 널리 알렸던 것입니다. 세종의 노력으로 차츰 백성들도 조선 건국의 정당성을 받아들이기 시작하였고, 덕분에 조선은 국가 기반을 탄탄하게 다질 수 있었습니다.

600년이 흐른 오늘날에도 우리나라 국민이라면 '육룡이 나르샤', '뿌리 깊은 나무', '샘이 깊은 물' 등 '용비어천가'에 담긴 내용을 한 번은 들어봤거나 알고 있는 것을 보면 세종의 음악을 활용한 전략은 성공한 것이 아닌가 싶습니다.

왕만이 가질 수 있었던 그림, 일월오봉도

오늘날 여러 매체를 통해 '시그니처'(Signature)라는 단어는 서명, 특징이라는 사전적 의미의 뉘앙스를 담고 있되 더 넓은 범위로 사용되고 있습니다. 시그니처는 어떤 상품이나 단체, 유명인하면 떠오르는 대표적인 이미지 또는 제품 등을 말할 때 자주 사용합니다. 그렇다면 조선 시대 왕의 시그니처도 있었을까요?

왕의 권력은 여러 가지 형태로 상징화됩니다. 대표적으로 왕을 상징하는 도장 어보, 왕이 앉는 의자 어좌, 왕의 초상화 어진, 왕이 일상적인 집무를 할 때 입는 곤룡포 등이 있습니다. 놀랍게도 왕을 상징하는 그림도 있습니다. 바로 만원권 지폐 앞면에 새겨진 조선 왕의 시그니처 일월오봉도입니다.

만원권 지폐 속 일월오봉도

만원권 지폐의 앞면 한 가운데를 장식한 일월오봉도를 보면 어디서 많이 본 듯한 느낌이 들 것입니다. 일월오봉도는 역사 드라마나 영화에서 조선의 왕이 어좌에 앉아 신하를 호령하는 장면에서 볼 수 있습니다. 항상 왕의 배경을 장식하는 그림이기 때문입니다.

일월오봉도는 일월오악도(日月五岳圖), 일월곤륜도(日月崑崙圖), 일월오봉병(日月五峰屏)이라고도 합니다. 일반적으로 4폭·6폭·8폭 등의 병풍 형태로 제작되지만 별도의 받침대에 끼워서 세우는 삽병 형태, 비단에 그린 그림을 종이에 배접해 벽에 붙이는 부벽화 형태, 네 짝이 한 조를 이루

는 창호에 그려지기도 합니다. 일
월오봉도는 현재 약 20점이 남아
있는데 8폭과 10폭 병풍이 많고,
높이가 4미터에 가까운 것도 있
지만 대개는 150cm 전후의 크기
입니다.

일월오봉도 삽병 ©국립고궁박물관

일월오봉도는 왕의 앉은 자리
뒤편에 세워져 왕의 존재와 권위
를 상징하고, 드높이는 역할을 했
습니다. 일월오봉도가 왕과 가장
밀접한 관계가 있는 그림이라는
증거는 곳곳에서 볼 수 있습니다.
조선 시대 왕이 참석하는 각종 행사나 행차 또는 왕이 죽은 후 왕의 혼백
을 모신 곳이나 심지어 왕의 초상화 뒤에도 늘 일월오봉도가 있었습니
다. 일월오봉도는 궁궐의 정전에 설치되어 어좌 뒤에 사용될 때는 규모
가 큰 편이지만 왕의 초상화인 어진의 뒤에 설치되는 경우는 규모가 작
은 편이었습니다.
　일월오봉도는 조선 시대 왕의 공식적인 자리라면 어디에나 설치되었
습니다. 세월의 흐름 속에 계속 새것으로 교체되면서 조선 왕조의 마지
막까지 함께 했습니다. 지금도 경복궁 근정전이나 창덕궁 인정전, 창경
궁, 덕수궁에 가보면 임금이 앉는 용상 뒤편에 홀로 외로이 있는 일월오
봉도를 볼 수 있습니다.
　이제 왕의 시그니처 일월오봉도를 감상해보겠습니다. 일월오봉도의
구도는 단순합니다. 왼쪽에 달, 오른쪽에 해가 떠있고, 다섯 봉오리의 산
과 그 사이로 떨어지는 두 줄기 폭포, 양쪽에 두 그루의 적색 소나무와
바다의 물결들이 완벽한 좌우 대칭 구도를 이루고 있습니다. 그림을 전

허 모르는 사람도 좌우 대칭으로 배치한 소재들이 만들어내는 안정감, 더 나아가 근엄한 느낌을 받을 것입니다. 저는 이러한 일월오봉도의 장엄한 아름다움이 왕의 위엄과 권위에 한껏 살려준다고 생각합니다.

창덕궁 일월오봉도

일반적으로 궁중 회화에서 사용되는 구도는 우측에서 좌측으로, 혹은 좌측에서 우측으로 움직이는 시선 흐름이 대부분입니다. 그런데 일월오봉도는 좌우 대칭이라는 화면 구성법을 사용합니다. 일반적인 궁중 회화의 구도를 따르지 않는 것은 왕의 상징과 쓰임새에 부합하는 맞춤형 그림으로 제작된 것과 깊은 관련이 있습니다.

잠깐 상상을 해볼까요? 일월오봉도는 왕의 어좌 뒤편을 장식하게 될 것이고, 왕은 그림의 중앙에 위치하게 됩니다. 만약 이때 그림의 형상이 좌측이나 우측에서 한 방향으로 흐르면 어떤 일이 벌어질까요? 당연히 그림 중앙에 앉아 있는 왕에게 시선이 집중되지 않고, 흐트러져 버릴 것입니다. 왕을 부각시키는 그림이 아니라 오히려 왕이 그림 속에 파묻히는 역효과가 나타날 것입니다. 반면에 좌우 대칭 구도는 시선을 중앙으로 모으는 역할을 합니다. 왕이 앉아있는 중앙 부분에 집중력을 높이면서도 반복을 통해 조형적 안정성을 얻는 탁월한 방법인 것입니다.

역사 투어나 강연을 통해 일월오봉도에 대해 가장 많이 듣는 질문은 도대체 그림에 무슨 뜻이 담겨 있냐는 것입니다. 일월오봉도에 등장하는 자연 경물은 여러 가지 함축적인 뜻을 담고 있기 때문에 다양한 해석이 있습니다. 일반적으로는 해와 달은 하늘 또는 각각 왕과 왕비를 상징하고, 다섯 개의 봉우리로 표현된 오봉산과 굽이치는 물결은 땅을 상징한다고 봅니다. 오봉산은 우리나라 산 중 동악의 금강산, 남악의 지리산, 서악의 묘향산, 북악의 백두산, 중앙의 삼각산을 형상화했다고 합니다. 마지막으로 적송은 하늘과 땅을 이어주는 존재이며, 바다는 영원한 생명력을 상징한다고 봅니다.

일월오봉도는 해와 달을 비롯하여 산, 소나무, 물 등은 하늘·땅·생물계의 영구한 생명력을 표방한 것으로 여러 신의 보호를 받아 자손만대로 길이 번창하라는 국가관의 투영이자 왕실의 지고한 권위를 나타낸 것입니다. 또한 임금이 중앙에서 사방을 다스리고, 음양의 이치에 따라 정치를 펼친다는 뜻도 담겨 있습니다.

일월오봉도는 같은 문화권에 해당하는 중국, 일본, 베트남에서는 현재까지 발견된 적이 없습니다. 한국에서는 고려 시대에 사용된 적이 없기 때문에 조선 왕조만의 독창적인 궁중 회화로 볼 수 있습니다. 일월오봉도가 정확하게 언제부터 만들어져 사용하였는지에 대한 기록은 남아 있지 않습니다. 다만 『선조실록』에 1590년 창경궁 왕의 집무실인 문정전의 '일월경'을 도둑맞았다는 기록이 나오는 것으로 보아 적어도 1590년 이전부터 어좌에 사용된 것으로 추정하고 있습니다. 최근에 정도전이 해와 달, 오악과 소나무, 물결로 구성된 도상을 창안하여 조선 건국과 함께 사용했다는 견해도 있습니다.

일월오봉도와 『선조실록』에 등장한 일월경의 관계가 궁금할 것 같은데요. 현재 남아 있는 일월오봉도는 모두 해와 달이 그려져 있습니다. 그런데 처음에는 일월경이라 하여 해와 달을 그리지 않고, 그 모양을 본뜬 금속판을 만들어 걸었다고 합니다. 해를 표현한 일경은 황금으로, 달을 표현한 월경은 은을 입혔고 합니다. 그래서 일월경을 사용한 조선 중기까지만 해도 일월오봉도는 주로 오봉도, 오악도라는 이름으로 불렸습니다. 이는 해와 달보다는 산의 형상에 더 중점을 두었다는 것을 알 수 있습니다.

일월오봉도가 만원권 지폐에 들어가면서 궁궐 깊숙한 곳에 있던 그림이 우리의 일상으로 온 것은 아닌가 싶습니다. 앞으로 경복궁 근정전, 창덕궁 인정전, 창경궁 명정전, 덕수궁 중화전 등 궁궐을 볼 기회가 있다면 왕의 시그니처였던 일월오봉도를 찾아보는 것은 어떨까요? 최고의 권위와 위엄을 부여받은 임금이 앉아 있는 모습이 저절로 상상이 될 것입니다.

혼천의

조선의 하늘을 열다, 혼천의

이번에 만날 만원권 지폐 뒷면은 천체의 운행과 그 위치를 측정하던 천문 관측기구와 그 뒤로 작은 구멍들이 선으로 연결되어 있는 옛 하늘의 별자리, 오늘날 현대적인 광학 천체 망원경까지 다채롭게 구성되어 있습니다. 만원권 지폐 뒷면에는 우리나라 천문의 과거와 현재, 미래가 담겨 있다고 볼 수 있습니다.

만원권 지폐 속 전체의 모습

혼천의가 만원권 지폐의 도안 소재가 된 이유는 간단합니다. 혼천의를 통해 찬란한 과학 문화를 꽃피웠던 세종 시대를 떠올리고, 세종의 정신을 기리고자 한 것입니다. 혼천의가 처음 제작된 시기는 1433년으로 세종이 즉위한 지 15년이 된 해입니다. 세종 시대의 과학 기술을 이야기 할 때 꼭 만나야 하는 인물이 있습니다. 비록 노비로 태어났으나 어릴 때부터 천재성을 인정받아 궁궐에 들어가 세종과 함께 조선의 과학 기술을 세계 최고로 만든 장영실입니다.

"장영실은 세종을 위하여 태어난 인물이다."

서거정, 『필월잡기』

장영실의 출생을 놓고 여러 설이 있지만 일반적으로 것은 부산 동래현에서 전서 벼슬을 지낸 장성휘와 관기 사이에서 태어났다고 알려져 있습니다. 조선 시대 엄격한 신분 제도에 따르면 천민인 관기가 딸을 낳으면 어머니를 따라 관기가 되어야 했고, 아들은 관노가 되어야 했습니다. 이에 따라 장영실은 관노가 되었다는 것입니다.

장영실은 『세종실록』에 따르면 태종 때 이미 솜씨가 좋다는 소문으로 인해 몇 번 궁궐에 불려와 일을 했고, 세종이 즉위하자 그 이름을 본격적으로 세상에 떨치기 시작합니다. 세종은 당시 세계 최고를 자랑하던 중국의 천문 시설을 조선에서 재현하기 위해 장영실 등을 1년간 중국에 머무르게 했습니다. 이때 장영실의 신분은 여전히 노비였습니다. 노비의 신분을 벗어나지 못한 장영실이 오늘날 국비 유학생이나 국비 기술연수단의 자격으로 중국에 파견된 것을 보면 세종이 얼마나 아꼈는지 짐작할 수 있습니다.

장영실은 중국에서 각종 천문 관련 서적을 구입하고, 천문 관측소를 직접 보면서 많은 공부를 한 후 귀국합니다. 세종은 장영실이 귀국하자 천민 신분에서 벗어날 수 있도록 상의원 별좌라는 관직에 임명합니다. 그리고 세종은 경연에서 천문학의 이치를 논하면서 다음과 같이 말합니다.

"우리나라는 예로부터 중국의 제도를 따라서 시행하는데 천문을 관측하는 기구가 없으니 관측 기구를 만들어 천문을 관측하는 데 대비하라 …… 중요한 것은 조선과 하늘의 북극 간의 고도

를 측정하는 것일 테니, 간의라는 관측기구를 만들어보는 것이
좋겠다."

『세종실록』

세종의 명으로 천문 관측기구 제작을 위한 프로젝트 연구팀이 만들어
집니다. 당시 중추원사였던 장영실은 이천을 도와 천문 관측기구의 제
작과 감독을 병행합니다. 세종이 제작을 명하였던 간의는 동아시아에서
가장 오랜 기간 사용된 관측기구인 혼천의를 간편하게 개량한 것입니
다. 1432년 장영실과 이천은 목재로 간의를 제작한 후, 실험에 성공하
자 구리로 간의를 만들었습니다.

간의를 제작한 지 1년 후인 1433년 장영실을 비롯한 연구팀은 혼천
의를 제작합니다. 이미 혼천의를 발전시킨 간의를 제작했는데 뒤늦게
혼천의를 만드는 것이 이상할 것입니다. 기존의 중국에서 사용하던 혼
천의는 천체운행을 관측하는 것이 큰 목적입니다. 하지만 장영실이 제
작한 혼천의는 정교한 동력 장치를 이용하여 천체 운행을 재현하면서
그와 동시에 시간을 알려주는 시계로 조금은 특별했습니다.

장영실의 혼천의는 일종의 천문 시계였고, 천체의 움직임을 읽는 시
계였습니다. 혼천의를 갖고 하늘을 바라본다면 천체의 적도 좌표·황도·
경도 및 지평 좌표를 관측하고 해·달·별의 운행을 추적할 수 있습니다.

만원권 지폐 속 혼천의　　　혼천의 ©국립고궁박물관　　　　간의

그리고 우주를 한 눈 안에 두고 보는 장관이 펼쳐질 것입니다.

지금부터 충격적인 사실을 알려 주겠습니다. 만원권 지폐 속 혼천의는 세종과 장영실이 만든 것이 아닙니다. 날짜·계절·별자리에 시간까지 알려주었던 혼천의는『세종실록』에 나오는 조선의 기본 천문기구였지만 임진왜란 이후 모두 소실되어 현재 남아 있지 않습니다. 그래서 만원권 지폐의 혼천의는 1669년 현종 대에 기상 업무를 담당한 관상감의 천문학 교수였던 송이영이 만든 것입니다. 현재 조선 시대에 만든 천문 시계 중에서 유일하게 남아있는 유물이기도 합니다.

송이영의 혼천의는 서양 과학이 전래된 이후 조선 후기에 제작되었기 때문에 장영실의 혼천의와는 큰 차이점이 있습니다. 과거 전통적인 혼천의가 수력으로 작동되는 방식이라면 송이영의 혼천의는 서양식 진자의 원리와 추의 중력으로 작동되었습니다. 즉 물레바퀴의 원리를 동력으로 삼은 시계 장치에 서양식 기계 시계인 자명종의 원리를 조화시켜 전혀 새로운 천문 시계 모델을 만들었던 것입니다.

세종 시대 찬란한 과학 기술들 중 하나인 혼천의를 보면 항상 드는 생각이 있습니다. 혼천의와 같은 정교하고 과학적인 시계를 만들었던 전통이 오늘날에도 이어졌다면 우리나라도 스위스 못지않게 시계 산업이 발달하지 않았을까 하는 아쉬움이 들기도 합니다.

경회루 ●──────────────────────────────────●

연못 위에 떠 있는 신선의 세계, 경회루

지금 여러분들이 보고 있는 만원권 지폐는 2007년 1월 22일부터 발행된 것입니다. 1973년 06월 12일, 1979년 6월 15일, 1983년 10월 8일, 1994년 1월 20일, 2000년 6월 19일에 발행된 만원권 지폐를 거쳐 지금에 이른 것입니다. 과거의 구만원권 지폐와 지금의 만원권 지폐를 비교하면 도안 소재에서 약간의 차이가 있습니다.

구만원권 지폐 앞면 + 뒷면

경회루가 도안으로 쓰인 100원권

만원권 지폐는 여러 번 발행되었는데 인물 초상이 세종인 것은 변화가 없었지만 그 외의 도안 소재는 약간의 변화가 있었습니다. 특히 지난 24년 간 구만원권 지폐 뒷면의 도안 소재였던 경회루가 대표적입니다. 경회루는 시간을 더 거슬러 올라가 1962년 11월 1일에 발행되어 1973년 10월 30일에 발행 중지된 지폐 형태의 100원의 뒷면 도안 소재가 된 적도 있습니다.

이번 주인공은 정면 7칸, 측면 5칸 총 35칸의 팔작지붕 건물로 우리나라에서 제일 큰 누각 경회루입니다. 경회루는 자연과 어우러져 은은한 멋을 풍겨 경복궁 내에서 가장 아름답다는 평가에 걸맞게 관람객들에게 가장 인기가 있는 곳입니다. 기회가 있다면 경회루 내에서 북악산 일대를 바라보는 것을 추천합니다. 우리나라 최고의 경관이 바로 이거구나라는 생각이 들 것입니다.

경회루는 조선 건국 직후 태조 이성계가 경복궁 사정전 서쪽 습지에 연못을 파고 세운 작은 누각에 불과했습니다. 그렇다보니 얼마 가지 않아 누각은 기울어지고 너무 좁아서 실제로 활용하기가 어려웠습니다. 허름한 누각을 본 태종은 '아버지께서 창업한 후 처음 세운 것인데 벌써 이렇게 되었는가?'라며 공사를 명했습니다.

경회루

　태종은 공사가 완료되자 임금과 신하 간에 서로 덕으로써 만나는 것을 의미하는 '경회'라는 이름을 정했습니다. 신하들에게 '내가 이 누각을 지은 것은 중국 사신에게 잔치를 베풀거나 위로하는 장소로 삼고자 한 것이지 내가 편안하게 놀고자 하는 것이 아니다.'라고 말했다고 합니다. 이후 경회루는 실제로 외국 사신을 접대하거나 임금이 신하들과 연회를 여는 장소로 사용됩니다. 경회루는 성종과 연산군 대에 크게 증축이 되면서 전성기를 맞이합니다.

　경회루는 조선과 오랜 시간을 함께하면서 역사 속 다양한 이야기를 갖게 됩니다. 경회루에서 우리가 자주 쓰는 '흥청망청'이라는 말이 탄생합니다. 연산군은 전국의 뛰어난 기생들을 모아 '흥청'이라는 단체를 만들었는데, 이 흥청을 끼고 국정을 돌보지 않고 놀았던 곳이 경회루입니다. 폭정을 일삼던 연산군이 중종반정으로 왕위에서 쫓겨나자 백성들은 연산군이 흥청들과 놀아나다 망했다는 뜻에서 '흥청망청'이라는 말을 사용했다고 합니다.

　세종과 경회루 사이에도 특별한 이야기가 있습니다. 1438년 세종은 나라의 경사가 있을 때 잔치를 열던 경회루 북쪽 언덕에 높이 9.5미터, 너비 9.8미터, 길이 14미터에 이르는 국가 종합 천문대 격인 간의대를 설치하였습니다. 앞서 본 간의 제작의 명을 내린 지 7년 만의 일입니다. 세종은 간의대를 완성하여 완벽한 종합 천문대를 갖게 되었고, 한양을 중심으로 하늘의 움직임과 시간을 관측할 토대를 마련했습니다. 세종에게 경회루 북쪽 언덕은 온갖 종류의 천체 관측 기구를 펼쳐놓고 직접 시연을 하는 곳이었습니다.

세종이 경회루에서 중국 사신을 접대하거나 신료들에게 연회를 베풀거나 정사로 인해 지치고 힘에 부칠 때 경회루 주변을 산책하는 모습은 『세종실록』에 자주 등장합니다. 조선 중기 선조 때의 문인 차천로가 지은 야담 수필집인『오산설림초고』에는 경회루와 관련된 세종의 재미난 일화가 하나 있습니다. 어느 날 집현전에서 공부하던 말단 관리 구종직이 멀리서 국가의 공식적인 연회 장소로 활용되던 경회루를 바라보았습니다. 이때 구종직은 경치가 뛰어나다는 경회루를 직접 안에 들어가 싶다는 생각을 합니다. 구종직은 왕의 초대 없인 넘볼 수 없는 경회루에 몰래 들어가 그 아름다움에 감탄하면서 연못가를 산보했다고 합니다.

세종은 때마침 환관 몇 명을 데리고 가마를 타고 경회루에 이르렀고, 구종직과 마주치게 됩니다. 상상만으로 아찔하지 않나요? 만약 제가 구종직이라면 세종에게 죽을죄를 지었다고 하면서 연못가에 몸을 던지는 시늉이라도 했을 것 같은데요. 세종은 구종직에게 경회루에 온 사연을 묻습니다. 구종직은 "오늘 밤 규장각의 숙직을 하다 그리 멀지 않은 경회루가 하늘 위의 신선이 사는 곳과도 같다고 해서 초야의 천한 것이 감히 몰래 구경하고 있었습니다."라고 사실대로 말합니다. 세종은 그 자리에서 불호령 대신 구종직에게 유교 경전을 외웠는가 물었고,『춘추』를 잘 기억한다고 하자 외워보라고 명합니다. 구종직은 막힘없이『춘추』1권을 술술 외웠습니다. 그러자 세종은 경회루에 몰래 들어 온 죄로 벌을 내리는 대신 종9품 말단직에서 종5품 부교리로 파격 승진 시켰다고 합니다.

경회루는 세종의 흔적과 숨결을 느낄 수 있는 소중한 공간 중 하나였고, 오랜 시간 동안 구만원권 지폐의 도안 소재가 되었습니다. 물론 세종에게 경회루보다는 왕이 국가

만원권 지폐 뒷면

정사를 논하는 경복궁 근정전이 더 어울린다는 생각을 하는 분들도 있을 것 같은데요. 1973년 6월 12일에 발행되어 1981년 11월 10일에 발행 중지된 만원권 지폐 뒷면에 경복궁 근정전이 도안 소재가 된 적이 있습니다. 경복궁 경회루는 24년, 근정전은 8년간 만원권 지폐의 도안 소재였습니다. 여러분들은 새롭게 만원권 지폐가 발행된다면 경회루와 근정전 중에 어떤 것을 도안 소재로 선택할 건가요?

자격루

스스로 시간을 알리는 자격루

고대인들은 낮에는 해가 움직이는 것을 보는 해시계, 밤에는 별이 움직이는 것을 보는 별시계로 시간을 알았습니다. 그런데 해시계와 별시계는 치명적인 문제가 있습니다. 만약에 비가 오거나 구름이 끼면 사용할 수 없다는 것입니다. 봄과 가을에는 그나마 큰 문제가 없었겠지만 장마철에는 무척 곤란하였습니다.

세종은 장영실을 비롯한 연구팀이 해시계인 앙부일구를 제작하였지만 새로운 시계 제작을 명합니다. 세종은 밤이나 낮이나 비가 오나 눈이 오나 항상 정확하게 시간을 알려주는 물시계를 갖고자 한 것입니다. 이때 장영실은 자신의 최고 업적으로 손꼽히는 물시계 자격루를 제작합니다. 장영실이 만든 자격루가 우리나라 최초의 물시계라고 착각을 많이

분들이 많습니다. 이는 반은 맞고 반은 틀렸습니다. 장영실이 자격루를 제작하기 이전에도 물시계는 많았습니다. 다만 장영실의 자격루는 그냥 물시계가 아니라 우리나라 최초의 자동 물시계입니다.

구만원권 지폐 앞면

자격루도 만원권 지폐의 도안 소재가 된 적이 있습니다. 1983년부터 2007년까지 24년간 사용된 구만원권 지폐 앞면은 용비어천가와 일월오봉도 대신에 자격루가 도안 소재였습니다. 장영실이 만든 자격루는 세종의 탁월한 업적으로 조선 초기 발달된 과학 기술의 수준을 보여주고, 세계에 내세울 수 있는 우리나라 과학 문화재로 인정받았기 때문입니다.

다시 돌아와서 본격적으로 세종과 장영실 그리고 자격루 이야기를 해보겠습니다. 1424년 장영실은 세종의 명을 받아 물시계 경점지기를 제작합니다. 이 시계는 그 동안 써오던 물시계를 계량하여 좀 더 정밀하게 만든 것으로 자격루는 아닙니다. 장영실의 경점지기는 커다란 문제가 있었습니다. 밤낮으로 사람이 지키고 있다가 잣대의 눈금을 읽어야 했고, 시계가 정확하지 못해 이것을 지키는 사람이 시각을 종종 잘못 알리는 일이 벌어졌던 것입니다.

"사람이 눈금을 일일이 읽지 않고도 때가 되면 저절로 시각을 알려 주는 시계를 만들도록 하라!"

『세종실록』

세종은 경점지기의 문제점을 해결하라는 명을 내렸습니다. 이 말도 안 되는 미션을 장영실은 10년 만에 해결합니다. 장영실은 중국 송나라,

자격루(복원)   창경궁 자격루 ⓒ국립고궁박물관

원나라 시대의 시계와 당시 중국에 전해진 아라비아 시계의 기술적 요
소 등 모든 정보를 샅샅이 찾아 연구했습니다. 시행착오를 거듭하며 수
많은 부품들을 조립하고 해체하기를 반복했습니다. 1434년 오랜 연구
와 실험 끝에 장영실은 김빈 등과 함께 물의 흐름을 이용해 만든 물시계
에 일정한 시간이 되면 소리로 알려주는 시각 알림 장치를 더한 자동시
계 자격루를 만들었습니다. 자격루라는 이름은 자격궁루(自擊宮漏, 스스
로 치는 궁궐시계)에서 연유합니다.

　잠깐 자격루의 작동원리를 알기 위해 과학 시간을 가져보겠습니다.
자격루는 시간을 측정하는 물시계(물 항아리 부분), 물시계로 측정한 시간
을 종, 북, 징소리로 바꿔주는 시보 장치(종, 북, 징을 치는 인형 부분), 물시
계와 시보장치를 연결해주는 방목(方木)이라는 신호 발생 장치(2개의 네
모기둥)로 구성되어 있습니다.

　자격루의 구체적인 작동 원리는 『세종실록』의 「보루각기」를 통해 상
세하게 알 수 있습니다. 자격루는 물시계 장치의 힘으로 작은 구슬이 굴
러가는 간단한 원리에서 시작합니다. 수수호에 물이 차오르며 이곳에
수직으로 꽂힌 잣대가 점점 떠오릅니다. 그러다 어느 정도 높이에 이르

게 되면 잣대 안에 있는 구리판을 건드려 작은 구슬을 자동 시보장치와 연결된 구리통으로 굴러 들어가게 됩니다. 이 구슬이 그 아래에 있던 숟가락 받침 모양의 기구를 건드려 큰 구슬을 움직이게 하고, 이러한 움직임을 반복하면서 큰 구슬이 2층에 세워져 있는 3개의 인형의 팔뚝을 건드림으로써 인형이 종, 북, 징을 치게 됩니다.

자격루가 완성되자 궁궐 안팎의 종루나 고루에서 종이나 북을 쳐서 백성들에게 정확한 시간을 알려 주었고, 한양 도성 안에서 궁궐의 호위병들은 업무 교대를 하거나 성문을 여닫는 데 활용했습니다. 조선 시대에 성문을 여닫는 시간은 중요했습니다. 해가 뜬 지 오래 되었는데 성문을 연다든가, 해가 너무 일찍 뜨는데 성문을 닫으면 백성들은 큰 혼란을 겪을 수밖에 없었습니다. 세종이 자격루를 만들어 가장 먼저 보낸 곳은 적의 위협이 언제나 존재하는 국경 변방 지역입니다. 전쟁에서 여러 부대가 연합하여 기습 공격 등의 작전을 전개하려면 정확한 시간에 군대를 집중시키거나 이동시켜야 했기 때문입니다.

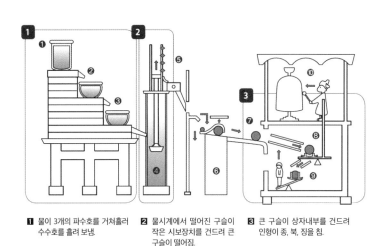

1 물이 3개의 파수호를 거쳐흘러 수수호를 흘려 보냄.

수수호에 차오르는 물이 잣대를 움직여 떠오르게 해서 쇠구슬을 시보장치로 보냄.

2 물시계에서 떨어진 구슬이 작은 시보장치를 건드려 큰 구슬이 떨어짐.

3 큰 구슬이 상자내부를 건드려 인형이 종, 북, 징을 침.

자격루 작동 원리

자격루도 안타까운 이야기가 있습니다. 혼천의와 마찬가지로 구만원권에 새겨진 자격루도 장영실이 만든 것이 아닙니다. 자격루는 장영실이 제작한 지 21년 만인 1455년 단종 때 자동 시보장치의 작동이 멈추게 됩니다. 장영실이 세상을 떠난 이후 고장난 자동장치를 고칠 수 있는 사람이 없었기 때문입니다.

구만원권 지폐 속의 자격루는 현재 덕수궁에 보존된 유일한 자격루 유물로 1536년 중종 때 장영실이 만든 것을 개량한 것입니다. 임진왜란 때 불에 타버리면서 그나마 남아 있는 것은 항아리 모양의 큰 파수호 1개와 작은 파수호 2개, 원통 모양의 수수호 2개, 부력에 의해

자격루 부품 ©국립고궁박물관

떠오르는 살대뿐이고, 자동시보장치의 정밀한 부품들은 현재 전혀 남아 있지 않은 상태입니다.

장영실의 도전은 자격루에서 끝나지 않았습니다. 자격루를 만든 지 4년 후인 1438년 장영실은 더 정교한 물시계이자 천문 장치의 기능까지 갖춘 천상시계 옥루(玉漏)를 제작합니다. 옥루는 천체 운행을 관측하는 데 쓰는 혼천의와 종, 북, 징을 타격하여 시간을 알려주는 자격

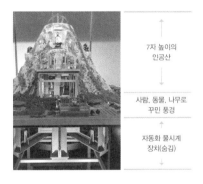

옥루

루의 원리를 합친 것입니다. 세종은 장영실이 옥루를 완성하자 비로소 7

년에 걸친 천문 관측 사업이 끝나게 되었다고 기뻐했습니다. 이로써 조선은 국가 표준 시계인 자격루, 천문 시계인 혼천의, 그리고 천상시계인 옥루 등 세 가지 자동 시계를 갖추게 된 것입니다.

세종은 왕의 중요한 임무 가운데 하나인 정확한 시간을 백성들에게 알려주는 것을 완벽하게 수행했습니다. 백성들에게 일어날 시각과 일할 시간, 쉬는 시간 등을 알려 주어 일상생활의 리듬을 규제하고 통제함으로써 사회생활의 질서를 유지할 수 있도록 했습니다. 세종이 만든 시계는 권위와 질서의 상징이자, 통치의 수단이었습니다. 그리고 세종의 시계 속에는 백성을 사랑하는 애민정신이 담겨 있습니다.

천상열차분야지도

돌에 조선의 밤하늘을 새겨 넣다. 천상열차분야지도

지금부터 온 국민이 가졌던 아름다운 추억 하나를 꺼내 보겠습니다. 다들 2018년 우리나라에서 최초로 개최한 평창 동계 올림픽을 기억하실 것입니다. 아직도 개막식에서 드론이 오륜기로 바뀌는 장면, 큰 화제를 일으켰던 인면조, 그리고 김연아 선수가 성화 봉송 마지막 주자로 불을 밝힌 모습 등은 많은 사람에게 회자되고 있습니다.

평창 올림픽 개막식에서 돔형으로 펼쳐진 천상열차분야지도의 별들이 평창의 하늘을 수놓았던 것을 최고의 명장면으로 꼽습니다. 천상열차분야지도의 별들은 증강현실(AR) 즉 컴퓨터 그래픽으로 만든 것으로 개막식 현장에 있던 사람들 눈에는 보이지 않습니다. 그럼에도 불구하고 개막식에 등장한 천상열차분야지도는 AR을 만나 대한민국의 전통성과 기술력을 보여주며 전 세계 시청자들에게 큰 감동을 주었습니다.

별자리를 새겨놓은 하늘의 지도이자 천문도인 천상열차분야지도는 만원권 지폐 뒷면에서 볼 수 있습니다. 혼천의 뒤로 별자리가 보일 것입니다. 그 별자리가 천상열차분야지도입니다. 천상열차분야지도는 천상도, 열차도, 분야도의 세 지도가 하나로 합쳐진 이름입니다.

천상열차분야지도(天象列次分野之圖)에 담긴 세 지도를 하나씩 살펴보겠습니다.

'천상(天象)'은 하늘에서 일어나는 모

만원권 속 천상열차분야지도

든 천체와 천문 현상으로 별과 별자리를 말합니다. '열차(列次)'는 하늘의 별자리를 12구역으로 나눠 선후의 순서에 따라 차례대로 배열한 것을 말합니다. 그리고 12구역으로 나눈 별자리를 해당 지역의 땅에 대응시켜 나누어 놓은 것을 '분야(分野)'라고 합니다. 지상에도 여러 나라가 일정한 영역으로 분포되어 있듯이 하늘도 이와 마찬가지로 일정한 법칙에 따라 분류한 것입니다. 끝으로 '지도(之圖)'는 종합적인 뜻을 가진 그림을 말합니다. 한마디로 천상열차분야지도는 하늘의 상을(天象), 차(次)에 따라 나열하고(列次), 지역(野)에 따라 구분하여 그린 그림입니다.

천상열차분야지도는 언제 제작되었을까요? 대부분이 만원권 지폐를 떠올리며 세종의 업적이라고 말할 것입니다. 그래서인지 각종 한국사 시험에 천상열차분야지도가 출제되면 '세종 대에 제작되었다'가 항상 오답 선지로 등장합니다. 천상열차분야지도는 세종의 할아버지 태조 이성계가 조선을 건국한 지 불과 4년만인 1395년에 제작한 것입니다. 천상열차분야지도의 하단에 건립 내력을 확인할 수 있는 발문이 새겨져 있습니다.

"이 천문도 석각본이 오래 전에 평양성에 있었으나 전쟁으로 인하여 대동강에 빠져 분실된 지 이미 오래 되었고, 그 탁본조차 없어져 남아있는 것이 없었다. 그러다가 우리 전하(태조)께서 나라를 세우신지 얼마 지나지 않아 탁본(인쇄본) 하나를 바치는 자가 있었다. 전하께서 이를 매우 귀하게 여기시어 천문 관측을 담당하는 서운관으로 하여금 돌에 다시 천문도를 새기도록 명하셨다. 그러자 서운관에서는 이것은 옛 하늘로 별의 도수(별자리의 각도)가 맞지 않으니 관측 결과를 바탕으로 수정하여 만들 것을 청하였다."

'천상열차분야지도' 발문

천상열차분야지도는 발문에 따르면 과거 고구려 평양에 있던 천문도의 인쇄본을 바탕으로 약간의 수정을 가하여 새롭게 만들어진 것임을 알 수 있습니다. 그런데 태조가 고작 돌에 새겨진 천문도를 매우 귀하게 여기고 기뻐했다는 부분은 너무 과한 반응이지 않냐는 생각이 들 것입니다.

천상열차분야지도는 과학적인 기능뿐만 아니라 『용비어천가』처럼 정치적 의도가 숨겨져 있습니다. 조선을 건국한 태조는 고려 후기부터 시작된 사회 혼란을 수습하고 동요하는 민심을 바로잡아 조선 개국의 정당성을 백성에게 알려야만 했습니다. 조선 건국의 정당성이 절실하던 차에 옛 고구려 천문도의 발견된 것입니다. 태조는 조선이 단순히 무력에 의존한 것이 아니라 하늘의 뜻인 천명(天命)을 받고 세워졌다는 정당성을 부여할 수단으로 천문도를 활용한 것입니다.

그렇다면 천문도가 조선 건국의 정당성을 어떻게 확보하는지 의문점이 생길 것입니다. 조선은 성리학을 중심 이념으로 삼고 국가를 운영했습니다. 조선의 왕에게 요구되는 덕목은 성리학의 원론인 하늘을 공경하고 백성을 보살피는 일에 전념한다는 경천근민(敬天勤民) 사상에 따라 임금

과 신하가 함께 다스리며 어진
정치를 베푸는 것입니다. 이
성리학적 사상을 구현하기 위
해 천문학이 필요합니다.

천상열차분야지도 각석 ©국립고궁박물관

조선의 왕들뿐만 아니라 고
대 왕들은 천문 관측을 통해
하늘을 보는 것은 하늘과 백
성의 마음을 제대로 읽는 통
치권자의 중요한 능력으로 여
겼습니다. 왕들은 민심이 곧
천심이며, 하늘의 조화를 제
대로 파악하는 것이 곧 백성
의 마음을 제대로 읽는 것이
라 여긴 것입니다. 따라서 태
조는 조선 건국과 동시에 정
비할 일이 많았지만 천문도 제작에 심혈을 기울인 것입니다. 하늘에서
일어나는 모든 현상을 면밀히 관측하여 때와 시를 살펴 이를 백성에게
알려주고, 하늘의 뜻인 천심을 읽어 백성을 통치하는 기본으로 삼겠다
는 의지를 천상열차분야지도에 담은 것입니다.

천상열차분야지도는 권근을 중심으로 유방택, 설경수 등 총 12명이
제작을 주도했습니다. 이들은 고구려 천문도를 기준 삼아 700년이라는
시차에서 생길 수 있는 오차를 최대한 줄이기 위해 새롭게 별을 관측했
습니다. 그 결과 높이 211cm, 폭 123cm, 두께 12cm인 검은 돌판 위에 별
자리를 새겨 고구려와 중국 것과는 다른 매우 정확한 천문도를 탄생시
켰습니다.

천상열차분야지도는 특이하게도 검은 돌의 앞면과 뒷면 양쪽 면에 천

문도를 새겼습니다. 한 면에 새겨진 글자 수는 2,932자이며 별자리 수는 총 295개, 별의 개수는 총 1,467개에 달합니다. 앞면에는 '천상열차분야지도'라는 제목이 가운데 있고, 뒷면에는 천문도가 거꾸로 새겨져 제목이 상단에 위치합니다. 현재 전해지는 인쇄본은 모두 천문도의 뒷면입니다.

검은 돌의 양면에 모두 천문도가 새겨진 이유는 현재 정확히 알 길은 없습니다. 다만 태조 때 한쪽 면에만 천문도를 새겼고, 세종 때 이르러 앞면과 같은 내용을 약간 구성을 바꿔 뒷면에 거꾸로 천문도를 새긴 것으로 추정합니다. 『동국문헌비고』, 『서운관지』 등에서 세종 대에 새로운 천문도를 돌에 새겼다는 기록을 볼 수 있기 때문입니다. 이 추측이 맞다면 만원권 지폐의 도안 소재로 세종과 천상열차분야지도가 함께 있는 것은 찰떡궁합이 아닌가 싶습니다.

천상열차분야지도 ©국립고궁박물관

천상열차분야지도는 148년이나 빨리 제작된 중국의 순우천문도와 비교하면 확연하게 특징을 알 수 있습니다. 천상열차분야지도에 새겨진 별의 숫자는 1,467개로 순우천문도보다 33개나 더 많습니다. 또한 전통 천문도들이 별의 크기를 동일하게 그렸다면 천상열차분야지도는 별빛의 밝기에 따라 별의 크기를 다르게 그렸습니다. 놀라운 사실은 북반구에서 눈으로 관찰할 수 있는 거의 모든 별자리가 천상열차분야지도에 새겨져 조선 초기 천문학 수준이 세계적이었음을 알 수 있습니다.

천상열차분야지도는 임진왜란 이후 수난의 역사가 시작됩니다. 천상열차분야지도는 임진왜란으로 경복궁이 불탄 후 그대로 방치되어 심하게 닳아 버렸습니다. 그렇게 어느덧 3백여 년의 세월이 지나갔고, 조선후기 장희빈과의 로맨스로 유명한 숙종은 하늘의 위엄이 점점 옅어지는 것을 우려하여 천문도를 다시 새기라는 명을 내렸습니다.

태조와 숙종 대에 제작된 천상열차분야지의 내용은 동일합니다. 1687년에 완성된 숙종본은 태조본이 닳아 잘 보이지 않게 되자 다시 새겨 놓은 것입니다. 다만 숙종본은 검은 돌이 아니라 흰 대리석을 사용하였고, 크기 면에서는 높이는 낮고 너비는 작지만, 두께는 더 두꺼워졌습니다. 이후 영조는 관상감 내에 흠경각이라는 건물까지 따로 지어 두개의 천문도를 함께 보관합니다.

천상열차분야지도의 수난은 1910년 일본에게 국권을 피탈당하면서 다시 시작됩니다. 천상열차분야지도는 경복궁의 흠경각이 헐려지면서 이리저리 옮겨지다 광복과 6·25 전쟁을 거치면서 완전히 잊혀져버립니다. 그러다 1960년대에 경복궁의 흠경각이 아닌 창경궁 한복판에서 다시 발견됩니다. 아무도 천상열차분야지도의 귀중함을 알지 못한 채 평범한 돌덩어리로 전락하여 소풍 나온 가족들이 돌 위에 앉아서 도시락을 먹거나 쉬어가는 자리가 되기도 했습니다. 심지어 아이들은 그 위에 모래를 뿌려 놓고 돌을 굴리는 놀이를 했다고도 합니다.

태종본이 거의 닳아서 숙종 대에 다시 만든 천문도가 얼마나 망가졌을지 생각하면 가슴이 아파옵니다. 뒤늦게 학계에서 천상열차분야지도의 가치를 인식하면서 태종본은 1985년 8월 과학 유물로는 최초로 국보 228호, 숙종본은 그해 9월 보물 837호로 지정됩니다. 현재 태종본은 국립고궁박물관, 숙종본은 세종대왕기념관에 전시되어 있습니다. 오늘날 우리는 태조본과 달리 보존 상태가 양호한 숙종본을 통해 천문도에 새겨진 글씨와 별 대부분을 판독할 수 있습니다.

천상열차분야지도는 한국사 9종 교과서에 '태조 때 고구려 천문도를 바탕으로 한 천상열차분야지도를 돌에 새겼다.'고 한 문장으로 서술됩니다. 지금까지 들려드린 천상열차분야지도 이야기와 교과서 서술에서 한 가지 빠진 것이 있습니다. 천문도에 새겨진 별의 이야기입니다.

조선 시대에 누군가가 하늘의 별자리를 묻는다면 "아 그거, 삼원이십팔수야"라고 답하면 됩니다. 천상열차분야지도는 전통적인 중국의 우주관인 삼원이십팔수(三垣二十八宿)에 따라 하늘을 구분하여 총 1,467개의 별과 함께 총 295개의 별자리를 새겼습니다.

천상열차분야지도에서 삼원과 28수를 찾아볼까요? 천문도의 4개 원

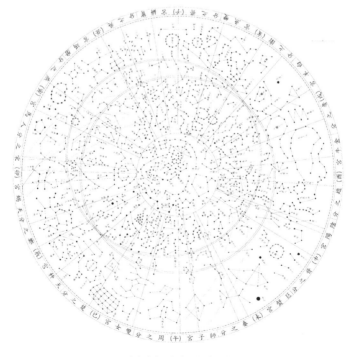

천상열차분야지도 속 별자리

들 중에 한 가운데 제일 작은 원을 봐주세요. 이 원은 천구북극으로서 세계 어느 곳에서나 정확하게 정북을 향합니다. 이 원과 근방에 있는 것이 삼원입니다. 삼원은 하늘의 제일 위쪽에 놓여 있다 해서 상원(上垣)이라 불리는 태미원, 가운데 중원(中垣)이라 불리는 자미원, 제일 아래 있다고 해서 하원(下垣)이라 불리는 천시원을 말합니다.

우리의 옛 선조들은 하늘의 중심에 거대한 삼원이 놓여 있다고 믿었습니다. 여기서 원(垣)은 담장을 말하는데, 이 별자리들이 담장 형태로 북극을 둘러싸기 때문에 붙인 명칭입니다. 동양에서는 온 우주를 다스리는 하늘나라 임금이 머무는 북극성과 북두칠성이 있는 별자리 영역이 최고 명당입니다. 이 명당은 자미원으로 하늘나라 임금이 거주하는 궁궐을 상징합니다. 따라서 왕비, 후궁, 태자 등의 별이 있다고 믿었습니다.

자미원에 하늘의 제왕이 산다면 그를 따르는 신하와 백성이 있어야 하지 않을까요? 자미원 동북 아래쪽에 위치한 태미원은 하늘나라 임금을 모시는 신하들이 모여 있는 곳을 상징합니다. 태미원은 하늘나라의 조정으로, 임금과 신하가 나라를 다스리기 위한 정치를 펼치는 곳이 됩니다. 태미원은 신하들의 세계이다 보니 별들의 이름이 관직명인 경우가 대부분입니다.

자미원의 동남 아래쪽에는 하늘의 백성들이 산다는 천시원이 있습니다. 천시(天市)는 이름 그대로 풀이하면 하늘나라의 시장이 됩니다. 곡이라는 이름의 쌀가게 별자리, 열사라는 이름의 보석가게 별자리, 도사라는 이름의 고기를 파는 정육점인 푸줏간 별자리, 백도라는 이름의 아름다운 천을 파는 포목상 별자리 등이 있어 날마다 장날이 펼쳐집니다.

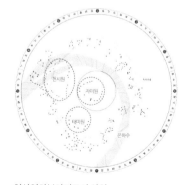

천상열차분야지도의 삼원

하늘의 삼원을 지상에 있는 조선에 비추어보면 자미원은 경복궁, 태미원은 육조거리로 지금의 광화문 광장이 됩니다. 과거 조선 육조 거리에는 국정 총괄 기구인 의정부, 중앙 관청인 6조, 서울 시청에 해당하는 한성부, 감사원격인 사헌부 등이 있었습니다. 천시원은 과거 종로 시전 거리로 오늘날 백화점과 쇼핑센터가 즐비한 종각역 일대를 생각하면 됩니다.

천상열차분야지도의 28수

이제 28수를 찾아볼까요? 천상열차분야지도의 모든 별들은 4개 영역으로 나눌 수 있는데 자미원, 그 주위에 인접한 태미원과 천시원도 포함됩니다. 그 밖의 영역을 방사선의 형태로 28개로 나누었는데 이를 28수라 합니다. 28수는 달의 공전 주기(27.32166일)와 관련이 깊습니다. 지구에서 보면 달은 매일 밤마다 별자리 위치를 바꾸다가 28일쯤 지나면 다시 원래의 별자리로 돌아오게 됩니다. 따라서 매일 밤 달이 머무는 대표적인 별자리를 선정하면 28개가 되고, 이것을 동서남북에 각각 일곱 개씩 배당하여 하늘의 구역을 나눈 것이 28수입니다.

28수의 이름은 4방위에 따라 상징 동물을 붙여 7개씩 모두 28개입니다. 동쪽의 방위는 청룡이 맡고 있는데 이곳에 위치한 일곱 별자리를 동방칠수라고 합니다. 북쪽은 현무가 지키는 북방칠수, 서쪽은 백호가 지키는 서방칠수, 남쪽은 주작이 지키는 남방칠수가 있습니다. 제가 가장 좋아하는 별자리 3개는 28수 중 남방칠수에 있습니다. 그럼 남방칠수로 한 번 가볼까요?

천문학에 관심이 없더라도 서양의 별자리 '시리우스'는 들어봤을 것입니다. 시리우스는 온 하늘에서 가장 밝은 별로 '별 중의 별', '한 해의 시작을 알리는 가장 중요한 별'로 알려져 왔습니다. 천상열차분야지도에서 시리우스는 낭성(狼星, 이리별)입니다. 낭성은 지상의 늑대를 하늘에 올려 별자리로 삼

남방칠수 속 별자리 3개, 위에서부터 낭성, 호성, 노인성

은 것입니다. 옛 사람들은 늑대를 성질이 아주 잔인하고 탐욕을 상징하는 동물로 여겼기 때문에 낭성은 변방 이민족의 침입을 상징했습니다. 실제로 조선 왕들은 전쟁의 징조를 상징하는 낭성에 깊은 관심을 가졌고, 이는『조선왕조실록』곳곳에서 볼 수 있습니다.

낭성의 동남쪽에 활 모양의 별자리가 보이나요? 하늘의 별 9개가 만드는 모양이 당겨진 활을 닮았다는 호성(弧星, 활별)이 있습니다. 재미있는 점은 호성의 형상이 마치 화살의 끝에 자리 잡고 있는 낭성을 겨누고 있다는 것입니다. 호성은 하늘의 늑대인 낭성을 쏘는 활이 되는 것입니다. 그래서 호성이 흔들리거나, 호성의 화살이 낭성을 곧바로 겨누지 않으면 도적이 많아진다고 보았습니다.

한국에서 제주도 서귀포에서만 볼 수 있는 별자리가 있습니다. 호성 아래에 위치한 노인성(老人星)입니다. 태양을 제외하면 낭성에 이어 두 번째로 밝은 별이지만 남쪽 수평선 가까이 낮은 고도에 뜨기 때문에 우리나라에서는 관측이 매우 어렵습니다. 그래서 이 별이 관측되면 왕이 장수하고 천하가 평안하지만, 보이지 않으면 왕이 우환을 겪고 전쟁과 흉년이 든다고 합니다.

천상열차분야지도는 단순히 성리학을 기본으로 한 조선의 통치 이념을 상징적으로 보여준 것뿐만 아니라 과학적으로 천체의 위치를 파악하

여 천체 운행 관측에 필수적인 역할을 했습니다. 우리는 밤하늘에 빛나는 무수한 별들은 아름다운 세계에 대한 꿈을 일깨워주는 존재인 동시에 천상과 지상을 이어주는 매개체였다는 것을 기억해야 할 것입니다.

천문관측의 중심지 보현산 천문대

여러분들은 사랑에 빠진 적이 있나요? "내가 하늘의 저 별을 따서 네게 줄게", "저 별처럼 우리의 사랑은 영원할거야." 사랑에 푹 빠진 연인들 사이에 한 번씩 해보는 닭살 돋는 말입니다. 현실적으로 접근해보겠습니다. 실제로 우주의 신비를 가진 별을 따기 위해서는 우주와 연결된 특별한 곳으로 가야 합니다. 그곳은 지상의 빛과 오염으로부터 벗어나 산꼭대기에 위치한 천문대입니다.

우리는 혼천의와 천상열차분야지도를 통해 수백 년 전으로 돌아가 조선의 천문학을 만났습니다. 이번에는 만원권 지폐 뒷면의 혼천의 우측에 자리 잡은 국내 최대 규모의 직경 1.8m 광학망원경이 있는 보현산 천문대로 떠날 것입니다. 과거에서 돌아와 현재의 천문학 이야기를 해보겠습니다.

만원권 지폐 속 광학망원경

한국에는 3대 천문 관측소가 있습니다. 충북 단양의 소백산 천문대, 대전의 대덕 전파천문대, 그리고 이번 주인공 경북 영천의 보현산 천문대입니다. 보현산 천문대가 있는 경북 영천이 낯설 것입니다. 더구나 1126m에 불과해 존재감 조차 미비한 보현산에 국립천문대가 자리한 것이 의아할 것입니다.

보현산은 교통이 불편한 내륙에 자리한데다 수량이 풍부한 골짜기도 없고, 큰 산마다 빠지지 않는 그 흔한 사찰마저 없으니 등산객과 관광객도 외면한 곳입니다. 심지어 보현산 천문대가 문을 열기 전까지 등산계나 환경 단체의 반대도 거의 없을 정도였습니다. 도대체 보현산에 천문대는 어떻게 설치될 수 있었던 걸까요?

한국 천문 연구원은 1987년부터 소백산에 이어 새로운 천문대를 설치하기 위한 부지 선정 작업을 10년 동안 진행합니다. 처음에는 전국의 100여 개 산을 선정하고, 기상 조건, 산정의 넓이, 광해 여부, 겨울 적설량, 접근성 등을 검토하여 24개 후보지를 선정했습니다. 그런 다음 현지 답사와 조사를 통해 각 후보지마다 면밀한 검토가 이루어졌습니다.

보현산은 무려 100대 1의 경쟁률을 뚫고 최후의 승자가 되었습니다. 보현산은 어떤 매력을 가졌던 걸까요? 천문대가 들어서려면 맑은 날이 많고 구름이나 안개가 잘 끼지 않아야 하며, 야간에 관측을 방해하는 불빛이 많은 대도시로부터 멀리 떨어져야 합니다. 이 모든 조건을 만족시킨 곳이 보현산입니다.

보현산이 위치한 경북 북부 지역은 우리나라에서 맑은 날이 많고, 비가 적게 내리는 지역이자 소백산맥이 겨울철 동북풍을 막아주어 적설량도 적습니다. 보현산에서 가까운 대도시는 대구와 포항으로 각각 40km 정도 떨어져 있고, 소도시 영천도 약 20km 거리에 있어 도시의 불빛에 방해를 받지 않습니다. 또한 보현산보다 주변에 더 높은 산이 없기 때문에 동서남북으로 시야를 방해하는 것도 없습니다.

1996년 4월 보현산 천문대는 문을 열자마자 한국 천문 관측의 중심지가 됩니다. 보현산 천문대는 준공 당시 건설비 74억 2천만원, 장비 도입 및 설비 55억원 등 모두 1백 29억 2천만원의 예산이 투입되었습니다. 보현산 천문대가 우리나라 천문학을 상징하게 된 것은 단순히 돈을 많이 투자해서가 아닌 국내 최대 규모의 직경 1.8m 광학망원경이 있기

보현산 천문대

때문입니다.

보현산 천문대의 직경 1.8m 광학망원경은 사람의 눈에 비해 10만 배, 소백산 천문대 61cm 망원경의 9배나 많은 빛을 모아 볼 수 있기 때문에 그만큼 어둡고 희미한 천체까지도 관측할 수 있습니다. 극미광의 CCD 카메라를 이용할 경우 사람 눈에 비해 400만 배 더 어두운 별도 관측할 수 있습니다. 성능이 잘 체감되지 않는 분을 위해 예시를 들자면 1.8m의 광학망원경은 보현산 정상에서 12km 밖에 있는 영천 시내에 떨어진 100원짜리 동전 2개를 분리해 볼 수 있을 정도로 고해상도를 가졌습니다.

무게 22t, 높이 7.8m, 가로 길이 3.9m 그리고 주경 지름이 1.8m인 광학망원경은 1996년 4월 프랑스의 텔라스사를 통해 30억 원에 들여온 것입니다. 그런데 이 망원경으로 별을 관측할 수 있게 된 때는 1년이 훨씬 지난 1997년 중반부터입니다. 무슨 일로 망원경의 가동이 늦어졌던 걸까요?

지금도 30억은 정말 큰 액수입니다. 1996년에 30억이라면 오늘날 100억에 가까운 돈입니다. 그래서 당초 이 망원경은 미국·영국 제품 등과 경쟁하여 저가 입찰로 들어올 수밖에 없었고, 주문자인 우리의 요구를 100% 반영하지 못했습니다. 또한 한국의 자연 조건에 맞지 않았고, 프랑스는 핵심 기술을 공개하지 않았습니다. 그 결과 비싼 금액을 들인 1.8m의 광학망원경은 보현산에 설치 초기부터 계속해서 원인을 알 수 없는 에러가 났고, 작동 불능 상태가 됩니다. 여러 차례 제작사에 문의하고, 제작사의 기술자까지 다녀갔지만 문제는 해결되지 않습니다.

1.8m의 광학망원경은 보현산 천문학자들이 직접 팔을 걷고 나서자 새생명을 얻게 됩니다. 국내에서 새로 전자부를 구성하고 구동 알고리

즘을 만들어 제작사의 전자부를 완전히 대체했습니다. 망원경 제어부와 관련 소프트웨어는 우리 기술로 설치하자 망원경이 제대로 돌아가기 시작합니다.

보현산 천문학자들은 망원경의 전자부를 통째로 바꿔버린 이후 여러 가지의 분야에 대한 지식과 능력을 갖춘 멀티플레이어가 되었습니다. 스스로 컴퓨터 프로그래밍을 하고, 전자 장비의 납땜을 하며, 스패너를 들고 망원경의 나사를 돌리며, 여름이면 망원경 주거울 코팅까지 더하여 자신의 연구를 했습니다. 2004년에는 8년에 걸쳐 자체 기술로 개발한 고분산에셀 분광기를 본체에 장착하여 구경 3m급 이상의 능력을 가진 동급 최고의 천체망원경으로 재탄생시켰습니다. 이 분광기는 천체망원경이 모은 별빛을 광섬유로 뽑아 빛을 파장별로 분산시키는 방식으로 별의 미세한 움직임까지 관찰할 수 있도록 했습니다.

천문학자라고 하면 어떤 이미지가 떠오르나요? 다들 며칠을 감지 않아 기름진 머리카락에 낡은 안경을 끼고, 허름한 흰 가운을 걸치고, 거대한 망원경에 눈을 대고 매일 별을 보는 모습을 생각할 것입니다. 실제로 천문학자들이 밤을 맞이하는 첫 번째 의식은 천문 관측을 시작하기 1~2시간 전부터 돔을 열어두는 것입니다. 돔 내부의 공기와 외부의 공기를 순환시켜 조건을 같게 맞추어야 하기 때문입니다. 만약 돔 문을 열고 곧바로 관측하면 돔 내부와 외부 공기의 상태 차이로 기류에 이상이 생겨 사상이 흔들리고, 정확한 데이터를 얻을 수가 없게 됩니다.

돔 문이 열리면 거대한 1.8m 광학망원경에 직접 눈을 대고 천체를 보는 장면을 기대할 것 같은데요. 충격적이게도 눈을 대고 별을 찾는 천문학자는 없습니다. 이곳에서 직접 눈으로 볼 수 있는 별은 없습니다. 사실 3~4층에 설치된 망원경은 1층에 있는 중앙 컴퓨터로 자동제어가 됩니다. 좌표를 입력하면 망원경은 천체를 조준하고, 주거울 뒷부분에 설치된 CCD소자가 빛을 감지해 이것을 디지털 데이터로 만들어 분석 컴퓨터에 보내주는 시스템입니다. 관측자는 직접 망원경을 통해 눈으로 천체를 보는 것이 아니라 컴퓨터 화면에 나타난 천체를 보면서 자료를 분석하는 것입니다. 한마디로 모든 것이 자동인 것입니다.

더 놀라운 사실은 보현산 천문학자들은 매일 별을 보지 않습니다. 관측은 당일 관측자와 망원경의 구동을 담당하는 관측 오퍼레이터가 함께합니다. 관측자가 오퍼레이터에게 관측할 천체에 대한 데이터를 주면 오퍼레이터가 이것을 구동 프로그램에 입력합니다. 그러면 망원경은 자동으로 위치를 찾아가 CCD카메라로 관측합니다. 관측자는 CCD가 보내온 자료를 분석해서 연구를 하면 됩니다.

보현산 천문대의 1.8m 광학망원경은 많은 성과를 거두게 됩니다. 수십 개의 소행성을 발견하고, 이를 토대로 광학 천문 연구 분야의 관련 논문 다수가 SCI급 국제저널에 게재되었습니다. 1994년 7월에 관측한 첫 번째 영상은 슈메이커-레비 혜성의 목성 충돌 장면입니다. 당시 전 세계의 망원경이 이 희귀한 장면을 찍기 위해 모두 목성으로 향했고, 보현산 천문대도 충돌 장면을 성공적으로 담아냈습니다.

1.8m 광학망원경은 20년이 넘는 세월이 흐르는 동안 다소 남루한 모습을 띠게 되었고, 천문 선진국에 비해 규모나 성능 면에서 뒤떨어져진 것은 사실입니다. 하지만 이 망원경이 단기간 내 우리나라 천문 우주 과학의 위상을 세계적 수준으로 끌어올리는데 큰 역할을 한 것을 부정할 수 없습니다.

보현산 천문대와 1.8m 광학망원경과 천상열차분야지도는 하나의 연결 고리가 있습니다. 그동안 보현산 천문대는 새로운 별을 발견하면 과학적인 업적을 남긴 한국 선현들의 이름을 붙여주었습니다. 처음으로 발견한 별의 이름은 '보현산'입니다. 나머지는 최무선, 이천, 장영실, 홍대용 등 한국 과학의 선각자 이름을 붙였습니다. 2000년에 발견한 소행성은 유방택 별이라는 이름을 붙였는데, 그는 천상열차분야지도와 밀접한 관련이 있습니다.

천상열차분야지도에 새겨진 설명문에는 제작에 참여한 12명의 이름과 함께 권근이 글을 짓고, 유방택이 천문 계산을 하고, 설경수가 글을 썼다고 적혀 있습니다. 권근은 문필가, 원나라에서 망명한 설경수는 서예가, 권중화는 영의정을 지낸 문관으로 천문학자가 아니었습니다. 나머지 8명에 대한 역사 기록은 발견되지 않고 있습니다. 우리는 12명의 인물 중에 유방택을 주목해야 합니다.

유방택은 고려 후기 공민왕 때 오늘날 기상청장에 해당하는 판서운관사라는 직책을 맡은 천문학자였습니다. 유방택은 오랜 시간 천문을 읽었고, 천체 관측에 능숙했기 때문에 천문도 제작에 핵심 역할을 맡았습니다. 한마디로 천상열차분야지도의 실제 제작자였습니다. 고려 말 학자 정이오의 문집『교은집』에 실려 있는「유방택 행장」에 따르면, 이성계가 천문 계산을 이룩한 공로를 인정하여 유방택에게 개국 일등 공신을 주려 했다는 기록을 볼 수 있습니다.

보현산 천문대의 1.8m 광학망원경은 국내외 저명한 천문학자들에게 엄청난 사랑을 받고 있습니다. 작가들의 꿈이 베스트셀러 작가인 것처럼 천문학자들의 꿈은 좋은 망원경을 갖는 것입니다. 천문학자들은 우리나라에서 가장 큰 망원경을 단 며칠이라도 차지하기 위해 치열한 경쟁을 벌입니다. 3~6개월 전에 자신의 연구가 망원경이 꼭 필요하다는 제안서를 써서 선정위원회에 신청해야 합니다. 선정위원회는 여러 평가를 통해 허락 여부를 결정합니다.

치열한 경쟁에서 승리를 거둔다면 통상 일주일 정도 사용 허가가 떨어집니다. 이때부터 중요한 것은 날씨입니다. 1년에 별을 제대로 볼 수 있는 날이 많지 않기 때문입니다. 운이 좋으면 일주일에 3일 정도 좋은 관측을 할 수 있는데 하루나 이틀 정도만 날씨가 좋아도 다행이라고 합니다. 운이 없는 사람은 단 하루를 건지기도 어렵습니다. 그래서 천문학자들은 망원경도 사람들과 인연이 있으며, 망원경에 혼이 있다고 믿습니다.

보현산 천문대 1.8m의 광학망원경

보현산 천문대의 1.8m 광학망원경은 만원권 지폐의 도안 소재로 선정되자 논란에 휩싸이게 됩니다. 보현산 천문대의 광학망원경은 한국 최대 규모이지만 미국과 일본 등 세계적 수준의 망원경에 비하면 규모가 너무 초라해 지폐의 도안 소재가 되기에는 적절치 않다는 지적이 많았습니다. 당시 세계에서 가장 큰 천체 망원경은 미국 텍사스주의 맥도날드 천문대 호비에벌리 천체망원경로 거울 직경이 11m에 이르렀고, 미국 하와이의 마우나케아봉에 설치된 켁망원경은 10m, 일본 호바루망원경도 8.2m에 이르렀습니다.

천문 우주 선진국들이 대형 망원경 제작을 통해 천체를 관측하고 있는 상황에서 보다 멀리 있는 천체를 관측하기엔 1.8m 광학망원경은 많은 한계가 있습니다. 안타까워하지 않아도 됩니다. 한국은 천문학 선진국을 향해 한반도 지구 반대편의 남미 안데스 산맥 칠레 북부, 해발 2500m 라스 캄파나스에 인류 최대 프로젝트라고 하는 거대마젤란망원경(Giant Magellan Telescope)프로젝트에 참여하고 있습니다.

거대마젤란망원경은 GMT라고 부릅니다. GMT는 인류가 도전하고 있는 차세대 초거대 반사망원경 중 하나로 지름 8.4m, 두께 40㎝, 무게 20t에 이르는 오목거울 7장을 모은 것으로 구경이 25m가 넘습니다. 단순 비교를 하면 보현산 천문대 망원경이 인근 영천시의 100원짜리 동전을 식별할 정도라면, GMT는 400㎞ 밖 금강산에 떨어진 동전을 알아볼 수 있습니다. 약 200배의 성능 차이가 나는 것입니다.

한국 천문연구원(KASI)는 1조원이 넘는 예산이 투입되는 GMT 프로

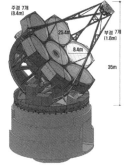

거대마젤란망원경 상상도

거대마젤란망원경 구조도

젝트에 참여한 이유는 간단합니다. 우주 관측에서 제대로 된 망원경이 없다는 것은 눈을 감고 있는 것과 마찬가지인데 1.8m 망원경으로는 우리 은하 안의 별을 보는 정도의 수준에 불과합니다. 한국 천문학자들의 오랜 숙원 사업은 대형 망원경을 확보하는 것이지만 국내 기술만으로는 망원경을 만들 수 없었습니다. 그래서 다른 나라의 프로젝트에 참여하는 방법을 모색하였는데 그것이 GMT 프로젝트입니다.

GMT 프로젝트는 2004년에 시작되었고, 한국은 2009년부터 참여했습니다. 현재 미국, 호주, 브라질 등 12개의 연구 기관이 참여한 상태입니다. 당시 2019년이면 완공될 수 있을 거라 생각했지만 기술적인 문제로 2030년에 완공될 것으로 추정합니다. 한국은 계획대로 GMT 프로젝트에 전체 예산의 10%를 분담금을 내게 된다면 GMT 망원경으로 1년 중 30일간 별을 관측할 수 있는 기회를 갖게 될 것입니다.

미래에 우리는 GMT 망원경으로 무엇을 볼 수 있을까요? 우주의 나이는 무려 137억 년으로 추정합니다. 빅뱅 이후 우주 최초로 별이 생긴 시점은 2억 년쯤이 지나서입니다. 그럼 적어도 135억 광년을 봐야 우주 최초의 별을 볼 수 있다는 것입니다. GMT 망원경은 최소 135억 광년, 빅뱅 이후 우주에 있는 최초의 별(First Star)을 관측하게 해줄 것입니다. 이 밖에도 외계 행성과 외계 생명체를 찾는 임무를 수행하면서 외계 행성에서 생명체의 존재 유무까지 분석해낼 것입니다.

보현산 천문대 근처의 별들

여기서 우리는 근본적인 질문 앞에 서게 될 것입니다. 왜 하늘의 별을 봐야 할까요? 이것이 인류에게 유익할까요? 우리에게 천문학은 정말 필요할까요? 흔히 인류가 지금까지 과학을 발전시켜 온 원동력은 호기심, 즉 미지의 것을 밝히기 위한 것이라고 합니다. 우주를 연구하는 이유는 그 우주가 어떻게 생겼는지 잘 알기 위해서입니다. 이것은 수많은 과학 기술과 인류 발전의 원동력이 되었습니다. 오늘날 필름카메라의 필름 역할을 하는 디지털카메라의 촬상소자(CCD)는 우주 망원경에서 출발하였고, 전파 망원경에 사용한 자기공명 기술은 이후 병원의 자기공명영상장치(MRI)로 진화하게 됩니다. 천문에 대한 인간의 호기심과 관심은 지금, 그리고 먼 미래에도 계속 이어질 것이고, 인류 발전에 큰 기여를 할 것입니다.

오늘날 보현산 천문대는 일반 방문객들을 위하여 4월, 5월, 6월, 9월, 10월의 4번째 토요일에 주간공개 행사를 실시하고 있습니다. 이 행사는 오후 2시부터 오후 4시까지 진행하며, 천문학 강연 및 천문대 시설 견학을 하게 됩니다. 당연히 행사 참여는 무료이며, 연령의 제한도 없습니다. 언제 한번 기회가 된다면 사랑하는 가족, 연인과 함께 하늘의 별을 따라 보현산 천문대로 떠나보는 것은 어떨까요?

보현산 천문대의 풍경

오만원
예술가이자 위대한 어머니, 신사임당

오만원 속 비하인드 스토리

2009년 6월 23일에 발행된 오만원권은 등장과 함께 우리나라의 최고액권이 되었습니다. 1973년부터 발행되어 36년 간 최고액권 역할을 했던 만원권을 대신하게 된 것입니다. 한국의 화폐들 중에 가장 나이가 어린 오만원권은 벌써 태어난 지 10주년이 지났고, 우리에게 가장 친숙한 일상 화폐가 되었습니다.

오만원권이 태어난 이유는 간단합니다. 1973년생 만원권이 노쇠하고 늙었기 때문입니다. 1973년에 비해 2000년대는 1인당 국민소득은 144배, 국내 총생산(GDP)은 209배, 소비자 물가는 14배가 된 상황이었습니다. 그러자 2006년 국회는 고액권 발행 촉구 결의안을 의결하였고, 이듬해 신사임당 초상을 도안 소재로 선정했습니다. 2007년에는 한국은행의 금융통화위원회 의결이 이루어지면서 2009년에 오만원권이 발행되었습니다.

오만원권은 발행과 동시에 개인 및 사회에 큰 변화를 가져주었습니다. 2019년 시중에 유통되고 있는 오만원권은 장수로 19억 7,000만 장, 금액으로 98조 3,000억 원입니다. 4종류의 지폐와 비교하면 오만원권이 장수로 36.9%, 금액으로 84.6%를 차지할 만큼 그야말로 독보적입니다. 최근에 한국은행이 발표한 현금 사용 행태 조사에 따르면 국민들이 거래용 현금의 43.5%, 예비용 현금의 79.4%를 오만원권으로 보유하고 있다고 합니다.

오만원권은 발행된 지 10년이 지난 지금 어떤 평가를 받고 있을까요? 오만원권이 발행될 때 자금 세탁과 뇌물 수수에 이용되거나 지하 경제를 부추길 것이라는 우려가 많았습니다. 고액 은행권으로 만원권에 비해 부피가 작고 자기앞수표처럼 기록이 남지 않았기 때문입니다.

드라마나 영화에 자주 등장하는 부패 정치인을 떠올리면 불법 정치 자금을 전달에 사용되는 사과 박스가 생각날 것입니다. 사과 박스에 오만원권으로 가득 채우면 무려 15억 원 정도가 담긴다고 합니다. 오만원권은 음료수 상자에도 수천만 원이 우습게 들어가고, 쇼핑백 하나면 1억 원이 전달 가능하다고 합니다. 오만원권 100장을 묶은 다발 20개(1억원)의 무게는 2kg에 불과합니다.

실제로 오만만권은 발행 초기부터 지금까지 환수율이 지나치게 낮다는 문제점이 뒤따르고 있습니다. 환수율이란 시중에 풀린 발행액 대비 한국은행에 돌아온 환수액 비율을 말합니다. 환수율이 높다는 것은 그만큼 돈의 회전율이 좋다는 것이고 반면에 환수율이 낮다는 것은 돈의 흐름이 원활하지 않다는 것을 의미합니다.

2019년 한국은행의 발표에 따르면 오만원권 누적 환수율은 50.01%이라고 합니다. 이는 10년간 발행된 185조 원어치 가운데 절반 수준 정도만 한국은행 금고로 돌아온 것을 말합니다. 만원권의 누적 환수율은 98.86%에 달한 것에 비하면 미약한 수치입니다. 그래도 오만원권의 환수율이 50%를 넘은 것은 꼬박 10년 만이라고 합니다. 오만원권의 낮은 환수율을 놓고 시중 수요가 많은 것으로 봐야 한다는 주장과 환수되지 않은 오만원권이 어디서 사용되는지 알 수 없기 때문에 지하 경제로 흘러 들어갈 가능성이 높아졌다고 보는 주장이 대립하고 있습니다.

한국은행은 오만원권의 발행으로 2주일 쯤 유통되다 일회용으로 폐기되던 자기앞수표가 사실상 사라지면서 수표로 인한 사회적 낭비 요인이 사라졌고, 만원권을 제조할 때와 비교하여 연간 600억 원 안팎의 제조비용 절감 효과를 거두는 등 기대했던 효과가 대부분 나타났다고 총평했습니다. 그런데 가장 주목해야 하는 평가는 따로 있습니다.

오만원권의 주인공 신사임당에 대해 "동일 성씨의 남성들로 구성됐던 우리나라 은행권 도안 인물의 다양성 확보에 기여했다"는 평가입니다. 그렇다면 전 세계적으로 여성 인물이 화폐의 주인공이 되는 경우가 많을까요?

최근 들어 외국의 경우 여성 인물을 화폐 인물로 채택하는 사례가 갈수록 늘어나고 있습니다. 미국의 달러 지폐에는 남성 인물들 일색이지만 2000년 발행한 1달러 동전에 '사카가웨아'라는 이름의 인디언 소녀가 주인공이 되었습니다. 영국 파운드화에는 엘리자베스 2세 여왕이 초상 인물로 채택되었고, 영국 연방 국가들의 상당수가 엘리자베스 여왕을 화폐 초상 인물로 채택하고 있습니다. 유럽 각국에서는 여성 인물의 화폐 모델 채용이 오래전부터 일반화되었고, 일부 북유럽 국가는 5대5의 비율로 남성과 여성을 화폐 인물로 선정되기도 합니다.

우리나라 최초의 화폐 속 여성 주인공은 누구일까요? 대부분의 사람들이 오만원권의 신사임당이라고 말할 것입니다. 충격적인 사실을 알려드리겠습니다. 신사임당은 47년 만에 우리나라 화폐에 다시 등장한 여성 인물입니다. 사실 우리나라 화폐 발행의 역사 속에서 여성 인물이 등장한 사례가 이미 과거에 1번 있었습니다.

1962년에 최초 발행된 100환권 지폐

1962년 5월 16일 발행된 100환권 지폐입니다. 이 지폐에는 한복을 입은 어머니와 아들이 저금통장을 들고 있는 모습으로 등장합니다. 저축을 장려하기 위한 취지를 담아 역사적 위인이 아닌 일반인을 도안의 모델로 채택하였기 때문입니다. 그런데 모자상 지폐는 발행된 지 불과 한 달이 채 못 되어 폐기됩니다. 이로 인해 역사적 위인이 아니라 어머니와 아들이 함께 모델로 사용되었기 때문에 여성 인물의 화폐 도안 소재 채택은 신사임당이 사실상 처음으로 봐야 한다는 주장이 많습니다. 여러분들의 생각은 어떤가요?

어쨌든 신사임당은 오만원권 지폐 앞면에 자신의 얼굴과 작품 1점, 오천원권 지폐 앞면에 아들의 얼굴과 자신이 살던 오죽헌, 뒷면에 자신의 작품 1점 등이 새겨지는 영광을 누립니다. 그럼 지금부터 이 책의 마지막 주인공이자 한국 지폐 도안계의 대모(代母) 신사임당을 만나러 가보겠습니다.

신사임당

현모양처의 전설이 되다

신사임당은 1504년 강원도 강릉 북평촌의 오죽헌에서 아버지 신명화와 어머니 용인 이씨의 다섯 딸 중 둘째로 태어났습니다. 아버지 신명화는 조광조 등 젊은 선비들과 교류하였는데 기묘사화로 이들이 죽거나 옥고를 치르는 모습을 본 후 정치에 뜻을 버리고 처가가 있는 강릉으로 내려오게 됩니다.

신사임당은 여성이지만 뛰어난 재능을 마음껏 발휘할 수 있었던 것은 열린 사고를 가진 외조부와 부모님의 영향이 컸습니다. 조선 시대 사대부가의 여인이 예술 활동을 한다는 것은 전례가 없는 일로, 시대와 편견을 뛰어넘는 가족들의 교육열이 없었다면 불가능했습니다. 외조부 이사온은 어린 신사임당이 어머니가 놓는 자수를 곧잘 따라 하는 모습을 보고 일곱 살 때부터 정식으로 그림을 그리도록 했고, 아버지 신명화는 딸들에게 어려서부터 천자문과 동몽선습 등의 사서육경과 글씨와 그림을 가르쳤습니다.

조선 시대 일반적인 관습이 여자 아이들은 으레 바느질과 집안일을 배우던 것임을 생각하면 신명화처럼 집안의 딸들에게 글공부를 시키는 것은 당시로서는 이례적인 일이었습니다. 이 점이 신사임당의 삶이 그 시대의 다른 여성들과 다를 수 있었던 배경 중 하나였습니다.

신사임당의 어린 시절 재능은 아들인 율곡 이이뿐 아니라 당시 문인들이 남긴 기록에서 쉽게 볼 수 있습니다. 오성과 한음으로 유명한 이항복은 "진사 신명화가 딸 하나를 특히 사랑하였는데, 총명이 뛰어나고, 고금의 서적에 통달하며 글을 잘 짓고 그림을 잘 그렸다."고 하였고, 서인의 영수로서 송시열 등의 제자를 두었던 김장생은 "신씨는 기묘명현 명화의 따님으로 자품이 매우 특출하여 예에 익숙하고, 시에 밝아서 옛 여범(여성이 지켜야 할 규범)에 대하여 모르는 것이 없었다"고 하였습니다.

딸에 대한 사랑이 지극하였던 신명화는 딸의 재능을 살려줄 수 있는 편모슬하에서 독자로 자란 이원수를 사위로 선택합니다. 신사임당이 19살의 나이에 이원수와 부부가 되었고, 슬하에 4남 3녀를 두게 됩니다.

신사임당을 하면 떠오르는 대표 이미지는 현모양처입니다. 2007년 10월 한국은행은 2009년에 신규 발행되는 오만원권 화폐 인물 후보 중 하나로 신사임당을 발표했습니다. 선정 이유는 "여성·문화 예술인으로서 대표적 상징성이 있다"입니다. 그러자 일부 여성 단체들이 즉각 반발했습니다. "새 화폐 인물로 여성의 선택이 유력한 것은 환영할 만한 일이나 신사임당은 부계 혈통을 성공적으로 계승한 현모양처로 지지되고 있다"는 이유로 비판했습니다. 신사임당은 어진 어머니, 착한 아내라는 현모양처 이미지 때문에 큰 논란에 휩싸인 것입니다.

그렇다면 신사임당은 정말 현모양처였을까요? 먼저 남편 이원수와의 부부 관계를 살펴야 합니다. 신사임당은 자기 집안에 아들이 없기 때문에 그 역할을 본인이 하면서 친정을 돌보고 싶다는 생각을 이원수에게 말했습니다. 이원수는 아내의 요청을 받아들였고, 부부는 자연스럽게 강릉에서 살게 되었습니다. 이러한 이유로 율곡 이이의 고향 또한 외가인 강릉 오죽헌이 되었던 것입니다.

이원수는 과거 급제에 거듭 실패하자, 벼슬 청탁이라도 해볼 생각으로 5촌 당숙인 영의정 이기의 집을 자주 찾아갔습니다. 그러자 신사임당은 이기가 어진 선비를 많이 해친 대가로 권세를 쥐었다며 발걸음을 끊으라고 충고합니다. 이후 이원수는 이기의 집에 일체 출입하지 않았습니다. 이후 이기는 계속 권력을 탐하다 투옥되었고 그를 따르던 자들 역시 화를 면치 못했습니다. 이처럼 신사임당은 부부 관계에서 조선의 다른 여성과 달리 주도적이고 가장 노릇까지 했습니다.

지금부터 신사임당과 자녀들 이야기를 해보겠습니다. 신사임당은 30

년간의 결혼 생활을 이어가면서 20세에 맏아들 선을 낳고 25세에 큰 딸 매창, 그 뒤로 둘째 아들 번과 둘째 딸, 32세에 아들 율곡 이이를 낳고, 그 뒤로 셋째 딸을 낳은 후 1542년 38세의 나이로 막내 아들 우를 낳습니다. 무려 18년간 출산과 육아를 이어온 것입니다.

육아의 어려움을 아는 분들은 도대체 신사임당은 언제 공부를 하고, 언제 그림을 그리는지 궁금해 합니다. 신사임당은 시부모님을 모시고 집안일을 돌보는 와중에도 저녁이면 호롱불 밑에 단정히 앉아 책을 펼쳤습니다. 그림을 그리고 시를 짓고 글을 읽으며 지적 허기를 채워나가기를 게을리 하지 않습니다. 늘 공부하고 배우기를 멈추지 않는 신사임당의 모습은 자식들에게도 귀감이 되었을 것입니다. 신사임당은 대단한 열정가이자 슈퍼 워킹맘이었습니다.

신사임당은 일곱이나 되는 자녀를 서당에 보내지 않고 직접 사서삼경을 가르쳤습니다. 신사임당은 뛰어난 학식을 지녔기 때문에 오늘날 자녀들을 학교에 보내지 않고 집에서 직접 교육하는 홈스쿨링을 할 수 있었던 것입니다. 아들 율곡 이이는 학문에 있어 자신의 스승은 어머니뿐이라고 할 정도였으니, 신사임당이 얼마나 위대한 선생이었는지 짐작할 수 있습니다.

신사임당의 자녀 교육 핵심은 바로 입지를 세우도록 한 것입니다. 입지는 뜻을 세우는 것으로 장차 걸어갈 인생의 목표를 뚜렷이 정하고 한결같이 이를 위해 노력하는 것을 말합니다. 신사임당은 동기부여가 가지는 힘을 정확히 알았고, 자녀들을 교육할 때 '공부를 함에 있어서 먼저 입지를 세워야 한다'는 것을 항상 강조했습니다. 신사임당의 교육으로 일곱 자식 모두가 뛰어났던 것은 아니지만 큰 딸 매창은 시와 그림에 능하여 소사임당이라 불렸고, 막내 아들 이우는 시와 그림, 글씨는 물론 거문고에도 탁월한 재주를 보였습니다.

신사임당은 필요할 때 꼿꼿이 제 목소리를 낸 시대를 앞서간 여인이었습니다. 가족을 사랑하고 자신의 뜻을 당당하게 펼치는 여인이었고,

자녀가 스스로 재능을 키워갈 수 있도록 끊임없이 응원하는 슬기롭고 자애로운 어머니였습니다. 모든 자녀들이 성공한 것은 아니었지만 제각기 지닌 재능을 최대한 살려 자신에게 맞는 진정 행복하고 참된 삶을 살 수 있도록 이끌어주었습니다. 신사임당은 뚜렷한 자기 주관이 있었기 때문에 조선 시대 일반적인 현모양처가 아닌 가장 진취적인 여성으로써의 삶을 살았던 것은 아닐까 싶습니다.

이제 근본적인 문제에 접근해보겠습니다. 오늘날 신사임당은 어떻게 현모양처를 상징하는 인물이 되어버린 걸까요? 신사임당은 17세기에 접어들면서 '화가로서의 신사임당'이 아닌 '율곡 이이를 낳은 위대한 어머니'로 역사의 전면에 등장합니다. 송시열은 성리학의 대가이자 스승 이이를 높이기 위해 신사임당의 이미지를 천재 예술인이 아닌 그저 이이의 어머니로만 부각시켰습니다. 이후 노론 계열의 유학자들은 신사임당의 예찬에 가담하면서 현모양처 이미지는 더욱 확고해졌습니다. 신사임당의 현모양처 이미지는 정치적 목적과 의도에 따른 신화 만들기 프로젝트였던 것입니다.

신사임당은 시간이 흘러 근대 개항기부터 일제 강점기에는 근대 교육의 필요성이 강조되면서 자녀 교육을 성공한 여성으로 등장합니다. 일제 강점기인 1930년대부터 신사임당은 현모양처를 대표하는 상징적 존재로 주목받습니다. 1937년 일제는 중·일 전쟁을 일으키고 전선이 태평양으로 확대되자 신사임당을 조선인 징병을 독려하기 위한 이념적 도구로 활용합니다. 조선 총독부는 식민지 조선에서 젊은 남성 동원에 가장 큰 걸림돌인 어머니, 그리고 아내를 설득하기 위해 현모양처로서 '신사임당'을 이용한 것입니다. 전쟁이 길어지고 남성들이 전

일제 학도병으로 끌려가는 아들의 손을 잡은 어머니

장에 동원된 상황에서 후방의 관리와 전시 동원의 기초 단위로서 가정이 강조됩니다. 이때 신사임당은 '군국의 어머니', 후방에서 전쟁을 돕는 '총 뒤의 부인(총후부인)'을 상징하는 인물이 됩니다.

광복 이후에도 신사임당의 현모양처 이미지는 계속 이어졌습니다. 1970년대 중반 박정희 정부의 역사 정책으로 신사임당의 현모양처 이미지는 절정에 달합니다. 민족의 주체성을 확립한다는 명목으로 세종대왕, 이순신 등과 같은 역사 인물을 앞세워 '충성'과 '효성' 등을 국가사상으로 강조하였고, 신사임당은 민족의 어머니가 되었습니다. 신사임당의 자애로운 모성의 이미지는 수백 년 세월에 걸쳐 씌워지고 이것이 오늘날까지 우리에게 전해졌던 것입니다.

팔방미인 신사임당

신사임당은 조선 시대에 이름 대신 당당히 호를 가졌습니다. 호를 갖는다는 건 남자들 세계에서는 일상적이지만 조선 시대 여성에게는 매우 드문 일이었습니다. 조선 시대 여성의 이름은 기록에 남기지 않는 것이 법도였고, 왕비조차도 희빈 장씨(장희빈), 정순왕후 김씨 등으로 불렸습니다.

신사임당이 그 시절 평범한 여염집 아낙처럼 강릉댁이나 북평댁으로 불리지 않고 사임당으로 남을 수 있었던 이유는 무엇일까요? 신사임당은 스스로를 당당히 세상에 드러내려는 의지를 표현함과 동시에 시(詩)·서(書)·화(畵)에서 탁월한 능력을 발휘하고 인정받았기 때문입니다. 신사임당은 조선의 처음이자 마지막 여성 만능 엔터테이너였습니다.

신사임당은 어려서부터 총명하여 일찍이 소학과 천자문을 깨쳤고, 어린 나이에 한시를 지어 사람들을 놀라게 했습니다. 신사임당은 시에 조예가 깊었으나 아쉽게도 〈대관령을 넘으며 친정을 바라보다(踰大關嶺望親庭)〉, 〈어머니를 그리며(思親)〉 두 편의 시문과 어머니를 생각하는 낙귀 한 구절만이 전해져 올 뿐입니다.

<어머니를 그리며(思親)>

천 리 고향은 만 겹의 봉우리로 막혔으니,	千里家山萬疊峯
돌아가고 싶은 마음은 길이 꿈속에 있도다.	歸心長在夢魂中
한송정 가에는 외로운 보름달이요,	寒松亭畔孤輪月
경포대 앞에는 한 바탕 바람이로다.	鏡浦臺前一陣風
모래 위엔 백로가 항상 모였다가 흩어지고,	沙上白鷺恒聚散
파도머리엔 고깃배가 각기 동서로 왔다 갔다 하네.	波頭漁艇各西東
언제나 임영 가는 길을 다시 밟아,	何時重踏臨瀛路
비단 색동옷 입고 슬하에서 바느질할까?	綵服斑衣膝下縫

이 시는 신사임당이 서울에 와서 고향에 계신 부모님을 그리워하며 지은 것입니다. 고등학교 교과서에도 나오기 때문에 친숙하게 느껴질 것입니다. 이 시의 핵심은 노래자(老萊子)의 고사를 인용하여 효심을 형상화하는 마지막 구절 '비단 색동옷 입고 슬하에서 바느질할까?'입니다. 옛날 초나라의 노래자는 연로하신 어머니를 기쁘게 해 드리기 위해 칠십이 넘었지만 색동저고리를 입고 그 앞에서 노래하고 춤추면서 재롱을 부렸다고 합니다. 작자인 신사임당도 늙은 부모님을 찾아뵙고 기쁘게 해 드리고 싶다는 마음을 고사로 인용하여 표현한 것입니다. 저는 이 시만 보면 대구에 계신 부모님께 항상 전화 연락을 드리곤 합니다. 여러분들도 부모님과 떨어져 살고 있다면 전화 연락을 드리는 것은 어떨까요?

또한 신사임당은 아름다운 글씨로도 유명합니다. 현재 1편의 해서와 초서 6폭의 병풍, 1편의 초서와 4자의 전서가 전해지고 있습니다. 신사임당의 글씨 가운데 가장 대표작으로 전하는 것은 초서 6폭의 병풍입니다. 1868년 고종 재위 기간에 강릉 부사 윤종의는 이 병풍의 글씨를 베끼어 따로따로 판각하여 오죽헌에 보관하면서 다음과 같은 발문을 적었습니다.

"정성 들여 그은 획이 그윽하고 고상하고 정결하고 고요하여 부 인께서 더욱더 저 태임(중국 고대 주나라 문왕의 어머니로 흔히 최고의 여성상으로 꼽음)의 덕을 본뜬 것임을 알 수 있다."

신사임당의 글씨체는 흔히 마제 잠두(말발굽과 누에머리)라는 체법에 의한 글씨라고 합니다. 마제잠두는 글자의 가로획을 긋는데 왼쪽의 끝은 말굽 형상으로, 오른쪽 끝은 누에의 대가리 형상으로 글씨를 쓰는 필법을 말합니다. 신사임당은 글씨를 시작할 때 붓을 명확히 대고 써내려가다가 붓을 거두는 마지막에 깔끔하게 삐치거나 눌러 주었습니다. 이러한 필법 때문에 글씨가 짜임이 단

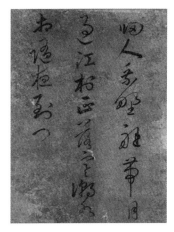

신사임당 초서병풍 ©강릉시

정하여 전체적으로 깔끔하고 차분한 풍채와 품격을 보여주는 것입니다.

우리는 신사임당의 시(詩)·서(書)를 보았습니다. 이제 남은 것은 화(畵)입니다. 신사임당이 남긴 그림에는 어떤 이야기가 있을까요?

묵포도도

화가 신사임당

신사임당은 현모양처 이미지만큼 널리 알려진 것이 있습니다. 바로 조선 초기 화단을 대표하는 인물이자 한국 회화사에 거의 유일하게 등장하는 여류화가라는 것입니다. 현재 신사임당의 그림은 채색화, 묵화 등 40여 점이 전해지고 있습니다. 신사임당의 그림을 종류별로 나누어

보면 풀벌레 그림 22점, 포도 3점, 화조 2점, 화조어죽 4점, 매화 14점, 자수초충도 8점 등이 있습니다.

　오늘날 신사임당이 그렸다는 많은 그림은 '신사임당이 그렸다고 전해지는' 이른바 전칭(傳稱, 전하여 일컬음)작입니다. 신사임당의 모든 전칭 작품들은 작가가 자신의 이름이나 호를 쓰고 도장을 찍는 낙관이 결여되었기 때문에 진품이라고 단정 지을 만한 것이 없습니다. 당시 조선 시대에 여성이 그림을 잘 그린다는 건 그리 자랑할 만한 일이 아니었고, 여성이 자기 그림에 도장을 찍는다는 것은 말도 안 되는 일이었습니다.

　신사임당의 작품이 가짜인지 진짜인지를 어떻게 구분할 수 있을까요? 서울대 규장각한국학연구원에서 친절하게도 신사임당의 작품을 진짜로 볼만한 요건을 크게 네 가지 정도로 정리했습니다. 먼저, 신사임당이 살았던 강릉에 작품이 있거나 둘째, 신사임당 후손의 집에서 작품이 나왔거나 셋째, 당대의 유명 인사가 작품을 소장하였거나 넷째, 작품의 유통 경로가 자세하게 밝혀졌다면 진품일 가능성이 큰 걸로 여긴다고 합니다.

　신사임당의 전칭 작품들 중 화첩 끝에 발문이 게재되어 있는 경우가 간혹 있습니다. 발문의 필자는 대개 신사임당의 후손이나 이들과 친인척 관계에 있던 사람들, 그리고 율곡 이이의 학통을 이어받은 학자들입니다. 이들의 발문에는 그림이 언제부터 집안에 보관했는지 그 내력이 적혀 있어 작품의 신빙성 여부를 가려내는 데에 도움이 되는 단서를 제공합니다. 그러나 이들 발문도 진위를 확정하기 어려운 경우가 많습니다. 대부분이 신사임당이 사망한지 이삼백년 뒤에 쓰여 졌다는 뚜렷한 한계를 갖고 있기 때문입니다.

　신사임당의 작품이라고 볼 수 있는 근거가 뚜렷한 작품이 하나 있습니다. 드디어 오만원권 지폐를 꺼내어 볼 때가 왔습니다. 지폐 앞면에 신사임당 초상과 그림 2점이 보이나요? 신사임당의 작품으로 전해지는 〈묵포도도(墨葡萄圖)〉, 〈초충도수병(草蟲圖繡屛)〉입니다.

신사임당의 〈묵포
도도(墨葡萄圖)〉부터
감상하겠습니다. 오
늘날 신사임당은 화
조나 초충의 대가로
알려져 있지만 조선
시대에는 오히려 산

오만원권 지폐 속 〈묵포도도〉

수와 포도 그림으로 화명이 높았습니다. 이 사실은 이이가 어머니 신사
임당이 세상을 떠난 후 자기 손으로 직접 어머니의 일생 행적에 대해 쓴
글에서 확인할 수 있습니다.

> "자당(慈堂)께서는 늘 묵적(墨迹)이 남다르셨다. 7세 때부터 안견
> 이 그린 것을 모방하여 드디어 산수도를 그리셨는데 지극히 신
> 묘하였고, 또 포도를 그리셨다. 모두 세상이 흉내 낼 수 없는 것
> 으로 그리신 병풍과 족자가 세상에 널리 전해진다."
>
> 『율곡전서』 권18 「행장편」

그래서인지 포도 그림과 관련된 일화가 있습니다. 신사임당이 강릉에
살 때 있었던 일입니다. 어느 날 신사임당이 잔칫집에 초대를 받아 여러
부녀자들과 이야기를 나누던 중이었습니다. 그런데 하인이 넘어지면서
국을 어느 부인의 치맛자락에 엎어서 크게 얼룩이 지는 일이 벌어졌습
니다. 사실 이 부인은 이웃집에서 옷을 빌려 입고 온 것이라 당황하여 어
쩔 줄 몰랐고, 근심이 컸습니다. 이때 신사임당이 직접 나섰습니다.

신사임당은 그 집 주인에게 벼루와 붓을 좀 가져다 달라고 하고는 얼룩
진 비단 치마를 펼쳐 놓고 그 위에 그림을 그렸습니다. 그림을 그리자 얼
룩이 곧 포도송이가 되고, 성성한 잎사귀가 되었습니다. 신사임당은 이
치마를 부인에게 돌려주면서 시장에 가지고 가서 팔아 그 돈으로 새 비단

치마를 사도록 하였고, 시장에서 매우 비싼 가격에 팔렸다고 합니다.

실제 〈묵포도도〉그림을 한 번 볼까요? 지폐에서 볼 때와는 전혀 다른 색다른 느낌이 들지 않나요? 어쩌면 아예 완전히 다른 그림처럼 보일 수도 있을 것입니다.

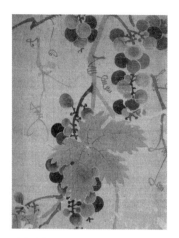

신사임당 〈목포도도〉 ©간송미술관

여러분들은 미술 작품들을 감상하실 때 어떤 생각을 하나요? 그리고 그림들을 분석하는 자신만의 방법이 있나요? 신사임당의 포도 그림에서 어떤 느낌을 받았나요? 그리고 어떤 것들에 절로 눈이 가나요? 제가 질문이 너무 많았나요. 흔히 "작가의 손을 떠나면 그 작품은 작가의 것이 아니다"라는 말이 있습니다. 이는 원작자의 원래 의도와는 다르게 감상하는 사람마다 해석이 다르고 느낌이 다르기 때문입니다.

저는 〈묵포도도〉를 볼 때마다 우리가 알고 있는 포도 이미지 그대로 상큼하고 싱그럽게 표현했다는 생각이 듭니다. 혹시 나무와 넝쿨에 매달린 자연 그대로의 포도를 절제된 감정으로 표현한 것이 느껴지나요? 저는 예전에 이 그림을 처음 보았을 때 덩굴손의 조화로운 곡선과 자유분방하게 뻗은 덩굴손 때문에 탱글탱글한 포도알들이 곧 튕겨나갈 것 같다는 느낌을 받았던 기억이 있습니다. 또한 하나하나 농담의 변화가 두드러진 포도알, 그 포도알과 적절히 조화를 이루고 있는 포도 나뭇잎과 줄기들까지. 화면을 꽉 채운 포도 그림을 보면 이보다 더 매력적인 그림이 있을까 하는 생각이 듭니다.

그렇다면 이제 전문가의 평가를 보겠습니다. 신사임당은 포도나무에

맺힌 가지들은 훨씬 진한 먹으로 그려 다른 가지들과 색감이 다르게 표현했습니다. 그리고 세 송이의 포도와 줄기, 잎사귀 등은 윤곽선을 그리지 않고 색채나 수묵을 사용하여 그리는 화법 몰골법으로 표현했습니다. 특히 먹의 농담 변화를 주어 포도 알갱이의 질감이 더욱 잘 나타나게 했습니다. 포도 알이 익은 정도에 따라 먹의 묽기를 달리해서 생동감을 기가 막히게 살리고, 포도송이 앞에는 손바닥만 한 오엽(五葉)의 포도 잎을 그려 현장감을 살렸습니다. 또한 젊고 싱싱한 줄기는 진한 먹으로, 늙고 오래된 줄기는 옅은 먹으로 처리하여 사실성과 더불어 생동감과 변화감까지 잘 살려냈습니다.

신사임당의 그림으로 전해오는 대개의 그림이 그렇듯 〈묵포도도〉도 낙관이나 관지는 없습니다. 이 그림은 조선 후기 최고의 그림 수집가 김광국이 펴낸 전설적인 그림 모음집 『해동명화집』 속에 〈수묵포도(水墨葡萄)〉란 제목으로 수록되어 있습니다. 〈수묵포도(水墨葡萄)〉에는 조선 후기 영조 대의 문장가인 조귀명이 쓴 글이 별지로 붙어있습니다.

"우계 성혼과 율곡 이이가 나란히 유림에서 우뚝하고, 청송 성수침의 글씨와 신부인 신사임당의 그림이 또 빼어난 예술로 세상에 이름이 났으니, 또한 기이한 일이다."

그림 수집가 김광국은 그림에 별지까지 첨부할 만큼 확실하게 신사임당의 작품이자 진품인 것을 말하고 싶었던 것입니다.

신사임당의 〈묵포도도〉는 자연 속의 포도를 부드러운 필치와 담백하고 섬세하게 그린 것으로 여성적인 우아함이 느껴지는 매력적인 작품으로 평가받고 있습니다. 그런데 〈묵포도도〉를 그저 예술적인 가치로만 접근하는 것이 맞을까요? 옛 사람들이 보고 싶어 하고, 기억하고 싶어 했던 신사임당의 모습을 가늠할 수 있다는 것만으로도 이 〈묵포도도〉는 충분한 가치가 있는 것은 아닐까 싶습니다.

초충도, 작은 것들을 위한 그림

신사임당의 〈묵포도도〉를 만났지만 많은 아쉬움이 들 것입니다. 화가 신사임당 위상과 입지를 세워준 작품 초충도를 아직 만나지 못했기 때문입니다. 신사임당은 산수화와 포도 그림을 제외하고도 풀벌레, 화조, 어죽, 묵죽, 묵매 등 다양한 소재를 폭넓게 그림의 주인공으로 활용하여 초충도를 그렸습니다.

신사임당의 작품으로 전칭된 것 중에 채색 초충도가 가장 많이 전해지고 있습니다. 조선 시대 초충도는 거의 신사임당의 작품이라 해도 과언이 아닐 정도로 초충도 분야에서의 위상은 독보적입니다. 신사임당의 초충도는 우리들의 일상 가까이에 있습니다. 오만원권 지폐 앞면을 다시 볼까요? 신사임당 초상 옆에 가지 그림이 보일 것입니다. 바로 신사임당의 〈초충도수병(草蟲圖繡屛)〉입니다.

오만원권 지폐 속 〈초충도수병〉

〈초충도수병〉을 보면 말로 표현하기 어려운 무언가가 있다는 생각이 들 것입니다. 그 무언가를 알려 주겠습니다. 잘 익은 가지 세 개가 탐스럽게 달려 있는 이 작품은 놀랍게도 먹으로 그린 그림이 아닙니다. 실로 한 땀 한 땀 수를 놓아 완성한 자수입니다. 수본(繡本), 수사(繡絲), 침법(針法) 등 한국의 전통적인 자수기법으로 만들어져 아름답고 섬세하며 신사임당의 뛰어난 손재주를 느낄 수 있습니다.

오만원권 지폐의 도안 소재가 된 〈초충도수병〉은 8폭짜리 병풍 가운데 7폭에 있는 작품입니다. 〈초충도수병〉은 검은 비단에 색실로 민들레, 맨드라미, 도라지, 꽈리 등의 꽃과 풀이 벌, 나비, 여치, 개구리, 잠자리, 반딧불 등의 곤충과 파충류가 함께 자연스럽게 어우러진 정경이 아름답게 수놓아져 있습니다. 특히 줄기며 잎이며 꽃이며 벌이며 그 어느 것 하나도 허투루 보이지 않을 정도로 생동감 있는 묘사가 일품이라는 평가

신사임당 〈초충도수병〉 ⓒ 석당박물관

를 받습니다. 그래서 이 가지가 포함된 여덟 폭짜리 자수 초충도수병은 보물 제595호로 지정되어 귀한 대접을 받고 있습니다.

아무래도 자수이다 보니 머릿속으로 떠올렸던 신사임당의 초충도와는 약간의 거리감이 있을 것입니다. 신사임당 초충도의 백미는 따로 있습니다. 잠깐 오천원권 지폐를 꺼내 볼까요? 지폐 뒷면에 그림이 하나 보일 것입니다. 〈신사임당 초충도병〉입니다.

오천원권 지폐의 도안 소재인 〈신사임당 초충도병〉도 〈초충도수병〉처럼 8폭의 병풍 그림입니다. 정확하게 말하면 〈신사임당 초충도병〉의 8폭의 병풍 그림 가운데 3째 폭인 〈수박과 여치〉, 8폭의 병풍 그림 가운데 5째 폭인 〈맨드라미와 개구리〉가 도안 소재입니다. 실제 그림을 한 번 볼까요?

먼저 오천원권 지폐 뒷면의 좌측에 짙은 색으로 인쇄된 그림 〈수박과 여치〉부터 보겠습니다. 〈수박과 여치〉를 자세히 보면 수박 넝쿨과 수박 그리고 달개비 한 포기

오천원권 지폐 속 〈수박과 여치〉, 〈맨드라미와 개구리〉

<수박과 여치> 8폭의 병풍
그림 가운데 3째폭 ©강릉시

가 꽃을 활짝 피워 왼쪽에서 오른쪽으로 비스듬히 그려져 있습니다. 그리고 수박 넝쿨 위와 달개비 위에는 나비가 날고 있고, 땅위에는 여치가 기어가는 모습을 볼 수 있습니다. 이러한 식물들과 곤충들은 각자의 의미가 있습니다.

수박은 씨앗이 많은 채소로 자손의 번성을 비는 마음이, 이 수박을 넝쿨째 그리는 것은 자손들이 만대(萬代)에 이르도록 번성하라는 축복의 뜻이 담겨 있습니다. 달개비는 독한 닭똥 옆에서도 잘 자라서 '닭의장풀'이라고도 불리는데 그만큼 강한 생명력을 의미합니다. 여치는 알을 많이 낳기 때문에 자손의 번성을 뜻합니다. 나비를 의미하는 한자인 접(蝶)자는 80살 노인을 뜻하는 글자와 중국어 발음이 같아 장수를 의미합니다. 또한 펄럭거리는 날갯짓에 온몸이 반으로 접히듯 합쳐졌다가 퍼지기를 반복하므로 부부간의 금슬을 은유하기도 합니다.

신사임당의 초충도를 새로운 시선으로 접근해보겠습니다. 신사임당의 초충도는 한국 회화들 중에 자연적 소박미가 가장 잘 표현되었다고 합니다. 초충도의 공간 구성을 볼까요? 확 트인 공간으로 인해 무엇에 얽매이지 않고 있는 그대로의 미가 느껴질 것입니다. 자연미를 추구하는 모습을 지극히 평화롭고, 과장이나 허세 없이 담담하게 표현한 것입니다. 그래서 곤충들이나 작은 동물의 표정과 행동에서 나타난 익살스런 해학미는 밝고 명랑하며 솔직해서 보는 이로 하여금 잔잔한 미소를 짓게 합니다.

이번에는 오천원권 지폐의 뒷면 우측에 희미하게 비치는 그림 <맨드라미와 개구리>를 보겠습니다. <맨드라미와 개구리>에는 붉은 맨드라미와 파란 도라지꽃이 크기를 달리하여 나란히 있고, 그 옆에는 노란 나비 한 쌍이 날고 있습니다. 땅위에는 등을 돌린 채 위를 쳐다보는 개구리가 있습니다. 이번에도 그림 속 식물들과 곤충들이 어떤 의미가 있는지 살펴보겠습니다.

맨드라미는 꽃 모양이 닭 볏을 닮아 계관화(鷄冠花)라고 하고, 관모(冠帽)와도 생김새가 비슷해 벼슬이 높아지기를 기원하는 뜻이 담겨 있습니다. 개구리는

<맨드라미와 개구리> 8폭의 병풍
그림 가운데 5째폭 ©강릉시

올챙이에서 변태하는 과정 때문에 상서로운 동물로 꼽히며 왕권의 신성함과 왕족의 흥성을 기원하는 뜻을 담고 있습니다. 도라지꽃은 아들과 남성을 상징합니다.

앞서 초충도에 담긴 소박미를 보았다면 지금은 여백미를 볼 차례입니다. 여백은 화가가 그림의 바탕을 손대지 않고 그대로 남겨둔 것으로, 정말 비어있는 것이 아니라 오히려 그려진 형상보다 더 심오한 뜻이 담겨 있습니다. 그래서 한국 회화에서 여백은 작품의 미완성 부분이 아니라 완전한 작품의 한 부분으로 존재합니다.

신사임당의 초충도에서 여백미를 즐겨 볼까요? 다시 그림을 보면 이전에 보이지 않던 여백이 곳곳에서 보일 것입니다. 초충도에서 여백은 그림을 감상하는 사람들이 상상력을 채우는 공간입니다. 초충도의 여백미는 제재의 내용을 더욱 잘 표현하기 위한 것으로 그림 속의 중요한 형상이나 줄거리를 더욱 두드러지게 만드는 효과가 있습니다. 여러분들이 초충도가 생동감 있게 느껴진다면 그건 여백미의 힘이 반영된 것입니다.

8폭 병풍 그림 〈신사임당 초충도병〉의 가장자리에 조선 후기 숙종 대의 문신 정호가 그림을 평가한 글이 붙어 있습니다.

"벌레들이 살아 움직이는 것 같음과 풀포기들의 향기롭고 깨끗
해 보임이 어떻게 핍진한지(사물과 아주 비슷하다) 그야말로 저 이
른바 하늘 조화를 빼앗았다는 그것이 아닌가 싶었다."

　신사임당의 초충도는 후대에 수많은 문인들의 극찬을 받았습니다. 실
제로 신사임당의 그림을 본 조선 시대 문인들은 "풀벌레는 살아서 펄펄
뛰는 것 같고, 오이와 수박을 보고 있노라면 나도 모르게 입에 침이 고인
다." 등의 칭찬을 남기기도 했습니다.
　조선 후기 문신 송상기는 지금은 어디에 소장되어 있는지 알 수 없는
신사임당의 7폭 병풍에 대한 일화를 소개하기도 합니다. 어느 날 신사임
당이 풀벌레 그림을 마치 살아있는 것과 같이 섬세하게 그리고 난 후, 볕
에 말리기 위해 그림을 마당에 내놓자 닭이 산 풀벌레인 줄 알고 쪼아대
서 종이가 뚫어질 뻔했다고 합니다.
　신사임당 남긴 초충도는 한 포기 벌레 한 마리에 이르기까지 여성만
이 느낄 수 있는 섬세하고 예리한 관찰력을 볼 수 있습니다. 들여다볼수
록 인위적이고 의도적이라기보다는 자연에 근거를 둔 우리 고유의 미의
식인 자연미가 담겨 있습니다. 인간의 모든 활동은 자연을 떠나서는 생
각할 수 없습니다. 신사임당은 바로 이러한 자연에서 가장 작고 보잘 것
없는 초충을 소재로 삼았습니다. 다른 사람들은 즐겨 사용하지 않는 소
재를 자신의 작품에서 과감하게 묘사한 것입니다.
　일반적인 화가들은 화려한 모란꽃, 요염한 해당화, 자태가 아름다운
장미꽃 등 크고 화려함을 자랑하는 것을 그렸다면 신사임당은 범부채
꽃·패랭이꽃·물봉선화·개달개비·도라지꽃 등 집 주변에서 눈을 돌리면
볼 수 있는 꽃을 그렸습니다. 뿐만 아니라 다른 화가들이 동물화의 주된
소재인 개·고양이·호랑이·소·닭 등을 그릴 때 신사임당은 들쥐, 도마뱀,
개구리 따위 등 결코 미적인 대상물이 아닌 하찮은 벌레들을 택해 그렸
습니다.

신사임당이 자연에서 가장 하찮은 것들을 관찰하고 표현하는 것만 보아도 그녀의 예술 근원이 자연에 있음을 알 수 있습니다. 신사임당은 자연과 공존하고, 자연 앞에서 겸손하고, 무엇보다도 우리 곁에 있는 자연을 화폭에 그대로 담고자 하였던 것입니다.

그림은 감성적인 분야입니다. 각자가 느끼는 감정이 중요하다고 할 수 있습니다. 따라서 무슨 작품이든 감상한 후에 그것에 대해 어떤 비평을 가하는 것은 감상자의 자유입니다. 저는 신사임당의 그림을 가만히 들여다보면, 살아있는 것을 소중히 여기는 마음과 함께 자연과 더불어 살아가려는 정신이 고스란히 느껴집니다. 신사임당의 작품들은 정직하면서도 순수하게 자연의 목소리를 그려냈기 때문에 오늘날까지 많은 사람들 사이에서 회자되는 것은 아닐까 싶습니다.

우리는 신사임당을 오만원권 지폐의 주인공이 아닌, 현모양처의 표본이 아닌, 엄격했던 조선 시대의 여성으로 자신을 사랑할 줄 알고, 자신을 있는 그대로 표현할 줄 아는, 스스로 빛을 발한 예술가로 기억해야 하지 않을까요?

월매도

오만원권 지폐를 꺼내서 뒷면의 도안 소재가 된 그림을 볼까요? 질문 하나를 던지겠습니다. 누가 그린 그림일까요? 그리고 그림이 몇 개로 보이나요? 다들 신사임당이 그린 단 하나의 그림이 있다고 말할 것입니다. 놀랍게도 두 개의 작품이 겹쳐져 마치 하나의 작품처럼 보이는 것으로, 두 작품을 그린 사람은 신사임당이 아닌 어몽룡과 이정입니다.

그렇다면 오만원권 지폐 앞면의 도안 소재는 신사임당이 그린 〈묵포도도〉인데 왜 뒷면의 도안 소재는 다른 사람의 작품이 선정된 걸까요? 신사임당의 초충도가 오천원권 지폐 뒷면의 도안 소재였던 것을 기억하나요? 한국은행은 오만원권 지폐에도 신사임당의 작품이 들어가면 한국 지폐에 한 사람의 작품이 너무 많이 들어간다고 판단했습니다. 그래서 신사임당과 같은 시대를 대표하는 인물의 작품을 선정했습니다. 물론 신사임당보다 50년 후의 인물인 어몽룡, 이정을 같은 시대로 놓기에는 조금 억지스럽다는 시각이 있기도 합니다.

지금부터 신사임당이 아닌 어몽룡과 이정의 작품을 통해 그림 감상의 즐거움을 느껴보도록 하겠습니다.

어몽룡의 〈월매도〉, 일생을 춥게 살아도 제 향기를 팔지 않는 매화

이 세상에는 셀 수 없이 많은 식물들이 제각기 특성에 따라 피고 지며 자기 몫을 다 하고 있습니다. 그 가운데 유난히 우리나라 옛 선비들이 좋아한 식물이 있습니다. 바로 매화, 난초, 국화, 대나무 네 가지 식물 사군자(四君子)입니다.

매화, 난초, 국화, 대나무를 특별히 선택하여 군자라고 부르는 이유는 그저 뛰어난 아름다움을 지녀서가 아닙니다. 이들이 가진 특유의 장점을 높은 기상과 품격을 군자에 빗대어 표현한 것입니다. 매화는 이른 봄에 눈이 채 녹기도 전에 추위를 무릅쓰고 제일 먼저 꽃을 피우며, 난초는 깊은 산 중에서 은은한 향기를 멀리까지 퍼뜨립니다. 국화는 늦가을에 첫 추위와 서리를 이겨내며 꽃을 피우고, 대나무는 모든 식물이 잎을 떨어뜨린 추운 겨울에도 푸르고 싱싱한 잎을 간직하고 있습니다. 이러한 특징들로 인해 옛 선비들은 마치 인간으로서 높은 덕과 인품을 지닌 군자와 비슷하다고 여겼던 것입니다.

이제 네 명의 군자 중에 한 명을 만나 보겠습니다. 이번 주인공은 퇴계 이황이 평생 좌우명으로 삼고 가슴으로 읊었다는 신흠의 시의 한 구절로 소개가 가능합니다.

"일생을 추위 속에서 살아도 그 향기를 잃지 않으며(梅一生寒不賣香)"

이번 주인공은 겨울 혹한 속에서 꽃망울을 맺고 있다가, 겨울이 가고 새봄이 왔다는 것을 알려주듯 이른 봄에 꽃을 피우는 매화입니다. 이른 봄에 홀로 핀 고고한 자태로 인해 불의에 굴하지 않고 고난을 견디는 선비의 지조와 절

장성백양사 고불매

개로 비유되는 매화를 본격적으로 만나보겠습니다.

사군자 중에 으뜸으로 꼽히는 매화는 동아시아 한·중·일 세 나라의 사랑을 받았습니다. 세 나라 모두가 즐겼다고 하니 매화의 원산지가 궁금할 것입니다. 매화의 원산지는 타이완을 포함하는 중국의 동남부 지대로 알려져 있습니다. 1929년 영국의 식물 수집가 어니스트 윌슨이 직접 답사하여 조사한 바에 따르면 매화의 고향은 중국의 쓰촨성과 후베이성의 산악 지대에서부터 양쯔강 유역의 산악 지대라고 합니다.

매화는 원산지인 중국으로부터 한반도에 전래되어 다시 일본으로 건너간 것으로 알려져 있습니다. 그런데 매화가 정확하게 한국으로 들어온 연대는 확인할 길이 없습니다. 다만 매화가 언급된 가장 오래된 문헌인 고려 시대 김부식이 쓴『삼국사기』에서 "고구려 대무신왕 24년(41) 8월에 매화꽃이 피었다"는 기록을 볼 수 있습니다. 이를 통해 우리나라에 매화가 전래된 시기는 적어도 기원전일 것으로 추정합니다.

매화는 삼국 시대 초부터 관상할 목적으로 정원에서 심어졌고, 이후 고려 시대를 지나 조선 시대에 이르기까지 오랜 세월에 걸쳐 꾸준히 사랑을 받습니다. 매화에 얽힌 수많은 인물과 이야기, 엄청난 양의 시문과 그림 등이 이를 증명합니다.

순천 선암사 선암매

조선 시대에 매화의 인기는 절정에 달합니다. 조선 선비들은 엄동설한에 꽃을 피우는 매화의 모습에서 세속에 물들지 않은 강인한 기개와 인내를 극복하는 군자다운 모습을 보았습니다. 그래서 근대 이전만 해도 문인들끼리 선물로 주고받았던 꽃은 국화와 함께 매화가 단연코 으뜸이었습니다. 이황, 윤선도 등 조선 시대 많은 문인들의 글에서 매화 선물을 받고 시를 지어 답례한 사례가 있습니다.

매화는 그림 소재로도 많이 활용되는데 조선의 대표 매화 그림이 지폐에 있습니다. 오만원권 지폐를 꺼내서 뒷면의 도안 소재를 살펴볼까요? 여러분들의 시선을 사로잡는 그림은 조선 중기 선비 화가 어몽룡이 그린 〈월매도(月梅圖)〉입니다.

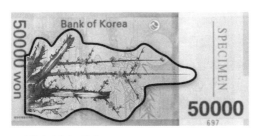
오만원권 지폐 속 〈월매도〉

어몽룡은 명종 대인 1566년경에 태어난 것으로 추정되나 확실하지는 않습니다. 어몽룡은 조부가 판서, 부친이 군수를 지낸 양반 가문에 태어났고, 본인도 1604년 선조 대에 충청도 진천 현감을 지내기도 합니다. 사망연도도 명확하지 않지만 광해군 대인 1617년으로 추정합니다.

어몽룡은 조선 중기 매화 전문 화가로 제일 명성이 높았던 인물입니다. 매화를 좋아해서 평생 매화만 그렸습니다. 특히 중국과 일본의 매화도와는 달리 화려하지 않으면서도 우리만의 아름다움을 표현한 매화도

를 그린 것으로 유명합니다. 조선 후기 학자 이긍익은『연려실기술』별
집에서 어몽룡에 대해 다음과 같이 평했습니다.

"매화를 잘 그리기로 조선 제일이라고 일컬어졌으며, 먹을 너무
진하게 써서 엉성하고, 담박한 맛은 조금 부족하나 필력이 웅건
하고 기고(奇古)하게 되었다"

『연려실기술』

이긍익의 평가대로 어몽룡이 조선 제일의 매화 화가가 맞는지 〈월매
도〉를 보겠습니다.

신사임당의 〈초충도〉처럼 어몽룡의 〈월매도〉도 지폐로 보는 것과 실

어몽룡의 〈월매도〉 ©국립중앙박물관

제 그림을 보는 것은 확연한 차이가 납니다. 실제 〈월매도〉를 딱 보는 순간 묘한 정적감과 함께 고아한 품격이 만들어내는 분위기에 빠져들 것입니다.

〈월매도〉는 매화나무 한 그루로 화면이 가득합니다. 부러진 늙은 가지는 욕심 없는 마음인 듯 속이 텅 비어 있고, 수직으로 뻗어 오른 어린 가지는 하늘을 찌르는 듯 그 기상이 드높습니다. 수묵으로만 그린 흰 매화의 성근 꽃들은 맑고 투명해서 잘 보이지 않고 대신 검은 점으로 이루어진 꽃술과 꽃받침만 눈에 띕니다. 그 은은한 매화 향기를 다치지 않으려는 듯 꼿꼿이 솟아오른 중앙의 가지 옆에는 희미하게 무리 진 둥근 보름달이 보일 듯 말 듯 숨어 있습니다.

여러분들은 〈월매도〉에서 무엇이 가장 눈에 띄나요? 다들 희미하게 무리 진 둥근 보름달을 말할 것입니다. 보름달에 시선이 가는 것은 어찌 보면 당연합니다. 〈월매도〉는 제목 그대로 매화와 달을 주제로 해서 그린 그림입니다. 매화와 가장 잘 어울리는 것은 달입니다. 달은 보름달이어야 제격이며, 매화는 오래된 나무여야 제격입니다.

〈월매도〉의 달은 꼿꼿이 솟아오른 중앙의 긴 가지 끝에 마치 걸린 듯이 가까이 크게 표현되었습니다. 어스름한 달빛 아래에 매화나무가 있으니 밤에 핀 매화를 주인공으로 삼았다는 것을 알 수 있습니다. 그래서인지 그윽한 매화 향과 달빛의 서정적인 정취가 어우러지면서 상쾌한 분위기가 느껴질 것입니다. 매화꽃이 피었기 때문에 계절은 아침저녁으로 쌀쌀한 이른 봄입니다. 감수성이 풍부하다면 어렴풋한 달빛에서 한기를 느끼고 있을 것입니다.

혹시 살아있는 매화를 본 적이 있나요? 〈월매도〉 속의 매화는 우리가 실제로 볼 수 없는 매화입니다. 무슨 말인지 의아할 것입니다. 현실에서 매화 가지는 그림처럼 위로 곧게 자라는 경우는 드물고, 길게 자라지도 않습니다. 이뿐만 아니라 현실의 매화꽃과는 다르게 그림 속 매화꽃은 가지에 듬성듬성하게 표현되어 그 수도 적고, 모양도 보잘 것 없습니다.

한마디로 어몽룡은 실제로 어디서도 존재하지 않는 매화의 모습을 그린 것입니다. 혹시 〈월매도〉에 숨겨진 작가의 의도를 눈치 챘나요? 어몽룡은 단순히 보기 좋고 아름다운 매화의 모습을 보여주기 위해 그림을 그린 것이 아닙니다. 매화를 통해 곧고 꿋꿋하며 척박하고 황폐함에서도 새롭게 솟아나는 군자의 생명력을 보여주고 싶었던 것입니다.

〈월매도〉뿐만 아니라 다른 매화 그림을 볼 때 눈 여겨 봐야하는 것이 있습니다. 매화 그림은 얼마나 나무 밑동인 둥치를 고매하게 잘 그리는지가 중요한 요소이자 핵심입니다. 그렇다면 〈월매도〉는 어떨까요? 둥치 위로 매화 가지들이 위로 향하고 있습니다. 옆으로 갈라진 가지도 휘어지지 않고 곧게 그려졌는데 마치 철사를 그린 듯합니다. 밑동을 생략하고 굵은 가지로부터 새로 시원스럽게 뻗어 올라간 가지의 묘사는 필선의 길이를 들쭉날쭉하게 그려 변화를 주는 기법 참치법이 구사되었습니다. 이 기법은 단조롭기 쉬운 직선 구도에 변화를 주고 있습니다. 또한 부러진 가지를 효과적으로 표현하기 위해 붓을 마르게 하여 붓 자국에 흰 공간이 표현되는 비백법을 많이 구사했습니다.

어몽룡은 강인함과 생명력을 표현한 곧고 긴 매화 가지와 부러진 늙은 둥치를 서로 대비시켜 길게 뻗은 한두 가지를 중심으로 잔가지를 쳐나가며 일반적인 매화도와는 완전히 다른 독창적인 미적 감각을 뽐내었던 것입니다.

저는 그림을 볼 때 여백의 미를 느끼는 것을 가장 좋아합니다. 여백은 감상자를 사색의 공간으로 빨려들게 하는 매력이 있기 때문입니다. 어몽룡은 여백의 미를 풍부하게 만들기 위해 듬성듬성 매화꽃은 대강 윤곽만을 그리고, 가지 주변에 태점(산이나 바위, 땅의 묘사나 나무줄기에 난 이끼를 나타낼 때 쓰는 작은 점)은 짙은 먹을 사용해 각각 끊어지는 방식으로 찍어 화면에 생동감을 불어넣었습니다.

〈월매도〉의 위쪽도 한 번 볼까요? 대부분 여백으로 처리가 되어 있습니다. 다들 〈월매도〉 속 여백이 신기하지 않나요? 아무것도 그리지 않았지만 조금도 허전하거나 부족함이 없습니다. 이게 바로 여백의 미가 주는 힘입니다. 이 순간 여러분들은 매화와 달이 이루는 간결한 구도와 함께 시원한 여백 속에서 무한한 공간감을 느끼면 됩니다. 〈월매도〉는 속이 비고 부러진 늙은 가지와 허공으로 곧게 뻗은 어린 가지, 크고 작은 검은 묵점들, 여유롭게 살린 여백 등은 이후 여러 화가에게 영향을 주어 한국 매화 그림의 한 전통을 이루게 됩니다.

사군자는 다른 식물과 달리 나름의 품위와 운치가 있지만, 그림을 그리는 것 자체가 마음을 갈고닦는 공부였습니다. 그래서 사군자는 감상하는 사람이라기보다는 그린 사람의 인품을 느끼는 그림이라고도 합니다.

여러분들은 〈월매도〉를 그린 어몽룡의 인품이 느껴지나요? 어몽룡의 인품까지는 아니더라도 매서운 추위에도 굴하지 않고 겨울의 끝자락 즈음에 꽃을 피워 봄날 밤을 밝히며 은은한 향기를 퍼트리는 매향에 취한 모습이 눈에 선하게 보일 것입니다.

풍죽도

이정의 〈풍죽도〉, 거친 바람 앞에서도 고결함을 잃지 않는 대나무

봄에 매, 여름에 난, 가을에 국, 겨울에 대를 각각 상징하는 사군자는 오래토록 옛 선비들에 의해 길러지고 그려지어 그 뜻이 되새김 되면서 많은 사랑을 받았습니다. 사군자 중에 군자의 상징으로 가장 먼저 그리고 가장 빈번하게 등장하는 것은 대나무입니다.

대나무는 눈서리에도 굽히지 않는 의연한 기상을 지닌 모습 때문에 오래 전부터 절개 높은 군자의 상징으로 인정받았습니다. 중국에서 가장 오래 된 시집인 『시경』에는 춘추시대 위나라 임금 위무공의 풍모와 덕성을 대나무에 빗대어 감탄한 기록이 있습니다. 이를 통해 대나무는 춘추시대 이전부터 군자의 상징으로 회자되기 시작한 것으로 추정합니다. 이후 대나무는 매화처럼 한·중·일 세 나라 모두의 사랑을 얻습니다.

담양 태목리 대나무 군락

한국에서 대나무의 품성을 다루는 글들은 고려 시대 이래로 지속적으로 등장합니다. 특히 조선 후기 정조 사후 안동 김씨 세도 정치의 기틀을 마련한 김조순이 쓴 시문집에 담긴 「죽설」을 통해 조선 시대 선비들의 대나무에 대한 인식을 엿볼 수 있습니다.

"대나무가 가진 덕이라 하는 것은 다섯이다. 첫째는 속이 비어 통하였다는 것이며, 둘째는 강한 재목이 된다는 것이며, 셋째는 몸이 곧은 것이며, 넷째는 마디가 없어지지 않는다는 것이며, 다섯째는 색이 변치 않는다는 것이다. …… 이에 군자가 대나무에서 구하는 것이 있으며, 대나무를 닮고자 한다."

『풍고집』, 「죽설(竹說)」

위의 글만으로는 대나무와 군자 사이의 관계가 완전히 연결되지 않을 것입니다. 김조순은 대나무가 가진 다섯 가지 덕성을 강조하면서 곧바로 대나무가 무엇 때문에 군자를 닮았는지 밝혔습니다.

"군자는 마음이 비어있으니, 이에 가운데 있으면서 이치에 통달

한다고 했으며, 군자는 스스로 힘쓰니, 이에 드러내지 않으면서 굳세게 이겨낸다고 했으며, 군자는 의지하지 않으니, 이에 그 올곧음이 화살과 같다고 했으며, 군자는 지나치거나 등한히 하지 않으니, 이에 행함이 모두 절도에 맞는다고 했으며, 군자는 구차히 꾸미지 않으니, 이에 의로움이 안색에 나타난다 했다. 이것이 대나무가 군자를 닮은 것이다."

『풍고집』, 「죽설(竹說)」

대나무의 곧게 자라는 강직함, 속이 텅 비어 있는 겸허함, 부러질지언정 휘지 않는 지조와 절개는 군자의 덕과 연결됩니다. 즉 대나무의 생태적 특성과 군자의 인품은 서로 닮아 있는 것입니다.

대나무는 문학의 소재를 넘어 그림의 소재가 되기도 합니다. 조선 시대 화원을 뽑는 시험 과목은 대나무, 산수, 인물, 영모, 화초 5과목으로 사군자 중에는 대나무가 유일하게 포함되었습니다. 뿐만 아니라 산수화나 인물화를 제치고 시험 과목 중에 점수 배점이 가장 높았습니다. 그만큼 대나무 그림을 그리는 것이 어렵다는 것을 의미합니다.

대나무는 오랜 기간 널리 사랑을 받은 만큼 여러 종류의 화풍이 존재합니다. 막 자라나 돋아나기 시작하는 순죽, 봄철에 새로이 난 신죽, 왕죽을 그린 통죽, 이슬 맞는 노죽, 비 맞는 우죽, 바람을 맞는 풍죽 그리고 말라가는 고죽 등 매우 다양합니다. 이 중에 오늘 우리가 만날 화풍은 풍죽입니다.

다시 오만원권 지폐를 꺼내서 뒷면을 볼까요? 이전과 달리 어몽룡의 〈월매도〉에 가려서 보이지 않던 그림이 보일

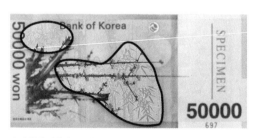

오만원권 지폐 속 〈풍죽도〉

것입니다. 매화나무의 곧은 가지 뒤에 희미하게 새겨진 그림이 보이나요? 이 그림이 이번 주인공 이정의 〈풍죽도(風竹圖)〉입니다.

이정은 조선 중기 1554년 명종 대에 태어나 1626년 인조 대까지 살았던 종친 화가입니다. 세종의 넷째 아들 임영대군 이구의 증손자로 유복한 환경 속에 서화를 즐기며 일생을 살았습니다. 다들 종실로 태어나 금수저의 삶을 살았던 이정이 부러울 것입니다. 하지만 이정의 삶은 결코 순탄하지 않았습니다.

조선 후기 이긍익이 쓴 『연려실기술』에서 이정에게 닥친 가혹한 시련을 볼 수 있습니다. 이정은 40세 무렵 임진왜란 겪으면서 일본군의 칼에 맞아 오른 팔뚝이 거의 잘리는 부상을 입습니다. 오른손잡이였던 이정은 그림 그리는 손을 잃어버린 것입니다. 한때 이정은 그림을 중단하였으나 이후 얼마나 노력하였는지 왼손으로 그린 그림이 이전 오른손으로 그린 그림들보다 화격이 높아졌다고 합니다. 그래서 이정이 70대 말년에 그린 것으로 추측하는 〈풍죽도〉는 어려움을 극복하고 그림의 새로운 경지를 열어 나간 화가의 기상이 담겨 있습니다.

이정의 〈풍죽도〉를 만나기 전에 한 가지를 짚고 넘어가겠습니다. 간혹 〈풍죽도〉가 〈월매도〉 뒤에 배치된 것을 보고, 〈월매도〉가 더 뛰어난 작품이냐고 묻는 분들이 있습니다. 이러한 배치는 〈풍죽도〉를 깊이 있게 보여주려 한 의도일 뿐입니다. 실제로 완성도만 놓고 보면 〈월매도〉를 능가하는 것이 〈풍죽도〉입니다. 이제 〈풍죽도〉를 지폐 속 그림이 아닌 실제 그림으로 만나보겠습니다.

〈풍죽도〉를 보고 어떤 느낌이 드나요? 〈풍죽도〉란 '바람에 나부끼는 대나무 그림'이란 뜻입니다. 제목과 마찬가지로 바람결을 따라 심하게 흔들리는 대나무의 모습이 워낙 실감나게 묘사되어 귓가에 대나무 잎이 바스락 바스락 거리는 소리가 환청처럼 들릴 것입니다.

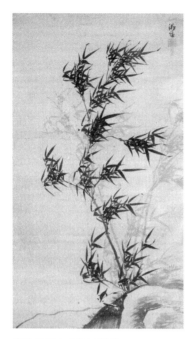
이정 <풍죽도> ©간송미술관

〈풍죽도〉를 보면 곧바로 짙은 먹선으로 그려진 한 줄기 대나무에 시선이 고정될 것입니다. 이때 눈을 크게 뜨고 한 줄기 대나무를 돋보이게 하는 장치를 찾아볼까요? 혹시 잘 보이지 않던 대나무 가지들이 보이지 않나요? 짙은 색의 한 줄기 대나무를 배경으로 마치 안개에 휩싸인 듯한 대나무 세 그루가 보일 것입니다. 아주 흐린 먹선으로 그려진 탓에 눈에 잘 띄지는 않습니다.

다들 놀랍지 않나요? 〈풍죽도〉는 대나무 한 그루가 아닌 무려 대나무 네 그루가 함께 그려진 그림입니다. 맨 앞의 대나무 한 그루는 진한묵인 농묵으로 그렸고, 그 뒤의 대나무 세 그루는 엷은 묵인 담묵으로 그렸습니다. 다시 맨 앞의 진한 대나무를 볼까요? 처음 보았을 때와는 달리 깊이감이 충만한 대나무로 느껴질 것입니다. 이제 〈풍죽도〉에서 입체감과 공간감을 느껴보겠습니다. 이정은 먹의 진함과 연함으로 앞쪽과 뒤쪽의 대나무 간의 거리를 보여주고 표현했습니다. 그래서 대나무와 대나무 사이에 왠지 바람이 들어왔다 나갔다를 반복하는 듯한 느낌을 받을 것입니다.

다시 〈풍죽도〉를 살펴볼까요? 이제 바위틈에 뿌리를 내린 대나무 네 그루가 휘몰아치는 강풍을 맞고 있는 모습이 잘 보일 것입니다. 간혹 처음 〈풍죽도〉를 감상할 때 대나무 세 그루를 발견하지 못했다고, 나는 미술적 재능이 없다고 생각하는 분들이 있습니다. 전혀 자책할 필요가 없습니다. 오히려 작가의 의도대로 감상한 것입니다.

〈풍죽도〉에서 대나무 세 그루가 잘 보이지 않은 이유가 있습니다. 이 그림의 주인공은 전면의 중앙에 자리 잡고 있는 대나무 한 그루입니다. 한 그루의 대나무는 댓잎만 나부낄 뿐 튼실한 줄기는 탄력 있게 휘어지며 바람에 당당히 맞서고 있습니다. 반면에 뒤쪽의 대나무 세 그루는 이내 찢게 나갈 듯 요동치고 있습니다. 그림자처럼 흐린 엷은 먹으로 처리한 뒤쪽의 대나무들은 보는 이로 하여금 거센 바람의 강도를 느끼게 합니다. 한마디로 세 그루의 대나무는 주인공을 한결 돋보이게 하는 조연들입니다. 여러분들이 정면의 대나무에 몰입해서 나머지 대나무를 보지 못했다면 작가의 의도대로 된 것입니다.

이제 〈풍죽도〉에 불고 있는 바람을 느껴보겠습니다. 대나무들은 각자의 상태에 따라 바람을 맞는 모양이 제각각입니다. 흡사 댄스 경연 대회에 출전하여 바람을 맞으며 춤을 추는 듯한 모습입니다. 잎이 흔들리는 방향으로 보아 바람은 왼쪽에서 오른쪽으로 불고 있음을 알 수 있습니다. 이정은 굵지 않은 줄기와 가늘고 날카로운 대나무 잎이 바람에 나부끼는 모습을 정확하게 포착하여 대나무의 탄성을 절묘하게 표현했습니다. 우리는 그저 대나무 줄기의 탄성과 잎의 휘날림을 보면서 생동감과 긴장감을 느끼면 됩니다.

〈풍죽도〉에서 가장 눈여겨 봐야 하는 것은 대나무의 구도입니다. 중국과 조선의 묵죽도는 대부분 대나무를 수직으로 세워놓고, 바람 부는 방향으로 줄기와 잎을 그리는 것이 일반적입니다. 하지만 이정은 달랐습니다. 정면의 대나무 한 그루를 11시 방향으로 그려 올린 후 그림 중간 정도에서 오른쪽 1시 방향으로 꺾어 올려 그렸습니다. 꺾인 부분을 중심으로 각도의 길을 비교하면 아래 위가 거의 비슷합니다. 따라서 바람이 거세게 불어도 대나무의 안정감은 흔들리지 않습니다. 이정은 단순히 바람을 맞는 대나무가 아닌 불어오는 바람에 맞서는, 활처럼 휘어져도 바람에 굴하지 않는 대나무의 기세를 보여주고 싶었던 것입니다.

이제 〈풍죽도〉의 제일 하단 아래쪽을 볼까요? 대나무 아래에 거칠고

억센 필치의 바위가 보일 것입니다. 보통 먹으로 그린 대나무와 함께 자주 등장하는 소재가 바위입니다. 그 이유는 간단합니다. 바위의 모습이 성정이 곧은 대나무와 잘 어울려 매우 자연스럽게 보이기 때문입니다.

이정은 바위도 남다른 방식으로 다루었습니다. 중국의 대나무 그림은 바위에 비중을 두어 어떤 그림은 대나무만큼 크게 바위를 그리는 경우도 있습니다. 하지만 이정은 냉정하리만큼 바위의 비중을 축소했습니다. 화면의 집중도를 높이고 대나무의 기세를 분산시키지 않기 위해 바위나 흙의 묘사는 자제하고 최대한 간결하게 처리한 것입니다. 이러한 표현은 이정의 대나무 그림에서 볼 수 있는 대표적인 특징입니다.

〈풍죽도〉를 통해 외부의 시련과 압박을 상징하는 바람에 의연히 맞서고 있는 선비의 절개를 느꼈을 것입니다. 저는 이 그림을 자주 보아서 그런지는 모르겠지만, 대나무가 바람에 힘겹게 견디는 것이 아니라 오히려 즐기는 것처럼 보이기도 합니다.

대한민국의 모든 사람들이 지폐를 좋아하고 사랑합니다. 이러한 지폐

담양 태목리 대나무 군락

에 조선의 위인들과 명작들을 넣은 이유는 사실 그만큼 귀하게, 아껴 써 달라는 뜻이 담긴 것은 아닐까 싶습니다.

●● 에필로그 ●●

한국사 강사, 학교 교사, 역사 작가 등 다양한 직함을 갖고 10년을 넘게 다양한 연령층을 만나면서 역사의 즐거움을 알려주고자 노력을 하였습니다. 이 노력은 지금 이 순간에도 계속되고 있습니다. 그러던 2022년 어느 날 TRA미디어 부사장님과 카페에서 미팅을 갖게 되었습니다. 제가 주연으로 출연한 〈슈퀑, 타임머신〉, 〈알면 알수록 재미있는 역사〉에 대한 후속 촬영과 일정을 조율하는 대화가 이어졌습니다.

대화가 나누던 중 불현 듯 부사장님이 "혹시 방송으로 다룰만한 많은 사람들이 쉽게 접하고 흥미를 가질만한 역사 이야기가 없을까?"라고 물었습니다. 전혀 생각도 못한 질문이라 당황하고 있는데 계산대에서 오만권 지폐를 내밀며 계산을 하는 사람을 보게 됩니다. 저도 바로 지갑을 꺼내 지폐를 꺼내어 보았습니다. 오만원권 지폐 속에 담긴 신사임당과 그녀의 작품인 묵포도도, 초충도수병의 가지그림과 어몽룡의 월매도, 이정의 풍죽도가 보였습니다.

"부사장님, 우리가 매일 사용하는 화폐에 그려진 도안 소재를 갖고 방송을 만들어보는 것은 어떨까요?"

방송국 내부 회의를 통해 방송으로 제작해도 좋겠다는 쪽으로 의견이 모아지게 됩니다. 하지만 방송이라는 것이 확정이 되었다가 무산되는 경우가 비일비재하기 때문에 설레임은 갖되 큰 기대는 하지 않았습니다. 그렇게 올해 초부터 방송과 관계없이 우리나라 화폐 속 인문학을 준비하였고, 흔쾌히 책 출간을 해준 브레인스토어 출판사를 만날 수 있었습니다.

저와 브레인스토어는 우리가 매일 접하는 화폐 속 도안 소재를 통해 역사를 좋아하는 분들에게는 그동안 생각해본 적이 없던 새로운 역사 이야기를, 역사에 흥미가 없는 분들에게는 친숙한 화폐를 통해 역사 이야기에 빠지게 할 수 있다는 생각을 똑같이 공유했던 것 같습니다. 그때부터 1년 여 가까이 매일 동전과 지폐를 책상 위에 올려놓고 책 집필에 심혈을 기울였고, 〈화폐 한국사〉를 출간하게 되었습니다.

출간을 앞두면서 좋은 소식도 함께 들려오게 됩니다. 사실 2022년 초부터 논의된 '화폐 속 인문학'(가제) 방송이 확정과 취소를 반복하는 가운데 2023년 2월로 방송 편성이 확정되었습니다. 방송은 다큐멘터리 형태로 케이블 채널인 스마일티비, Wee티비 등을 통해 송출될 예정입니다. 저와 함께 개그맨, 외국인 방송인 등이 출연해서 재미있고 유쾌한 방송을 촬영할 예정입니다.

프로그램에서는 이 책에서 다룬 화폐 속 이야기들이 자연스럽게 방송에 스며들어갈 것입니다. 이 책을 읽은 독자분들은 영상 매체로 다시 한 번 화폐 속에 담긴 많은 이야기를 만난다면 글과 영상이 주는 장단점을 확연하게 느낄 수 있을 것입니다. 반면에 방송을 접하고 이 책을 구매해서 읽은 독자분들은 영상에서 미처 다루지 못한 내용들을 읽으면서 글이 갖는 힘을 느끼게 될 것입니다.

오랜 기간 준비한 책과 방송인만큼 많은 분들에게 일상생활 속에서 역사의 즐거움을 안겨다줄 수 있기를 바랍니다.

참고문헌

1원

무궁화

1. 단행본

이상희 저,『꽃으로 보는 한국문화3』, 넥서스, 2004.

이소영 저,『식물의 책』, 진중문고, 2020.

김태영, 김진석 저,『한국의 나무』, 돌베개, 2018.

이유미 저,『우리나무 백가지』, 현암사, 2010.

윤충원 저,『나무생태도감』, 지오북, 2017.

이영노 저,『한국식물도감』, 교학사, 2007.

양종국 저,『역사학자가 본 꽃과 나무』, 새문사, 2016.

이순자,『남궁억 (무궁화 사랑으로 삼천리를 수놓은)』, 역사공간, 2012.

2. 논문

정민, 이경선, 이명규,「나라꽃 무궁화의 어문학적 고찰」,『韓國學論集』9, 한양대학교 한국학연구소, 1986.

강대덕,「한서 남궁억의 무궁화 사랑과 민족교육」,『강원문화사연구』15, 강원향토문화 연구회, 2010.

민성숙,「한서 남궁억의 창가(唱歌)에 나타난 민족정신 연구」,『국제한국학저널』5, 강 원한국학연구원, 2018.

목수현,「망국과 國家 表象의 의미 변화 : 태극기, 오얏꽃, 무궁화를 중심으로」,『한국문 화』53, 서울대학교 규장각한국학연구원, 2011.

염도의,「나라꽃 무궁화」,『한국학』5, 한국학중앙연구원, 1982.

5원

거북선

1. 단행본

문중양 저,『우리역사 과학기행』, 동아시아, 2006.

김정진, 남경완 저,『거북선 (신화에서 역사로)』, 랜덤하우스코리아, 2005.

민승기 저,『조선의 무기와 갑옷』, 가람기획, 2019.

김재근 저,『거북선』, 정우사, 1997.

김재근 저,『한국의 배』, 서울대학교출판부, 1994.

이원식 저,『한국의 배』, 포천문인협회, 2015.

2. 논문

김병륜,「조선시대 고문서로 본 거북선의 내부 구조」,『이순신연구논총』18, 순천향대학교 이순신연구소, 2012.

김강녕,「이순신의 수군전략과 전술」,『이순신연구논총』17, 순천향대학교 이순신연구소, 2012.

정진술,「이순신 관련 斷想 -거북선·백의종군로·明軍 참전병력-」,『이순신연구논총』28, 순천향대학교 이순신연구소, 2017.

정광수,「'거북선과 학익진 대형의 진법도'에 담겨있는 승첩과 리더십의 비결」,『이순신연구논총』5, 순천향대학교 이순신연구소, 2005.

박의동,「임진왜란 해전 승리의 또 다른 요인」,『國防과 技術』474, 한국방위산업진흥회, 2018.

김철환,「무기체계 발전과정에서 거북선의 위상」,『이순신연구논총』3, 순천향대학교 이순신연구소, 2004.

제장명,「거북선의 복원(復元)에 관한 소고」,『이순신연구논총』6, 순천향대학교 이순신연구소, 2006.

신동원,「'철갑 거북선' 논쟁사」,『역사비 평』81, 역사비평사, 2007.

정진술,「이순신 정론IV : 거북선 구조, 철갑문제」,『이순신연구논총』17, 순천향대학교 이순신연구소, 2012.

장학근,「군선으로서의 거북선의 역할과 기본구조」,『이순신연구논총』13, 순천향대학교 이순신연구소, 2010.

판옥선

1. 단행본

민승기 저,『조선의 무기와 갑옷』, 가람기획, 2019.

김재근 저,『한국의 배』, 서울대학교출판부, 1994.

이원식 저,『한국의 배』, 포천문인협회, 2015.

2. 논문

김병륜,「판옥선의 승조원 편성에 대한 연구」,『이순신연구논총』8, 순천향대학교 이순신연구소, 2013.

임원빈,「명량해전 승리요인의 재조명 - 판옥선의 전투력, 병법, 리더십을 중심으로-」,『이순신연구논총』10, 순천향대학교 이순신연구소, 2008.

박재광,「우리나라의 전통무기-(18)판옥선」,『과학과 기술』11, 한국과학기술단체총연합회, 2007.

10원

다보탑

1. 단행본

신영훈 저, 『불국사』, 조선일보사, 2004.

임병직 저, 『불국사 천년의 비밀』, 하움출판사, 2018.

유홍준 저, 『유홍준의 국보순례』, 눌와, 2011.

대구MBC 저, 『다보탑』, 이른아침, 2004.

박경식 저, 『석조미술의 꽃 석가탑과 다보탑』, 한길아트, 2003.

혜문 저, 『빼앗긴 문화재를 말하다』, 작은숲, 2012.

허균 저, 『사찰 장식 그 빛나는 상징의 세계』, 돌베개, 2000.

이구열, 『한국문화재 수난사』, 돌베개, 2013.

김봉렬, 『김봉렬의 한국건축 이야기 1』, 돌베개, 2006.

김상현, 김동현 외 1명 저, 『불국사』, 대원사, 2010.

2. 논문

강병희, 「칼럼: 한국의 불탑(3) - 불국사 다보탑과 불국정토」, 『공업화학전망』 18, 한국공업화학회, 2015.

김승일, 「한중일 다보탑의 비교를 통해 본 한국 다보탑의 특색」, 『철학·사상·문화』 12, 동국대학교 동서사상연구소, 2011.

김버들, 조정식, 「한·중·일 다보탑의 특징에 관한 상호 비교 연구」, 『대한건축학회논문집』 26, 대한건축학회, 2010.

이해주, 「다보탑(多寶塔)의 미적(美的) 고찰(考察): 곡선(曲線)의 미(美)와 공간(空間) 구성(構成)의 미(美)를 중심(中心)으로」, 『史學志』 41, 단국사학회, 2009.

김문준, 「한음 이덕형의 생애와 실천사상」, 『한국인물사연구』 7, 한국인물사연구소, 2007.

50원

벼

1. 단행본

정혜경 저, 『밥의 인문학』, 따비, 2015.

문갑순 저, 『사피엔스의 식탁』, 21세기북스, 2018.

엘리스 로버츠 저, 김명주 역 『세상을 바꾼 길들임의 역사』, 푸른숲, 2019.

손해용 저, 『다시 쓰는 경제 교과서』, 중앙북스, 2011.

한홍구 저, 『유신』, 한겨레출판, 2014.

주영하 저, 『백년식사』, 휴머니스트, 2020.

모지현 저, 『한국 현대사 100년 100개의 기억』, 더좋은책, 2019.

장인용 저, 『세상을 바꾼 씨앗』, 다른, 2017.

고주환 저, 『나무가 민중이다』, 글항아리, 2011.

이나가키 히데히로 저, 서수지 역, 『세계사를 바꾼 13가지 식물』, 사람과나무사이, 2019.

100원

이순신

1. 단행본

제장명 저, 『이순신 백의종군 (하늘의 뜻을 알다)』, 행복한나무, 2011.

이민웅, 『임진왜란 해전사』, 청어람미디어, 2003,

민승기 저, 『조선의 무기와 갑옷』, 가람기획, 2019.

2. 논문

임원빈, 「이순신의 리더십과 순국의 의미」, 『이순신연구논총』 18, 순천향대학교 이순신연구소, 2012.

황정덕, 「일본인이 이순신을 보는 눈」, 『이순신연구논총』 6, 순천향대학교 이순신연구소, 2006.

제장명, 「임진왜란 시기 조선의 수군정책과 이순신의 수군 운용」, 『이순신연구논총』 31, 순천향대학교 이순신연구소, 2019.

정광수, 「'거북선과 학익진 대형의 진법도'에 담겨있는 승첩과 리더십의 비결」, 『이순신연구논총』 5, 순천향대학교 이순신연구소, 2005.

박의동, 「임진왜란 해전 승리의 또 다른 요인」, 『國防과 技術』 474, 한국방위산업진흥회, 2018.

김병륜, 「임진왜란기 조선 수군의 전술 : 무기 운용을 중심으로」, 『이순신연구논총』 31, 순천향대학교 이순신연구소, 2019.

제장명, 「임진왜란 시기 이순신의 해전술과 귀선의 역할」, 『이순신연구논총』 9, 순천향대학교 이순신연구소, 2007.

제장명, 「임진왜란 시기 당항포해전의 전술적 특정과 해전사적 의미」, 『이순신연구논총』 20, 순천향대학교 이순신연구소, 2013.

김강녕, 「이순신의 수군전략과 전술」, 『이순신연구논총』 17, 순천향대학교 이순신연구소, 2012.

임원빈, 「명량해전의 승리요인과 이순신의 리더십」, 『충무공 이순신과 한국 해양』 4, 해군사관학교 해양연구소, 2017.

김경수, 「『난중일기』를 통해 본 이순신」, 『이순신연구논총』 19, 순천향대학교 이순신연구소, 2013.

김병륜, 「조선시대 고문서로 본 거북선의 내부 구조」, 『이순신연구논총』 18, 순천향대학교 이순신연구소, 2012.

김경수, 「『난중일기』를 통해 본 이순신」, 『이순신연구논총』 19, 순천향대학교 이순신연구소, 2013.

임원빈, 「이순신 정론Ⅲ : 명량해전 승리요인, 명량해전 이후 조선 / 일본수군 행적, 당파전술」, 『이순신연구논총』 17, 순천향대학교 이순신연구소, 2012.

제장명, 「임진왜란 시기 당항포해전의 전술적 특징과 해전사적 의미」, 『이순신연구논총』 20, 순천향대학교 이순신연구소, 2013.

제장명, 「임진왜란 안골포해전의 역사적 의미와 기억 방안」, 『이순신연구논총』 18, 순천향대학교 이순신연구소, 2012.

김강녕, 「이순신의 임진왜란 해전승리: 의미와 평가」, 『군사논단』 93, 한국군사학회, 2018.

임원빈, 「부산포해전의 승리요인과 위상」, 『이순신연구논총』 32, 순천향대학교 이순신연구소, 2020.

제장명, 「임진왜란 안골포해전의 역사적 의미와 기억 방안」, 『이순신연구논총』 18, 순천향대학교 이순신연구소, 2012.

이민웅, 「한산대첩의 주요 경과와 역사적 의의」, 『이순신연구논총』 25, 순천향대학교 이순신연구소, 2016.

500원

학

1. 단행본

배성환 저, 『두루미』, 다른세상, 2000.

조정아 저, 『새 이름의 문화사』, 역락, 2021.

이승훈 저, 『문화상징사전 (문학으로 읽는)』, 푸른사상, 2009.

허경진 역, 『시명다식 (조선의 인문학자 정학유의 박물노트』, 한길사, 2007.

2. 논문

하정승, 「고려후기 한시에 나타난 새의 이미지와 문학적 의미」, 『東方漢文學』 61, 동방한문학회, 2014.

유승화, 이기섭, 김진한, 허위행, 박종화, 「철원지역 월동 두루미류의 서식지 이용 변화 추세」, 『한국조류학회지』 19, 한국조류학회, 2012.

김성수, 「야생동물기행-두루미」, 『월간 양계』 37, 대한양계협회, 2005.

천원

이황

1. 단행본

김병일 저, 『퇴계처럼 (조선 최고의 리더십을 만난다)』, 글항아리, 2012.
한재훈 저, 『퇴계 이황의 예학사상』, 소명출판, 2021.
예문동양사상연구원, 윤사순 저, 『퇴계이황 (한국의 사상가 10인)』, 예문서원, 2012.
임헌규 역, 『사단칠정을 논하다』, 책세상, 2014.
김영두 저, 『퇴계와 고봉, 편지를 쓰다』, 소나무, 2003.
정옥자 저, 『시대가 선비를 부른다』, 효형출판, 1998.

2. 논문

이성무, 「퇴계 이황의 생애와 사상」, 『朝鮮時代史學報』 45, 조선시대사학회, 2008.
최병덕, 「퇴계의 정치인식과 정치론」, 『한국정치학회보』 38, 한국정치학회, 2004.
정재훈, 「퇴계(退溪) 이황(李滉)의 학문관과 정치사상」, 『역사문화논총』 2, 역사문화연구소, 2006.
조성을, 「퇴계(退溪) 이황(李滉)」, 『내일을 여는 역사』 51, 재단법인 내일을여는역사재단, 2013.
이해영, 「이황과 퇴계학의 전개」, 『退溪學』 13, 안동대학교 퇴계학연구소, 2002.
김용헌, 「정치적 동반자로서 이황과 기대승」, 『한국학논집』 61, 계명대학교 한국학연구원, 2015.

성균관
1. 단행본

서울역사박물관 저, 『성균관과 반촌』, 서울책방, 2019.
장재천 저, 『조선 성균관 학교문화』, 박영스토리, 2018.
이민홍 저, 『조선조 성균관의 교원과 태학생의 생활상』, 성균관대학교출판부, 1999.
장재천 저, 『조선조 성균관교육과 유생문화』, 아세아문화사, 2000.

2. 논문

최광만, 「정조 대의 성균관 과시 정책」, 『한국교육사학』 37, 한국교육사학회, 2015.
최광만, 「영조 대의 성균관 과시 정책」, 『한국교육사학』 37, 한국교육사학회, 2015.
정지연, 「순조대 성균관 과시 운영 연구」, 『한국교육사학』 29, 한국교육사학회, 2019.
최광만, 「정조 대 유생 응제의 시행 양상과 정책 추이」, 『한국교육사학』 29, 한국교육사학회, 2019.
정덕희, 「조선시대 성균관대사성의 출신배경 실태」, 『朝鮮時代史學報』 45, 조선시대사학회, 2008.
장재천, 「조선 전기 성균관 대사성 자질 논란 사례」, 『韓國思想과 文化』 79, 한국사상문화학회, 2015.
정낙찬, 「조선전기 성균관 대사성 역임자의 사회적, 정치적 배경 분석」, 『한국교육사학』

23, 한국교육사학회, 2001.

이원재, 「조선전기 성균관 원점법 운영의 비판적 검토」, 『한국교육』 31, 한국교육개발원, 2015.

이상무, 「17~18세기 식년시 성균관 원점법 운영에 관한 연구」, 『한국교육사학』 36, 한국교육사학회, 2014.

매화

1. 단행본

이상희 저, 『매화』, 넥서스, 2002

김풍기 저, 『선물의 문화사 (조선을 이끈 19가지 선물)』, 느낌이있는책, 2019.

안완식 저, 『우리 매화의 모든 것』, 눌와, 2011.

이황 저, 『다시 도산 매화를 찾아』, 창작과비평사, 1995.

기태완 저, 『퇴계 매화시첩』, 보고사, 2007.

김태오 저, 『퇴계의 매화 사랑』, 교육과학사, 2018.

홍승균, 이윤희 저, 『퇴계선생언행록』, 퇴계학연구원, 2007.

정우락, 『조선의 서정시인 퇴계 이황』, 글누림, 2009.

2. 논문

신두환, 「퇴계(退溪)의 매화시(梅花詩) 재조명(再照明)」, 『漢文學報』 37, 우리한문학회, 2017.

김태오, 「퇴계의 매화사랑과 매화시의 교육적 함의」, 『한국교육사상연구회 학술논문집』 2012, 한국교육사상연구회, 2012.

신익철, 「조선시대 매화시(梅花詩)의 전개와 특징」, 『東方漢文學』 56, 동방한문학회, 2013.

이정화, 「퇴계 이황의 매화시 연구」, 『韓國思想과 文化』 41, 한국사상문화학회, 2008.

김구슬, 「퇴계의 일원론적 사상:매화시를 중심으로」, 『Journal of Korean Culture』 20, 한국어문학국제학술포럼, 2012.

정우락, 「퇴계 이황의 사물인식방법과 그 시적 형상」, 『東方漢文學』 24, 동방한문학회, 2003.

정선, 계상정거도

1. 단행본

최석조 저, 『나를 세우는 옛 그림』, 아트북스, 2015.

정선 저, 『정선 화첩. 1』, 한국저작권위원회, 2015.

이용수 저, 『인정향투 1』, 에세이퍼블리싱, 2011.

2. 논문

안휘준, 「겸재 정선(1676~1759)과 그의 진경산수화, 어떻게 볼 것인가」, 『역사학보』 214, 역사학회, 2012.

유재빈, 「18세기 도산서원의 회화적 구현과 그 의미 -강세황(姜世晃)과 정선(鄭敾)의 도산서원(陶山書院) 그림을 중심으로」, 『退溪學報』139, 퇴계학연구원, 2016.

이황, 도산서원

1. 단행본

윤천근 저, 『퇴계선생과 도산서원』, 지식산업사, 1999.

국립대구박물관 저, 『글 읽는 소리, 책 읽는 마음』, 효성문화, 2016.

한형조, 최진덕 외 5명 저, 『도산서원』, 한국학중앙연구원출판부, 2018.

이우성 저, 『도산서원』, 한길사, 2001.

유홍준 저, 『나의 문화유산답사기 3』, 창비, 2011.

김희곤 저, 『정신 위에 지은 공간, 한국의 서원』, 미술문화, 2019.

김종석 저, 『퇴계 예던길』, 민속원, 2018

이광호, 이기봉 외 3명, 『퇴계의 길에서 길을 묻다』, 푸른역사, 2021.

2. 논문

임종진, 「퇴계 이황의 공부와 자연환경」, 『안동학연구』13, 한국국학진흥원, 2014.

조준호, 「퇴계(退溪) 이황(李滉)의 서원 건립 활동과 서원론의 실현」, 『역사문화논총』 2, 역사문화연구소, 2006.

오천원

이이

1. 단행본

황의동 저, 『율곡 이이 (성리학과 실학을 겸비한 실천적 지성)』, 살림출판사, 2007.

한영우 저, 『율곡 이이 평전』, 민음사, 2013.

예문동양사상연구원, 윤사순 저, 『율곡 이이 (한국의 사상가 10인)』, 예문서원, 2012.

오세진 역, 『율곡의 상소』, 홍익출판사, 2019.

오항녕 역, 『율곡의 경연일기 (난세에 읽는 정치학)』, 너머북스, 2016.

한정주 저, 『율곡 인문학』, 다산초당, 2017.

김언수 저, 『율곡 10만 양병론의 진실』, 태봉, 2011.

2. 논문

박도식, 「율곡 이이의 공납제(貢納制) 개혁안(改革案) 연구」, 『율곡학연구』16, 율곡학회, 2008.

김택,정남채,하종필,「율곡 이이의 "10만 양병론"에 관한 소고(小考) -천재지변과 당파 싸움으로 인한 국내 변란 예방 차원의 국방전략에 대하여-」『한국행정학회 학술발표논 문집』2013, 한국행정학회, 2013.

선병삼,「율곡 이이의 경세관 연구 - 원칙, 변화, 실질을 중심으로 -」『율곡학연구』43, (사)율곡연구원, 2020.

김문준,「율곡 이이의 진유 리더십 - 〈동호문답〉·〈만언봉사〉·『성학집요』, 그리고 〈경연 일기〉」『율곡학연구』40, (사)율곡학회, 2019.

지두환,「16세기 시대적 과제와 율곡의 대응」『韓國思想과 文化』43, 한국사상문화학 회, 2008.

유원기,「율곡 이이의 인간론」『한국학논집』41, (사)율곡학회, 2020.

김경호,「율곡 이이의 불교적 사유방식: 일심의 두 갈래 길 혹은?」『율곡학연구』16, 율 곡학회, 2008.

김원희,「율곡의 사회국가론」『율곡학연구』35, (사)율곡학회, 2017.

오죽헌

1. 단행본

차장섭 저,『자연과 역사가 빚은 땅 강릉』, 역사공간, 2013.

정호희 저,『여행자를 위한 도시 인문학 (강릉)』, 가지, 2019.

2. 논문

이상균,「강릉(江陵) 오죽헌(烏竹軒)의 조선시대 사회사(社會史)적 의미」『문화재』 48, 국립문화재연구소, 2015.

이상균,「조선시대 遊覽傳統에서의 人物名所 烏竹軒의 탄생」『지방사와 지방문화』21, 역사문화학회, 2018.

이희봉,「박정희 대통령의 오죽헌 성역화에 대한 평가와 교훈」『한국건축역사학회 학 술발표대회논문집』2014, 한국건축역사학회, 2014.

이이, 이황을 만나다.

이황과 이이

1. 단행본

이광호 저,『퇴계와 율곡, 생각을 다투다』, 홍익출판사, 2015.

박상하 저,『보수의 시작 퇴계, 진보의 시작 율곡』, 생각출판사, 2020.

김형찬 저,『율곡이 묻고 퇴계가 답하다』, 바다출판사, 2018.

김영두 저,『퇴계 VS 율곡 누가 진정한 정치가인가』, 위즈덤하우스, 2011.

조남호 저,『이황 & 이이 (조선의 정신을 세우다)』, 김영사, 2013.

2. 논문
최영성, 「퇴계 이황과 율곡 이이, 두 번의 만남 -대화와 소통을 화두로」, 『퇴계학논집』 23, 영남퇴계학연구원, 2018.
정덕희, 「퇴계 이황 (李滉) 과 율곡 이이 (李珥) 의 인간형성관에 관한 비교 고찰」, 『교육철학연구』 22, 교육철학회, 1999.

만원

세종
1. 단행본
박현모 저, 『세종처럼 (소통과 헌신의 리더십)』, 미다스북스, 2014.
세종대왕기념사업회 편집부 저, 『세종문화사대계』, 세종대왕기념사업회, 2001.

2. 논문
김성준, 「태종의 외척제거에 대하여」, 『역사학보』 17·18합집, 역사학회, 1962.
이태진, 「조선왕조의 유교정치와 왕권」, 『한국사론』 23. 서울대국사학과, 1990.
이희관, 「조선초 태종의 집권과 그 정권의 성격」, 『역사학보』 120, 역사학회, 1987.
최죽산, 「조선 세종시기 북방정책에 대한 고찰」, 『동북아연구』 22, 조선대학교 동북아연구소(구 통일문제연구소), 2007.
유홍렬, 「세종대왕(世宗大王)과 집현전(集賢殿)」, 『어문연구』 5, 한국어문교육연구회, 1977.
임용기, 「세종 및 집현전 학자들의 음운 이론과 훈민정음)」, 『한국어학』 41, 한국어학회, 2008.
박현모, 「세종시대 인문정책의 중심, 집현전」, 『인문정책 포럼』 2, 경제·인문사회연구회, 2009.
배병삼, 「정치가 세종의 한 면모」, 『정치사상연구』 11, 한국정치사상학회, 2005.
최기호, 「훈민정음 창제 과정과 집현전의 기능」, 『나라사랑』 127, 외솔회, 2018.
박현모, 「세종은 백성들의'삶의 질'을 어떻게 높였나」, 『한국학』 32, 한국학중앙연구원, 2009.
김영진, 「우리나라의 농업과학기술 발자취 - 세종 때 농서 "농사직설"이 바탕」, 『과학과 기술』 34, 한국과학기술단체총연합회, 2001.

용비어천가
1. 단행본
조규태 저, 『용비어천가』, 한국문화사, 2007.
이익주, 박병련 외 3명 저, 『용비어천가와 세종의 국가경영』, 한국학중앙연구원출판부, 2011.

2. 논문

金學成, 「〈용비어천가〉의 짜임새와 시적 묘미 : 〈용비어천가〉 제대로 읽기」, 『국어국문학』126, 국어국문학회, 2000.

조흥욱, 「〈용비어천가〉의 편찬과 세종의 정치적 의도」, 『한국학논총』39, 국민대학교 한국학연구소, 2013.

정다함, 『龍飛御天歌(용비어천가)』에 나타난 易姓革命(역성혁명)의 구체적 서사와 그 함의」, 『朝鮮時代史學報』72, 조선시대사학회, 2015.

최연식, 이승규, 「용비어천가(龍飛御天歌)와 조선 건국의 정당화」, 『한국동양정치사상사연구』7, 한국동양정치사상사학회, 2008.

이왕무, 『용비어천가(龍飛御天歌)』의 재발견과 왕업(王業)의 재구성」, 『포은학연구』15, 포은학회, 2015.

김용찬, 「용비어천가(龍飛御天歌)의 정당성 구조 분석」, 『언론 사회 문화』1, 연세대학교 언론연구소, 1991.

일월 오봉도

1. 단행본

박정혜, 황정연 외 2명 저, 『조선 궁궐의 그림』, 돌베개, 2012.

유홍준 저, 『명작순례 (옛 그림과 글씨를 보는 눈)』, 눌와, 2013.

손영옥 저, 『한 폭의 한국사 (우리 그림 보며 한국사 나들이)』, 창비, 2012.

박은순 저, 『이렇게 아름다운 우리그림』, 한국문화재보호재단, 2008.

정병모 저, 『민화는 민화다』, 다할미디어, 2017.

2. 논문

전나나, 「덕수궁 중화전 당가 구조와 오봉병의 원형에 대한 고찰」, 『美術史學』39, 한국미술사교육학회, 2020.

명세나, 「조선시대 흉례도감의궤에 나타난 오봉병 연구」, 『美術史論壇』28, 한국미술연구소, 2009.

자격루

1. 단행본

남문현 저, 『한국의 물시계』, 건국대학교출판부, 1995.

남문현 저, 『장영실과 자격루』, 서울대학교출판부, 2002.

박성래 저, 『인물 과학사 1』, 책과함께, 2011.

이향우 저, 『궁궐로 떠나는 힐링여행 경복궁』, 인문산책, 2013.

신영훈 저, 『경복궁』, 조선일보사, 2003.

장대진, 문경희 외 5명 저, 『임금님도 모르는 경복궁 이야기』, 인물과사상사, 2006.

2. 논문

장경채, 「장영실 관련 기록문에 대한 상상적 접근」, 『지역사회』 66, 한국지역사회연구소, 2012.

김성진, 「기록문에 대한 상상적 접근의 일례 - 장영실 관련 기록을 중심으로」, 『동양한문학연구』 27. 동양한문학회(구 부산한문학회), 2008.

윤용현, 기호철, 「세종의 흠경각 건립 의미와 옥루의 구조」, 『민족문화』 49, 한국고전번역원, 2017.

김상혁, 이용삼, 「세종시대 천문시계 옥루 메커니즘에 대한 연구」, 『한국우주과학회보』 19, 한국우주과학회, 2010.

남문현, 「물시계를 이용한 한국의 시간 측정방법에 대한 시스템 연구」, 『논문집』 10, 건국대학교 부설 산업기술연구소, 1985.

이화선, 구사회, 「동아시아의 해시계와 문화교류 연구- 조선의 〈앙부일구(仰釜日晷)〉와 원의 〈앙의(仰儀)〉를 중심으로」, 『문화와 융합』 38, 한국문화융합학회, 2016.

남문현, 「혼천의·자격루·측우기」, 『韓國史市民講座』 23, 일조각, 1998.

천상열차분야지도

1. 단행본

KBS 천상의 컬렉션 제작팀 저, 『천상의 컬렉션』, 인플루엔셜, 2018.

이종호 저, 『과학 삼국사기 (우리 역사에 담긴 과학을 찾는다)』, 동아시아, 2011.

박창범 저, 『하늘에 새긴 우리역사』, 김영사, 2002.

2. 논문

전상운, 「천상열차분야지도 (天象列次分野之圖) 각석이 국보 제228호로 지정되기까지」, 『동방학지』 93, 연세대학교 국학연구원, 1996.

남궁승원, 「〈천상열차분야지도(天象列次分野之圖)〉에 나타난 역사계승의식」, 『韓國史論』 63, 서울대학교 국사학과, 2017.

박명순, 「천상열차분야지도(天象列次分野之圖)에 대한 고찰」, 『한국과학사학회지』 17, 한국과학사학회, 1995.

한영호, 「천상열차분야지도(天象列次分野之圖)의 실체 재조명」, 『古宮文化』 1, 국립고궁박물관, 2007.

박창범, 「천상열차분야지도(天象列次分野之圖)의 별그림 분석」, 『한국과학사학회지』 20, 한국과학사학회, 1998.

이은성, 「천상열차분야지도의 분석」, 『세종학연구』 1, 세종대왕기념사업회, 1986.

천문대

1. 단행본

전영범 저, 『천문대의 시간 천문학자의 하늘』, 에코리브르, 2018.

전용훈, 심보선 저, 『천문대 가는 길』, 이음, 2009.

2. 논문

박윤호,박병곤,안홍배, 「보현산천문대의 관측환경 통계 분석 : 1998년~2004년」, 『天文學論叢』19, 한국천문학회 , 2004.

김강민,장비호,윤태석, 「보현산천문대 고분산 에셀 분광기(BOES)의 광섬유 부분 제작과 설치」, 『天文學論叢』19, 한국천문학회 , 2004.

전영범, 김봉규, 「보현산천문대 1.8m 망원경으로 관측한 메시에 영상」, 『天文學論叢』24, 한국천문학회 , 2000.

육인수,천무영, 「보현산천문대 대기 시상 측정」, 『天文學論叢』25, 한국천문학회 , 1999.

한인우,김강민,천무영,육인수, 「보현산천문대의 광학천문 관측장비와 기술개발 소개」, 『광학과 기술』1, 한국광학회, 1997.

천무영, 「한국 천문연구원 관측기기의 과거, 현재 그리고 미래 : 지상망원경을 중심으로」, 『天文學論叢』37, 한국천문학회 , 2012.

한인우,김강민,천무영,문일권,장정균,윤영재,노진형, 「보현산 천문대 건설사업 현황설명」, 『天文學論叢』17, 한국천문학회 , 1992.

오만원

신사임당

1. 단행본

정옥자, 『사임당전』, 민음사, 2016.

고연희, 이경구 외 3명 저, 『신사임당, 그녀를 위한 변명(시대와 권력이 만들어낸 신사임당의 이미지 변천사)』, 다산기획, 2016.

조선사역사연구소, 『신사임당 (뜻을 세우고 그림을 그리다)』, 아토북(AttoBook), 2016.

강석진, 『신사임당 (예술을 사랑한,21세기에 다시 만나 보는 신사임당 이야기)』, 레몬북스, 2017.

이숙인, 『신사임당 (화가로 살고 어머니로 기억된 여인)』, 문학동네, 2017.

정해은, 『신사임당 전 (역사 속 신사임당, 그녀는 누구인가?)』, 새문사, 2017.

규장각한국학연구원, 『조선 여성의 일생』, 글항아리, 2010.

박무영, 『조선의 여성들, 부자유한 시대에 너무나 비범했던』, 돌베개, 2004.

2. 논문

정문교, 「신사임당의 생애와 유훈」, 『율곡학보』1, 율곡학회, 1995.

유정은, 「율곡의 선비행장에 나타난 신사임당 연구」, 『율곡학연구』 40, (사)율곡학회, 2019.

주영애, 「신사임당의 생애에 나타난 셀프리더십과 어머니 리더십에 관한 연구- 현대 여성의 리더십교육에 주는 시사점을 중심으로」, 『동양철학연구』 80, 동양철학연구회, 2014. 홍양희, 「신사임당의 생애와 유훈」, 『사학연구』, 한국사학회, 2016.

홍양희, 「'현모양처'의 상징, 신사임당」, 『사학연구』 122, 한국사학회, 2016.

박지현, 「화가에서 어머니로 : 신사임당을 둘러싼 담론의 역사」, 『동양한문학연구』 25, 동양한문학회, 2007.

묵포도도

1. 단행본

조용진, 『신사임당 (풀과 벌레를 즐겨 그린 화가)』, 나무숲, 2017.

김남희, 『옛 그림에 기대다』, 빛을여는책방, 2019.

백인산, 『간송미술 36』, 컬처그라퍼, 2014.

유홍준, 『명작순례』, 눌와, 2013.

2. 논문

유정은, 「신사임당의 서화작품 발문으로 살펴 본 조선 사대부들의 담론 및 한계점 연구」, 『동서철학연구』 86, 한국동서철학회, 2017.

박효은, 「개인의 취향 : 조선 후기 미술후원과 김광국의 회화비평」, 『한국문화연구』 29, 이화여자대학교 한국문화연구원, 2015.

초충도

1. 단행본

조용진, 『신사임당 (풀과 벌레를 즐겨 그린 화가)』, 나무숲, 2017.

김남희, 『옛 그림에 기대다』, 빛을여는책방, 2019.

백인산, 『간송미술 36』, 컬처그라퍼, 2014.

유홍준, 『명작순례』, 눌와, 2013.

2. 논문

유정은, 「신사임당 초충도의 미의식 연구」, 『한문고전연구』 23, 한국한문고전학회, 2011.

심연옥, 「동아대학교박물관 소장 〈초충도수병〉의 직물과 자수 연구」, 『문화재』 46, 국립문화재연구소, 2013.

장준구, 「동아대학교석당박물관 소장 《자수 초충도 병풍》을 통해 본 조선시대 초충도의 연원」, 『미술문화연구』 20, 동서미술문화학회, 2021.

월매도

1. 단행본

이원복 저, 『나는 공부하러 박물관 간다』, 효형출판, 2003.
박영대, 『우리 그림 백가지』, 현암사, 2002.
백인산, 『선비의 향기, 그림으로 만나다』, 다섯수레, 2012.
강행원, 『한국문인화』, 한길아트, 2011.
이근우, 『문인화론』, 서예문인화, 2008.

2. 논문

조민환, 「동양철학으로 읽는 옛그림(2) -어몽룡(魚夢龍)의 「월매도(月梅圖)」」, 『선비문화』 6, 남명학연구원, 2005.
이선옥, 「朝鮮 中期 梅花圖 화풍의 特徵과 影響」, 『美術史學研究』 249, 한국미술사학회, 2006.
이선옥, 「朝鮮時代 梅花圖에 표현된 美感」, 『한국민족문화』 37, 부산대학교 한국민족문화연구소, 2010.
이선옥, 「매(梅),란(蘭),국(菊),죽(竹) 사군자화(四君子畵)의 형성과 발전」, 『역사학연구』 27, 호남사학회, 2006.

풍죽도

1. 단행본

허균 저, 『나는 오늘 옛 그림을 보았다』, 북폴리오, 2004.
백인산, 『선비의 향기, 그림으로 만나다』, 다섯수레, 2012.
허균 저, 『뜻으로 풀어본 우리의 옛그림』, 대한교과서, 1997.
박영대, 『우리 그림 백가지』, 현암사, 2002.
박영대 저, 『나를 세우는 옛 그림』, 현암사, 2002.
김남희, 『옛 그림에 기대다』, 빛을여는책방, 2019.

2. 논문

권윤희, 「풍죽(風竹) 문인화(文人畵)의 심미지향(審美指向)」, 『감성연구』 13, 전남대학교 호남학연구원, 2016.
권윤희, 「강암 풍죽의 심미 소고」, 『동양예술』 13, 한국동양예술학회, 2008.
권윤희, 「선비풍류(風流)가 빚어낸 문인화의 이상향(理想鄕) - 풍죽(風竹)의 문인화(文人畵) 경계(境界) -」, 『동양예술』 31, 한국동양예술학회, 2016.

동전 속 한국사

◀ (일원) 무궁화도 ⓒ범패박물관

▲ (십원) 1966년 8월 16일에 발행된 가 10원화

▲ (십원) 1970년 7월 16일에 발행된 나 10원화

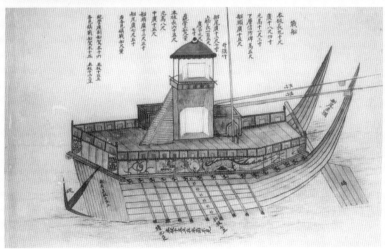

(오원) 조선 후기 선박에 관한 도면을 모은 책인 『각선도본』에 그려진 판옥선 ▲

▲ (십원) 다보탑(좌)과 석가탑(우)

▲ (십원) 불국사

◀ (백원) 충무공 종가에 전해 내려오는 거북선 그림

▼ (오백원) 쌍학 흉배

(오백원) 십장생도 병풍 ▲

▲ (천원) 계상정거도

◀ (천원) 풍속화(과거 시험장)

▼ (천원) 도산서당 정면

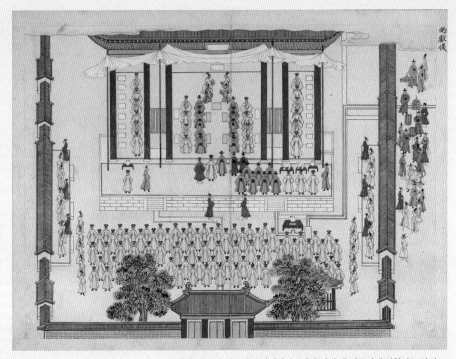

的戲儀

(천원) 순조의 아들인 효명세자가 8세가 되던 해 성균관에 입학하는 장면 ▲

▶ (천원) 신사임당의 맏딸
이매창의 매화도

◀ (천원) 매화

◀ (오천원) 장성백양사 고
불매

▲ (만원) 경회루

▲ (만원) 보현산 천문대

◀ (만원) 일월오봉도 삽병

(만원) 혼천의 ▲

(만원) 창덕궁 일월오봉도 ▲

▶ (오만원) 신사임당 묵포도도

◀ (오만원) 이정 풍죽도

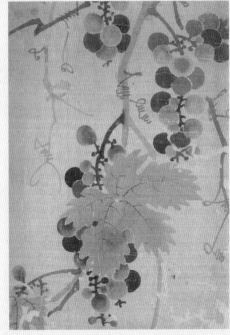

▲ (오만원) 맨드라미와 개구리 8폭의 병풍 그림 가운데 5째폭

▲ (오만원) 수박과 여치 8폭의 병풍 그림 가운데 3째폭

▲ (오만원) 신사임당 초충도수병

▲ (오만원) 어몽룡의 월매도